高等职业教育学前教育新业态系列教材

总主编◎赵　刚　于冬青

学前儿童家庭教育

Xueqian Ertong Jiating Jiaoyu

教案课件
附教学资源
专题练习

主　编◎朱子文
副主编◎刘亚美　赵婉竹
　　　　李　雪　韩亚伟

同济大学出版社
TONGJI UNIVERSITY PRESS
·上海·

内 容 提 要

本书是"高等职业教育学前教育新业态系列教材"中的一本，集理论与实践于一体，以就业为导向，以岗位技能为标准，立足于专业技能教学、就业岗位需求和专业资格认证三位一体理念进行编写。

全书共八个单元，包括学前儿童家庭教育概述，学前儿童家庭教育的影响因素，学前儿童家庭教育的目标、内容和任务，学前儿童家庭教育的原则和方法，各年龄阶段学前儿童的家庭教育，特殊类型学前儿童的家庭教育，学前儿童家庭教育的指导，以及幼儿园、家庭与社区的合作共育。本书注重思想性，强化课程思政要素；尊重科学性，内容编排遵循学科专业逻辑；突出实用性，贴合职业院校学生的学习特点；强调实践性，突出职业技能培养。

本书附有配套教案课件和习题答案，可供教学使用。

本书可作为普通高等院校和职业学校学前教育专业学生的教材，也可作为幼儿教师职前培训或职后继续进修的学习用书，还可作为广大学前教育工作者的参考用书。

图书在版编目（CIP）数据

学前儿童家庭教育 / 朱子文主编；刘亚美等副主编.
上海：同济大学出版社，2024.11. --（高等职业教育学前教育新业态系列教材 / 赵刚，于冬青主编）.
ISBN 978-7-5765-1328-8

Ⅰ．G781

中国国家版本馆CIP数据核字第2024XW0806号

学前儿童家庭教育

主　编	朱子文	副主编	刘亚美　赵婉竹　李　雪　韩亚伟
责任编辑	屈斯诗	助理编辑	夏晗丹
责任校对	徐春莲	封面设计	渲彩轩

出版发行	同济大学出版社　　www.tongjipress.com.cn
	（地址：上海市四平路1239号　邮编：200092　电话：021-65985622）
经　　销	全国各地新华书店、网络书店
排版制作	南京展望文化发展有限公司
印　　刷	上海颛辉印刷厂有限公司
开　　本	787mm×1092mm　1/16
印　　张	12.25
字　　数	294 000
版　　次	2024年11月第1版
印　　次	2024年11月第1次印刷
书　　号	ISBN 978-7-5765-1328-8
定　　价	49.00元

本书若有印装质量问题，请向本社发行部调换　　　版权所有　侵权必究

序

  在家校社协同育人的教育体系里，幼儿进入小学之前的教育对其人生质量具有初始性、奠基性的重要作用。我国有"三岁看大，七岁看老"之说，德国多纳塔·艾申波茜博士的《小脑袋，大世界》一书中有两句话风靡全球：1～7岁也许不到人生的10%，却决定了人生的70%；只有发掘好人生的前8年，才能过好人生的80年。这些都是对幼儿园教育、家庭教育重要作用的形象表述。随着我国"十四五"规划的全面布局，学前教育进入新发展阶段，发展的重点将从资源供给逐步转向内涵提升。要办好让人民满意的学前教育，配齐配强教师队伍是关键。近年来在学前教育专任教师中，获得专科以上学历的教师已占绝大部分，教师专业水平明显提升。其中，高职院校培养和输送了大量高素质技能型专业人才，为我国学前教育事业发展提供强大的智力支撑，发挥了职业教育中学前教育专业独特的优势与作用。

  社会发展、科技进步与教育改革，使幼儿教育事业面临少子化、市场化、信息化等多重挑战。随着广大家庭对子女教育质量要求的不断提升，幼儿教育事业出现了前所未有的行业发展新形态，这既是挑战，又是机遇。我们深刻感到，要走好教育强国建设的历史新征程，为社会培养更多适应这种变化的优秀幼师仍是学前教育专业工作者的重大课题。为此，我们进行了一项既意义重大又极具挑战性的实践：编写一套适应职业院校学前教育专业教学的系列教材，为新发展格局下我国职业教育学前教育专业的教学改革提供有效支持。

  教材应体现党和国家的意志，学前教育专业教材更应站稳中国立场，讲好中国故事，传递中国声音。为了编好本套教材，我们前后进行了一年多的调研，聚集了一批优秀的教育实践工作者和教育理论研究者，深入贯彻落实《3～6岁儿童学习与发展指南》《幼儿园教育指导纲要》等文件精神，探讨学前教育领域的新形势、新理念，凝聚共识，落实要点。编写者们拥有丰富的教学经验和先进的教学理念，具备深厚的教材编写功底，更重要的是，他们对教育事业怀有巨大的热忱，无私地分享自己的教学经验，引领更多的教师教出更好的学生。

  这套"高等职业教育学前教育新业态系列教材"的编写，遵循"德技并修，理实一体，重构转化，创新探索"的融通育人原则，展示了学前教育专业的课程体系，涵盖本专业的基础课、核心课和选修课，利于学生构建全面牢固的知识体系；突出了教育专业学生的职业道德要求，提炼思政要素，整理思政教学案例，明确德育目标，引导学生锤炼高尚品格；适应了技能型人才培养的职业教育导向，按照新形态体例编写，对准幼儿园教师岗位需求，以实用技能培训为引领，帮助学生及早适应真实工作环境；强化了理论知识的学习要点，在职业教育层次应掌握的理论水平上更进一步，提供更丰富的学习内容，满足高职学生精进学业、提升学历的现实需求；运用了多样的教学手段，顺应融媒体、数字化赋能教育的潮流，配备丰富教学资源，将教学内容以多种形式呈现给学生，促进学生高效学习。

　　这套力图适应新形态、新业态的教材，需要学前教育工作者在教学实践中不断发现问题、改进问题，从而日臻完善，成为学生、读者的良师益友，为我国学前教育事业的高质量发展添砖加瓦。

东北师范大学家庭教育研究院院长
国务院妇女儿童工作委员会儿童工作智库专家
教育部幼儿园园长培训中心讲座教授
中国教育学会学术委员会委员与家庭教育专业委员会副理事长

前言

家庭是最基本、最亲密、最持久、对人影响最为深远，且韧性和适应性最强的社会基本组成单位。家庭是幼儿出生后接受教育的第一个场所，家长是第一任老师，家庭教育关乎幼儿的终身发展、千家万户的幸福生活和社会的和谐稳定。所以，家庭具有无可替代的特殊性，家庭教育也就显得尤为重要。

2016年，教育部颁布的《幼儿园工作规程》指出，"幼儿园同时要面向幼儿家长提供科学育儿指导"；2021年，《中华人民共和国家庭教育促进法》的颁布，使得家庭教育有了法律依据；2022年，教育部在工作要点中提出要探索在高等学校开设家庭教育选修课；2023年4月4日，在《教育部关于公布2022年度普通高等学校本科专业备案和审批结果的通知》中，中华女子学院申报的新专业家庭教育（四年制本科）成功获批，成为全国首个批准设置该专业的普通本科院校。由此，家庭教育步入了专业化、职业化和法治化的时代。学习"学前儿童家庭教育"课程，能使学生深刻理解学前儿童家庭教育的基本规律和特征，掌握托儿所、幼儿园家长工作的基本知识和技能，以便在学前教育实践中充分发挥家长的教育作用，进一步调动家长配合、参与托儿所、幼儿园教育的积极性，促进幼儿更好地成长发展。

在幼儿园教育实践中，教师需要具备较好的职业素养、系统的家庭教育理论知识，了解家庭、社区、幼儿园三者相辅相成的关系，完善教育理念，提升幼教工作技能。本书基于幼儿园教师职前教育的要求而编写，旨在培养学生掌握学前儿童家庭教育的概念、影响因素、目的、任务、内容、原则和方法，各年龄段儿童和特殊儿童的家庭教育，学前儿童家庭教育指导，以及幼儿园、家庭与社区三方合作共育。

本书遵循学生由易到难、由浅入深的认知规律，循序渐进地组织教材内容。本书有以下三个亮点：

第一，育人功能突出鲜明。本书注重思想性，设置"思政点拨"板块，紧紧围绕立德树人根本任务融入课程思政，体现国家意志，突出德技并修。

第二，编写体例科学实用。本书兼顾学科体系的理论性和课堂教学的实用性，在内容编排和设计上遵循学科专业知识体系的逻辑，关注学生的学习方式和特点，体现由易到难、适度复现的原则，既易于学生理解，又方便学生自主学习。

第三，学习资源全面丰富。本书配有教案课件及相关习题、参考答案，方便课堂教学及学生课后巩固。

本书由来自全国不同高等院校的一线教师及专家教授共同编写完成。青海高等职业技术学院朱子文担任主编，沧州师范学院刘亚美、长春大学赵婉竹、鞍山师范学院李雪、天水师范学院韩亚伟担任副主编。具体分工如下：单元一、二由朱子文、韩亚伟负责编写；单元三、四由李雪负责编写；单元五、六由刘亚美负责编写；单元七、八由赵婉竹负责编写。全书整体框架设计、统稿审定工作由朱子文负责。

由于编者水平有限，书中难免存在疏漏之处，敬请广大师生多提宝贵意见，以便不断修订完善。

编 者

2023 年 8 月

目录

序
前言

单元一　学前儿童家庭教育概述 / 1
　　内容导读 / 1
　　学习目标 / 1
　　思政点拨 / 1
　　学习导图 / 2
　　第一课　家庭概述 / 2
　　第二课　家庭教育概述 / 10
　　第三课　学前儿童家庭教育的内涵
　　　　　　和特点 / 18
　　练习题 / 23

单元二　学前儿童家庭教育的影响因素 / 24
　　内容导读 / 24
　　学习目标 / 24
　　思政点拨 / 24
　　学习导图 / 25
　　第一课　社会背景因素 / 25
　　第二课　家庭环境因素 / 32
　　第三课　家长自身因素 / 39
　　练习题 / 49

单元三　学前儿童家庭教育的目标、
　　　　　内容和任务 / 50
　　内容导读 / 50
　　学习目标 / 50
　　思政点拨 / 50
　　学习导图 / 51
　　第一课　学前儿童家庭教育的目标
　　　　　　和内容 / 51
　　第二课　学前儿童家庭教育的任务 / 59
　　练习题 / 69

单元四　学前儿童家庭教育的原则
　　　　　和方法 / 70
　　内容导读 / 70
　　学习目标 / 70
　　思政点拨 / 70
　　学习导图 / 71
　　第一课　学前儿童家庭教育的原则 / 71
　　第二课　学前儿童家庭教育的方法 / 79
　　练习题 / 90

单元五　各年龄阶段学前儿童的
　　　　　家庭教育 / 92
　　内容导读 / 92
　　学习目标 / 92
　　思政点拨 / 93
　　学习导图 / 93
　　第一课　胎儿的养护与优教 / 93
　　第二课　0～1岁儿童的养护与优教 / 96
　　第三课　2～3岁儿童的家庭教育 / 102
　　第四课　4～6岁儿童的家庭教育 / 107
　　第五课　幼小衔接期儿童的家庭
　　　　　　教育 / 112
　　练习题 / 120

单元六　特殊类型学前儿童的
　　　　　家庭教育 / 121
　　内容导读 / 121
　　学习目标 / 121
　　思政点拨 / 121
　　学习导图 / 122
　　第一课　特殊家庭的学前儿童

　　　　家庭教育 / 122
　　第二课　特殊类型学前儿童的家庭
　　　　教育 / 131
　　练习题 / 142

单元七　学前儿童家庭教育的指导 / 143
　　内容导读 / 143
　　学习目标 / 143
　　思政点拨 / 143
　　学习导图 / 144
　　第一课　学前儿童家庭教育指导的
　　　　内涵与意义 / 144
　　第二课　学前儿童家庭教育指导的
　　　　任务与内容 / 147
　　第三课　学前儿童家庭教育指导的
　　　　原则与策略 / 161

　　练习题 / 165

**单元八　幼儿园、家庭与社区的合作
　　共育** / 168
　　内容导读 / 168
　　学习目标 / 168
　　思政点拨 / 168
　　学习导图 / 169
　　第一课　幼儿园、家庭与社区合作
　　　　共育的意义 / 169
　　第二课　幼儿园与家庭合作共育 / 173
　　第三课　家庭与社区合作共育 / 177
　　第四课　幼儿园与社区合作共育 / 182
　　练习题 / 187

参考文献 / 188

单元一
学前儿童家庭教育概述

内容导读

家庭是社会的细胞,是国家发展、民族进步、社会和谐的重要基础。人们对家庭的认识随着社会的发展而不断深入。家庭是具有婚姻关系、血缘关系或领养关系的人们组成的长期共同生活的社会群体,是人类最基本的社会生活组织形式。家庭承载着多种社会功能,其中,教育是家庭的首要功能。学前儿童家庭教育是教育的基本形式,它以家长为核心,以家庭为主要环境,潜移默化地对学前儿童个体发展进行引导和教育。

学习目标

1. 理解家庭的概念、特征和功能。
2. 掌握学前儿童家庭教育的内涵和意义。
3. 培养家庭美德和家庭法治精神。

思政点拨

家庭中的教育主要有家庭美德培养和法治精神教育两个重要的思政点。家庭美德包括尊老爱幼,即尽职尽责抚养孩子与赡养老人、夫妻关系和睦、男女平等、勤俭持家,以及邻里互助等。家庭法治精神包括明确抚养/教育孩子和赡养老人的权利与义务以及了解《中华人民共和国民法典》中有关婚姻的条款等。家庭美德和家庭法治精神的培养,离不开家庭中每一位成员的共同参与、协同教育。

学前儿童家庭教育

> 学习导图

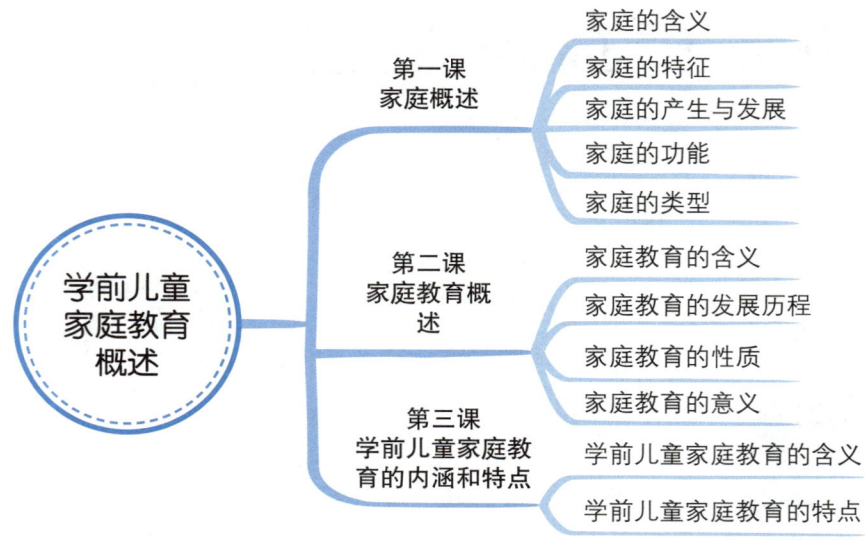

第一课　家庭概述

案例导入

去年开学，我们班转来了一个女孩，我观察后发现她平时总是两眼无神，很害羞，很少主动跟小朋友一起玩儿，也很少说话，偶尔说一句还咬字不清。其实，我能看出来，女孩儿还是很喜欢和小伙伴一起玩的，她笑起来时眼睛是亮的。通过与家长的沟通，我了解到，家长竟然因为做生意太忙，常常把女孩儿一个人锁在屋子里！家长也给女孩买了许多玩具和图画书，但是，父母的爱仅仅是满足孩子的物质需求吗？

【分析】家是教育的起点，父母是孩子的第一任老师，孩子的健康成长离不开良好的家庭环境。父母的陪伴是孩子最大的渴求。在当今社会，很多家长的时间都被工作占据，留给家人和孩子的时间少之又少，所以家长常常满足孩子的物质需求以补偿对孩子的亏欠。陪伴的缺乏严重影响了孩子的交往能力和语言表达能力，甚至会让孩子日后产生挥之不去的恐惧和不安。对于每个人来说，家庭的意义也都不一样，理解与掌握家庭的概念、特点、发展历史、类型与功能等，有助于我们更加全面地认识与了解家庭，从而形成科学的家庭观。

基础知识

一、家庭的含义

据《说文解字》的记载，"家，居也"，本义指屋内、住处；"庭，宫中也"，"宫，室也"。"家庭"一词是后起的，基本含义是指"一家之内"。

人们对家庭的本质有不同的认识，不同国家、不同民族、不同文化背景的人对家庭的理解是不同的。马克思和恩格斯认为，"每日都在重新生产自己生命的人们开始生产另外一些人，即繁殖。这就是夫妻之间的关系，父母与子女之间的关系，也就是家庭"。奥地利心理学家弗洛伊德认为家庭是"肉体生活同社会机体生活之间的联系环节"。美国社会学家伯吉斯（E. W. Burgess）和洛克（H. J. Locke）在《家庭》一书中提出，"家庭是被婚姻、血缘或收养的纽带联合起来的人的群体，各人以其作为父母、夫妻或兄弟姐妹的社会身份相互作用和交往，创造一个共同的文化"。中国社会学家孙本文认为"家庭是夫妇、子女等亲属所结合的团体"。

要想完全理解家庭的含义，需要把握以下五个要素：

第一，家庭以婚姻关系为基本特征。家庭是婚姻缔结的结果，婚姻是家庭的起点和基础。

第二，家庭以血缘关系或收养关系为纽带。由生育或收养而形成的父母与子女的血缘关系或亲缘关系，将家庭成员紧紧地联系在一起。

第三，家庭以其成员的共同生活活动为存在的条件。家庭以家庭成员是否有共同的生活活动和较为密切的经济交往为其存在的条件。

第四，家庭是人们社会生活中的基本群体。人类生活具有群体性，每个人只有在群体里并通过群体才能生存，而家庭就是这样一个基本的生活共同体。

第五，家庭是一个法律核准的组织单位。一旦男女双方依照规定领取了结婚证，就意味着一个经法律核准的新家庭诞生，加入这个小组织的双方就有了法律规定的相关权利和义务。

综上所述，家庭是具有婚姻关系、血缘关系或收养关系的人们长期共同生活而形成的社会生活单位，是人类生活中最基本、最重要的一种群体形式。

二、家庭的特征

（一）家庭是最基本、最普遍的社会群体

从古至今，每个人都在家庭中诞生。家庭之于社会，正如细胞之于人体，整个社会是由无数个家庭共同组成的。家庭是初级社会群体单位，是社会的缩影。一方面，社会的发展变迁直接使家庭发生变化，社会的法律道德、风俗习惯等对家庭的影响是巨大的；另一方面，家庭的发展变化又影响着社会的发展。

（二）家庭是关系最亲密、感情最深厚的社会群体

同一家庭的成员，一般都是建立在婚姻、血缘或收养关系的基础之上的，夫妻、父母与子女、兄弟姐妹、祖孙之间亲密无间，不可分离，而且成员之间朝夕相处，有深厚

的感情，因此家庭成员之间的互动和履行的家庭义务一般表现为自觉的行为，除了遵循法律的规定外还受到道德的制约。

（三）家庭是持久稳定的权利与义务结合体

家庭成员共同生活享有一定的权利，需要履行相应的义务，个人对家庭的责任心和忠心，要比对其他社会组织的更加强烈、更加自觉。

（四）家庭是世代更替的社会群体

纵览历史的发展，一方面，家庭是长久的，一代代人像接力赛似的传下去，那些厚重的族谱见证了家族的兴衰更替；另一方面，每一代人的家庭又是短暂的，最长不过几十年，然后被下一代的家庭代替。

三、家庭的产生与发展

家庭的演化是一个由低级形态向高级形态进化的过程，历史上大致经历了四种家庭形态（图1-1）。

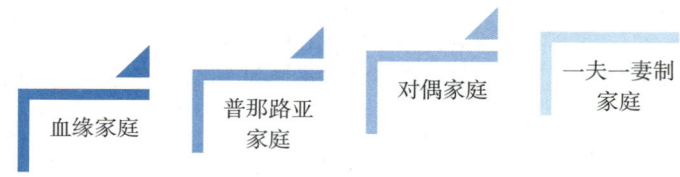

图1-1 家庭形态的发展

（一）血缘家庭

人类历史上第一种家庭形态出现于旧石器时代，是一种氏族内部按辈分划分的婚姻形式，即年龄相近的青壮年兄弟姐妹相互通婚，排斥了上下辈之间的婚姻关系。因为通婚的兄弟姐妹之间有血缘关系，所以称为"血缘家庭"。按照这种制度，两性关系是根据母系来划分的，这种婚姻形式又被称作等辈婚或兄妹婚，是群婚制的最初阶段。血缘家庭是一个生活单位，也是一个生产单位。从婚姻制度上说，血缘家庭排除了父母和子女、祖辈和孙辈之间，即不同辈分的直系血亲之间的性关系。它的基本特点是血缘群婚，"只知其母不知其父"。

血缘家庭是人类社会第一种社会组织形式，也是人类第一种家庭形态。在原始社会，妇女在生产生活中处于领导地位，氏族成员过着共同劳动、共同消费的平等生活。马克思指出，血缘家庭是最简单的又是最古老的家庭制度，在原始社会实难找出另外一种可能的家庭形态。虽然这种家庭形态是家庭发展过程中的低级形态，但也有一定的进步性，它建立了有长幼之分的家庭。

（二）普那路亚家庭

普那路亚家庭是人类历史上第二种家庭形态，由美国人类学家摩尔根（L. H. Morgan）命名，摩尔根把它作为群婚家庭的一种典型。这种家庭形态出现于旧石器时代中晚期，它已经开始在家庭内部排除兄弟姐妹间的婚姻关系，而实行两个氏族之间的群婚。"普那路亚"是夏威夷语，意为"亲密的伙伴"。这种婚姻是在两个及以上的氏族之间发生的，一个氏族由若干兄弟和他们的妻子组成，以作为丈夫的兄弟为基础，妻子把丈夫的兄弟也叫作自己的丈夫，共享其夫的妻子之间互称"普那路亚"，表明她们不一定都是直系姐妹关系，而是亲密的伙伴关系；另一个氏族由若干姐妹和她们的丈夫组成，以作为妻子的姐妹为基础，丈夫把妻子的姐妹也叫作自己的妻子，共享其妻的丈夫间互称"普那路亚"，表明他们不一定都是直系兄弟关系，而是亲密的伙伴关系。

这种家庭的婚姻形式是没有固定配偶的群婚，其特点是男子多妻，女子多夫，子女只知其母不知其父，由以往的内婚制转变为外婚制。

（三）对偶家庭

对偶家庭是原始社会母系氏族公社时期的一种择偶式家庭形态，处于由群婚家庭向一夫一妻制家庭过渡的阶段。随着人口密度增大，氏族间的往来越来越频繁，婚姻的禁忌也逐渐增多，如禁止血亲通婚，因此婚姻范围逐渐变小，最后只剩下极个别能结合的配偶，群婚制便向对偶婚制过渡。这种家庭中一对配偶在或长或短的时间内出现了相对稳定的同居关系，也就是一个男子在许多妻子中有一个主妻，一个女子在许多丈夫中有一个主夫，但男女双方仍属于自己的氏族，因而这种同居关系很不牢靠。

对偶家庭是人类家庭发展史上的一大进步，具有积极的历史意义和社会意义，为后来的父系氏族和一夫一妻制家庭的产生准备了条件。

（四）一夫一妻制家庭

一夫一妻制家庭是人类有史以来最后一种家庭形态，出现于原始社会末期。这种一男一女结为夫妻的婚姻与家庭形态的确立是文明时代开始的标志之一，并且这一家庭形态延续至今。

一夫一妻制家庭是从对偶家庭发展而来的。对偶家庭中的男子在家庭中居于"统治"地位，丈夫在家中掌握了经济大权，从而形成了对妻子越来越大的统治权，子女可以继承人资格继承父亲的财产。但在这种家庭形态中，丈夫可以过多妻生活，而女子只能过一夫生活，而且严禁女子发生婚外性关系，这是男子在家庭中居于统治地位的典型表现。一夫一妻制家庭较之对偶家庭要牢固得多、持久得多，夫妻双方不能任意解除婚姻关系。

中国婚姻观念经历了从原始社会到现代社会的巨大变迁。在古代，婚姻是对家族利益的维护和传承，男权主义和家族观念较为突出；而在现代社会，个人选择和婚姻自由成为主流，婚姻的目的和形式也更加多元化。传统观念的影响依然存在，尤其是女性的婚姻观念和角色分工仍然受到一定的限制和束缚。随着社会经济发展和文化教育水平提高，中国的婚姻观念将更加多元和开放，个人选择和婚姻平等将得到更多的重视和认可。

四、家庭的功能

家庭功能亦称家庭职能，即家庭在人类生活和社会发展方面所起的作用。其内容受社会性质的制约，不同的社会形态产生不同的家庭功能，有些功能是共同的，是任何社会都具有的，有些功能是派生的。家庭功能主要包括生育功能、经济功能、情感交流功能、教育功能、抚养与赡养功能、政治功能，以及休闲与娱乐功能。

（一）生育功能

生育功能是家庭的固有功能。从人类社会进入一夫一妻制以来，家庭一直是一个生育单位。这一婚姻制度是种族延续的保障，也是合法生育的形式之一。《中华人民共和国民法典》规定非婚生子女享有与婚生子女同等的权利。一夫一妻制婚姻关系有利于保障社会的秩序。

（二）经济功能

经济功能包括家庭中的生产、分配、交换和消费，它是其他家庭功能的物质基础。家庭是最小的经济单位，个人的衣、食、住无不依赖于家庭。

家庭的经济功能不仅由当时的社会生产力水平所决定，而且受社会制度、文化程度、伦理道德、法律、宗教、习俗、家庭观念等多方面因素的制约。不同历史时期的家庭具有不同的经济功能。由于过去的生产力水平有限，传统家庭担负的生产功能突出。家庭成员共同劳动，实现自给自足的经济状态。随着现代工业的出现和发展，传统家庭赖以生存的经济基础遭到冲击，尤其是在城市，家庭的生产功能逐渐被排除在外，自给自足式的家庭经济单位趋于解体。大多数家庭已经不再是生产资料占有单位和生产劳动组织单位，而只是生活消费单位。家庭成员的经济收入汇集到一起，统一管理、统一支配，满足家庭成员的生活需要。

（三）情感交流功能

情感交流是家庭精神生活的组成部分，是家庭生活幸福的基础。家庭情感包括夫妻情感、父母与子女的情感、祖孙情感、兄弟姐妹的情感等，具体表现为爱情、亲情、幸福感、信任感、美感等。婚姻的成功与失败，家庭的幸福与否，在很大程度上都与家庭的情感交流机制有关。夫妻能以男女不同的感受与立场互补，兄弟姐妹也能以同胞的立场与关系相互帮助，家庭成员之间有福共享，有难同当。

（四）教育功能

教育功能是家庭的首要功能，包括父母教育子女和家庭成员之间相互教育两个方面，其中父母教育子女在家庭教育中占有重要的地位。家庭是实施教育的最早场所，父母长辈是子女最早的老师。父母和其他长辈通过言传身教的形式进行教育，竭尽全力将子女培养成合格的高素质人才，以适应社会的需要。如今，家庭的教育功能越来越重要。

（五）抚养与赡养功能

抚养与赡养功能具体表现为家庭代际关系中的双向义务与责任。抚养是上一代对下一代的抚育、培养，赡养是下一代对上一代的供养、帮助。这种功能是家庭对社会的责任，是实现社会继替必不可少的保障。在各个历史时期，社会都对家庭的抚养与赡养作出了强制性的法律规定。抚养与赡养包括经济方面的帮助、生活方面的照顾和情感方面的交流等内容。

（六）政治功能

家庭曾是一个"小型政府"，家长是家庭的统治者，具有权威。家庭生活的组织和维系依靠家长，家庭成员服从权威的习惯最早也来自服从家长。现代社会家长制解体，但家庭脱离不了社会的政治生活，为社会的政治生活所影响，这在社会急速变迁时期表现得更为明显。

（七）休闲与娱乐功能

开展休闲与娱乐活动是家庭成员在闲暇时间的选择。随着生活条件的改善，人们的休闲和娱乐逐渐从单一型向多向型发展，日渐丰富多彩，家庭在这方面的功能也日益增强。

综上所述，家庭功能的演变并不能单纯地理解为功能的减少和增加，现代家庭对传统家庭来说是超越和发展，是家庭功能的不断完善和优化，而不是家庭功能的弱化和消失。现代家庭对家庭功能的需求有不断扩大的趋势，对家庭功能质量的要求明显提高。

五、家庭的类型

传统的家庭学以家庭结构、亲族结构为基准，可按照形态的不同划分家庭类型。19世纪中叶，有学者根据欧洲各国家庭的实际情况，根据家庭维系方式和个人才能的发挥两个方面提出三种家庭类型：一是维系方式不太传统，利于发挥个人才能，以夫妻为中心的家庭；二是维系方式介于传统与非传统之间，且发挥个人才能的余地适中，由一子传续家庭的直系家庭；三是强调在家长的统治下，诸子女协作，维系方式传统的父权家庭。日本社会学家铃木荣太郎根据日本世代变化的家庭形态，概括出三种家庭类型，即夫妇家庭、直系家庭和同族家庭。

划分家庭类型有许多标准，标准不同，划分的类型也不同。一般根据家庭结构可分为传统的家庭类型和非传统的家庭类型。

（一）传统的家庭类型

根据家庭的代系和亲子关系，一般分为核心家庭、主干家庭和联合家庭。

1. 核心家庭

核心家庭是由父母及其未婚子女组成的家庭，也包括无子女夫妇家庭，以及养父母与养子女组成的家庭。现代社会中，核心家庭已经成为主要类型。核心家庭的共同特征是规模小、人数少、结构简单、关系单纯，家庭只有一个权力和活动中心，便于作出决定，也便于迁移，与现代工业化、城市化社会相适应（图1-2）。

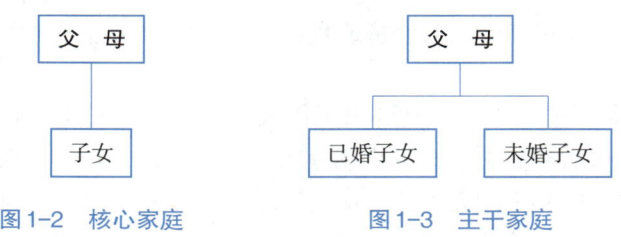

图1-2　核心家庭　　　　图1-3　主干家庭

2. 主干家庭

主干家庭又称直系家庭，是由一对已婚子女同其父母、未婚子女或未婚兄弟姐妹构成的家庭。主干家庭的特点是代际层次多，家庭关系比较复杂，往往有一个主要的权力和活动中心，还有一个次中心。但主干家庭可利用的资源较多（图1-3）。

3. 联合家庭

联合家庭又称复式家庭，是由两对及以上同代夫妇及其未婚或已婚子女组成的家庭，包括由父母和两对及以上已婚子女及孙子女居住在一起的家庭，或两对及以上的已婚兄弟姐妹组成的家庭。这类家庭同时存在一个主要权力和活动中心及几个次中心，或几个权力和活动中心并存。其结构相对松散且不稳定，难以作出一致的决定（图1-4）。

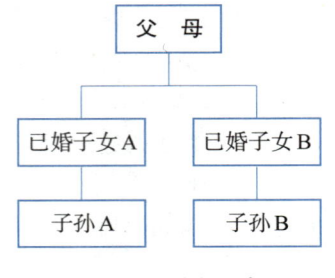

图1-4　联合家庭

上述三种家庭类型是关系健全家庭的基本类型，后两种统称为扩展家庭。值得注意的是，尽管现代家庭理论中对家庭类型介绍的顺序如此，但从人类社会发展的过程来看，家庭主要类型的演变恰恰是从以联合家庭、主干家庭为主到以核心家庭为主的。

（二）非传统的家庭类型

随着社会的发展与思想观念的转变，非传统的家庭类型正向多元的方向发展。

1. 单亲家庭

单亲家庭是只有父母一方与其不具备独立生活能力、年龄在18周岁以下或虽然年龄已满18周岁但正在接受全日制教育的未婚子女共同生活的家庭。常见的单亲家庭类型主要有离婚式、丧偶式、未婚式、独身式等。

2. 重组家庭

重组家庭是指一个家庭中至少有一个成年人在曾经的婚姻或关系中有孩子，即父母中至少有一方的孩子与另一方没有血缘关系或收养关系的家庭。重组家庭中的孩子可以和亲生父母或养父母中的一方生活在一起，也可以和每个亲生父母或养父母一起生活一段时间。

3. 丁克家庭

"丁克"是英文"double income no kids"的首字母缩略词"DINK"（亦写作"DINKY"）的音译，意为"双收入，无子女"。丁克家庭是指夫妻双方在无生理因素的影响下，协商一致后自愿选择不生育的家庭。现今，西方国家较多使用"childfree"或是"childless-by-choice"来形容不愿生育的人群，取代了"childless / childlessness"，以强调主动选择的意思。在人的一生中，对于生养孩子的意愿和态度可能会不断发生变化，在某一阶段，个体可能会因为经济或自我发展等因素而选择不生育。

4. 空巢家庭

"空巢"一般是指家庭中因子女外出工作或学习，留老人独居的一种现象。空巢家庭是指子女长大成人后从原生家庭中相继分离出去，只剩下老年人独自生活的家庭。一旦老人的配偶去世，则剩下的老人的生命周期进入鳏寡期。空巢期与鳏寡期对老年人来说是生活中容易发生困难的两个重要阶段。

5. "421""422""423"家庭

"421""422""423"家庭是随着国家政策的变化而出现的三种家庭类型。"421"家庭是指一对独生子女结婚后生子，由4位父母长辈、夫妻2人和1个孩子组成的家庭，2个年轻人要担负起4位老人的养老和1个孩子的养育。"422"或"423"家庭是随着国家两孩、三孩政策的全面放开与落实，出现的由一对夫妻、4位父母长辈和2或3个孩子组成的家庭。

6. 单身家庭

单身家庭指到了结婚的年龄不结婚或离婚以后不再婚，而选择一个人生活的家庭。

总的来说，家庭的规模日益小型化。越来越多的研究表明，家庭规模变动并不能完全代表家庭变动，但是在实际的统计和研究中，"家庭户"（Household）作为考察家庭规模的核心指标却经常被作为家庭的代表或近似指标。20世纪50年代以前，中国平均家庭户规模大体维持在5.3人的水平。1953年第一次全国人口普查数据显示，中国平均家庭户规模为4.33人，家庭户规模下降与当时大量联合家庭解体、分家等因素有关。至改革开放前，由于人口增加、住房短缺等因素，平均家庭户规模上升到4.78人[①]。

改革开放后，在计划生育政策实施与调整、人口迁移流动日益频繁等因素的影响下，中国家庭户规模呈现小型化发展趋势（表1-1）。20世纪90年代初，中国总和生育率降至更替水平以下，生育水平的不断下降导致了家庭户规模的缩小。1990年，中国平均家庭户规模首次降到4人以下，这种下降趋势一直持续到2014年。此后由于生育政策调整，伴随2013年单独两孩政策出台以及2016年全面两孩政策的实施，中国的家庭户规模经历了短暂上升，2016年平均家庭户规模升至3.11人。但随着生育政策调整效应慢慢褪去，家庭户规模又开始下降，2020年第七次全国人口普查数据显示，中国平均家庭户规模为2.62人，相较于2010年第六次全国人口普查时的3.10人减少了0.48人。

表1-1　改革开放后中国家庭户规模变化情况（1982—2020）

年　份	平均家庭户规模（人）	年　份	平均家庭户规模（人）
1982	4.41	2014	2.97
1990	3.96	2015	3.10
2000	3.44	2016	3.11
2010	3.10	2017	3.03
2011	3.02	2018	3.00
2012	3.02	2019	2.92
2013	2.98	2020	2.62

数据来源：根据第三、四、五、六、七次全国人口普查，2011—2014年和2016—2019年全国1‰人口变动情况抽样调查，以及2015年全国1%人口抽样调查相关数据整理得到。

在这一背景下，当代中国家庭在应对复杂多元的社会变迁时主动进行调整与适应。未来中国家庭类型在日渐多元化的同时，将依旧以核心家庭和主干家庭为主。

---

① 麻国庆：《当代中国家庭变迁：特征、趋势与展望》，《人口研究》2023年第47卷第1期，第43～57页。

第二课　家庭教育概述

案例导入

有一次女儿不小心打碎了一个碗，碗里的小料溅了我一身，我不禁大喊一声。女儿看看被吓到的我，看看被打碎的碗，一时惊慌失措，怯怯地对我说："妈妈，你打我一下吧！"她的表情与话语告诉我她已经知道错了，我为什么还要再责备她？于是我微笑着对她说："妈妈原谅你了，下次可要小心哟！"女儿重又露出笑容，感激地对我说："嗯，妈妈，我记住了！"于是又开心地玩了起来。

事后回想她的那句话，我还是颇为吃惊。为什么她让我打她？是不是我平时对她伤害太多了？多少次，我在干家务，女儿无意"添乱"，我会不耐烦地呵斥她；多少次，我下班回家，一身疲惫，女儿找我读书，我头也不抬地拒绝她；又有多少次，女儿磨磨蹭蹭，我会一边责备一边"拎"着她下楼……女儿怕自己做不好惹妈妈生气，更害怕妈妈的责备和惩罚。

打碎了碗可以再买一个，但打碎了孩子的心却无法再挽回。作为父母，多一些宽容与耐心，就能帮助孩子建立强大的内心。

【分析】打碎碗的刹那，家长控制住了自己的情绪，接纳了孩子"冒失"的行为，还给了孩子一份安全感；平静的背后，家长的心却波澜起伏，我们看到了她对自己的反思。父母的一言一行会潜移默化地影响孩子，好的家庭教育给孩子提供良好的成长环境，能让孩子有所为、有所不为，明礼、懂理。家庭教育对人的一生起着至关重要的作用。什么是家庭教育？它的本质是什么？家庭教育存在的意义究竟是什么？下面我们将系统地解答这些问题。

基础知识

一、家庭教育的含义

家庭教育是学校教育与社会教育的基础。家庭教育是终身教育，它开始于婴幼儿时期，这一时期的家庭教育是"人之初"的教育，在人的一生中起着奠基的作用。其教育目标应是：在孩子进入社会接受集体教育之前保证孩子身心健康发展，为接受幼儿园、学校的教育打好基础。孩子上了小学、中学后，家庭教育既是学校教育的基础，又是学校教育的补充和延伸。

广义的家庭教育是指在家庭生活中家庭成员之间相互给予的教育和影响，既包括父母对子女、长者对年幼者实施的教育，也包括子女对父母、年幼者对长者的影响，甚至包括父母之间、未成年子女之间的相互影响。这种广义的理解强调了家庭成员尤其是父母与子女之间的平等关系，重视子女在接受父母教育中对父母的影响及对父母教育的反馈过程。

狭义的家庭教育是指在一定的家庭文化背景下，由父母或其他年长者自觉地、有意识地对未成年子女和其他年幼者施加的教育影响活动。这一概念表明：家庭教育的主要环境是具有一定文化背景的家庭，教育者是父母或其他年长者，受教育者是未成年子女和其他年幼者，其教育目标是帮助未成年人实现社会化和形成健全人格，促进其身体、社会生活能力、认知等方面全面发展。

依照《中华人民共和国家庭教育促进法》，家庭教育是指父母或者其他监护人为促进未成年人全面健康成长，对其实施的道德品质、身体素质、生活技能、文化修养、行为习惯等方面的培育、引导和影响。家庭教育以立德树人为根本任务，目的是培育和践行社会主义核心价值观，弘扬中华优秀传统文化、革命文化、社会主义先进文化，促进未成年人健康成长。

二、家庭教育的发展历程

家庭教育作为一种社会现象，为满足社会生活的需要而产生。家庭教育自产生以来，就和社会实践活动紧密联系，随着社会的变化而变化，随着社会的发展而发展。因此，在不同的社会历史阶段，由于生产力的发展水平不同，生产关系和政治制度不同，家庭教育的性质和特点也有所不同，体现着时代的特色。

（一）中国的家庭教育发展历程

中国的家庭教育源远流长。中国有文字记载的家庭教育历史已有3 000多年了，《周易》中的《家人》《渐》《蛊》《节》等卦的卜辞，便是最早讨论家庭问题的文献。之后，先秦的礼法，汉代的家法，六朝以后出现的家训、家规、家礼，以及近代有关家庭教育的论述，都属于家庭教育的范畴。此外，尚有散见于经、史、子、集之中的大量有关家庭教育的名言名篇，佳事懿行，有的虽不以"家训"名，但无疑也属于中国家庭教育宝库的组成部分，可称为中华民族的一份极其丰厚而又珍贵的文化遗产。

1. 原始社会的家庭教育

早在100多万年以前的远古时期，我们的祖先就开始在中华大地上繁衍生息。中国早期马克思主义教育家杨贤江曾指出"自有人类，就有教育"。原始人类在长期的劳动和生活过程中创造了灿烂的文化，创造了原始的教育活动。

原始社会是人类刚刚从动物界分离出来后的第一个社会形态。中国的原始社会，起自约170万年前元谋人的诞生，止于公元前21世纪夏王朝的建立。我国的原始社会大体可以分为原始人群、母系氏族公社和父系氏族公社三个发展阶段。原始人群和母系氏族公社时期以群婚形式为主，所有孩子都属于全公社所有，由公社共养共育。这种教育方式属于社会教育，真正意义上的家庭教育还未成形。

人类社会进入父系氏族公社时期以后，随着原始人类社会生产力的提高，私有产品的逐渐增多，出现了现代家庭形态一夫一妻制的雏形。一对一的家庭形态使夫妻关系相对固定，新生一代便逐渐由氏族共育变为家庭单独抚养。我们所说的家庭教育，也正是从这时候开始萌芽的。

原始社会家庭教育的内容和方法都很简单。原始社会初期，年长者通常在生产劳动过程中向年幼者传授渔猎、采集、农耕、畜牧等方面的经验和技能，进行劳动品质和社会风俗习惯等方面的教育。原始社会后期，由于部落之间经常发生冲突，军事教育萌芽，向年轻一代传授战争的经验和技术成为必然。在原始社会氏族大家庭中，任何人都享有平等的受教育的权利，受教育是原始公社成员共同的权利与义务。这种大家庭式的教育，为社会的发展和进步起到了重要的推动作用。

自原始社会以来，家庭教育就以一种自然的形态出现，并与当时的社会生产和日常生活紧密相连。经过不断发展，家庭教育逐渐成为一种文化，成为人们教育子女、勉励家人的手段。

2. 奴隶社会的家庭教育

随着社会生产力的发展，私有制代替了原始社会的公有制，出现了阶级分化，国家作为统治的工具随之产生，原始社会开始解体，逐渐向奴隶社会过渡。到了夏代，我国进入了奴隶社会（公元前21世纪—公元前476年），奴隶社会是人类第一个私有制社会，包括夏、商、西周和春秋四个阶段，生产关系的基础是奴隶主占有生产资料和奴隶，奴隶主的家庭是奴隶社会的基本经济单位。剥削与被剥削两大对立阶级的形成，使家庭教育也打上了阶级的烙印。所以奴隶社会的家庭教育，虽然有为生产服务的功能，但更重要的则是充当奴隶主阶级统治奴隶的工具。

在奴隶社会，奴隶主占有社会物质生产资料，居于统治地位，奴隶没有任何权利、自由，其身体、生命及其子女都属于奴隶主。因此，在中国古代漫长的奴隶社会中，奴隶只有世世代代做奴隶，没有人身自由，没有家庭生活，更谈不上接受家庭教育了。

"学在官府"是奴隶社会的一大特色。奴隶社会已经有了学校，但学校教育很不发达。严格地说，这些被称为"痒""序""校"的机构与当今的学校相去甚远，且主要为奴隶主阶层服务。为了维护奴隶主专政的政治需要，培养统治人才，奴隶主把子女送到学校接受以"六艺"为主要学习内容的教育。所谓"六艺"，即"礼、乐、射、御、书、数"。其中，"礼""乐""射""御"是政治思想教育，是"大艺"；"书""数"则是生产、生活的基本知识教育，称为"小艺"。"书"即"六书"，指象形、指事、会意、形声、假借、转注，为文字教育；"数"指数学教育。

在进入学校接受教育之前，奴隶主子女需要在家中接受家庭教育。在家庭中，家长特别是母亲从小就对其子女进行基本的生活技能和习惯的培养，如尊老爱幼的礼节和各种生活习惯。家庭中还专门设有"保"（家庭教师）对奴隶主子女进行科学文化知识（"六艺"）的教育。

在男尊女卑思想的影响下，奴隶主子女的家庭教育从小就有男女之别，要求"男治外事，女治内事"。男子主要学习维护奴隶主阶级统治的相应知识，而女子则接受女德教育，为以后成为贤妻良母做好准备。

3. 封建社会的家庭教育

我国的封建社会起自公元前5世纪战国时期，止于清帝溥仪退位。以小农经济为基础的中国封建社会，历来非常重视家庭的作用。古代的思想家、政治家都把家庭视为社会的基层组织，认为"天下之本在家"（荀悦《申鉴·政体》），并有"修身、齐家、治国、平天下"之说（《礼记·大学》）。他们认为，"齐家"就是要家长首先按照封建礼教的伦理标准修养自己的身心，然后以身作则教育全家。一家人教育好了，推而广之，便可以影响一方、一国，从而实现"国治"和"天下平"的政治理想。因此，在中国古代封建社会，家庭对子女的教育在人们心中是一件非常重要且意义深远的事。

纵观中国千年的封建家庭教育，其主要内容大致包括以下四个方面：以"孝悌"为中心的伦理道德教育，以农业生产为主的生产生活技能教育，以自立、勤俭为中心的日常生活习惯教育，以"中庸之道"为标准的处世方式教育。

4. 近现代的家庭教育

鸦片战争揭开了中国近代史的序幕。受日益加剧的社会政治危机和世界教育发展趋势的影响，中国人开始反思原有的家庭教育模式，在家庭教育管理上有两个值得注意的改变：一是家庭教育法治化进程的启动；二是儿童公养公育思潮的兴起。

1904年，"癸卯学制"颁行（图1-5）。清政府通过了《奏定蒙养院章程及家庭教育法章程》，标志着中国家庭教育史上的第一次家庭教育法治化。

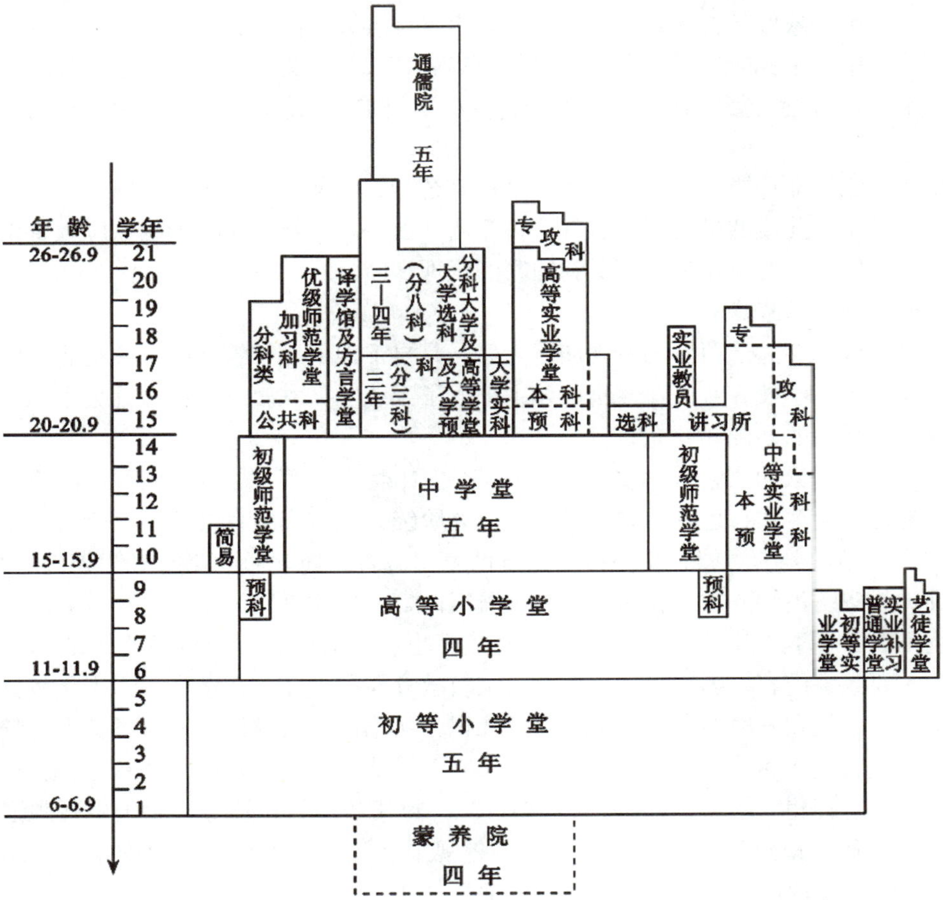

图1-5　癸卯学制

中华民国时期，家庭教育属于社会教育范畴。当时的中央教育部设有社会教育司，家庭教育的主管指导工作由该司负责。1940年颁布的《推行家庭教育办法》对家庭教育管理作了较详细的规定，如"各级教育行政机关应督导各级学校、社会教育机关及文化团体、妇女团体，按照本办法之规定，积极推行家庭教育"。

中华人民共和国成立以后，家庭教育随社会变迁而发生变化。现代社会大教育观将家庭教育定位在整个大教育系统的基点位置上，强调家庭教育的社会性、民族性，以及家庭教育的社会意义和民族意义。家庭教育受到更多的重视，有了进一步发展。同样，家庭教育的目的、内容和方法等也在不断变革。

（二）西方的家庭教育发展历程

1. 奴隶社会的家庭教育

人类进入奴隶社会后，劳动生产力提高，对教育的重视程度也逐渐提高，人们开始将教育看作人类文明传承的重要手段。但由于西方奴隶社会早期学校教育的不发达，家庭教育成为了最基本的教育形态。

古代西方奴隶社会的家庭教育最为显著的特点就是阶级性。奴隶主阶级为了维护其统治地位，学习内容较为广泛，除了要学习科学文化知识以外，还要学习镇压奴隶的军事本领，整个家庭教育体系较为完善。至于平民和奴隶阶层，其子女所受到的家庭教育则相当有限。平民阶层子女所能接受的家庭教育仅仅是为维持生计而进行的生产技能教育，缺乏系统性。奴隶作为没有人身自由的"物品"，其子女能得到的家庭教育几乎为零。

由于阶级对立严重，统治阶级为了维护其统治，将儿童视为国家的财产，很多西方国家都非常重视儿童的早期家庭教育。古希腊、古罗马都将儿童早期的家庭教育纳入国家统一学制体系，儿童家庭教育受到国家的管理和监督。

2. 封建社会的家庭教育

西方封建社会起于西罗马帝国崩溃之后，是自下而上逐层筑起的一种封建架构。在西方封建社会，学校教育已经逐步成熟，形成了系统。家庭教育逐渐由社会主流教育模式变成学校教育的基础和补充。

当时西方国家的家庭教育主要有以下三个突出特点：第一，家庭教育的阶级性。古代西方封建社会存在封建领主和平民两大对立阶级，其家庭教育必然带有阶级性。封建领主的子女是世袭的贵族，从小接受系统的家庭教育，能学习到当时最为先进的知识，成为维护封建统治的人才。相对封建领主阶级而言，广大平民深受国家和教会的双重压迫，生活苦不堪言，对子女所进行的家庭教育也相当有限，仅以维持生计的基本生产技能为主要教育内容。第二，世俗教育与宗教教育并存。儿童在接受科学文化教育的同时，也要在教会和家庭的指导下学习宗教知识，从小树立宗教信仰。第三，推行骑士教育。骑士教育是中世纪一种特殊的家庭教育。骑士教育的内容包括骑马、投枪、击剑、行猎、游泳、弈棋、吟诗在内的"骑士七技"。封建骑士教育塑造了骑士勇猛顽强、忠君爱国的品质，但过于注重武力和服从，忽视了文化知识和个人思想的培养。总的来说，骑士教育在西方封建社会中具有重要地位。

3. 资本主义时期的家庭教育

一般认为，资本主义最早出现于13—14世纪的意大利半岛。1640—1688年，英国经历了不流血的资产阶级革命，建立了君主立宪政权，标志着资本主义制度的确立和世界近代史的开端。资本主义至今已有近400年的历史，主要经历了三个发展阶段，即自由资本主义阶段、垄断资本主义阶段和现代资本主义阶段。

资本主义时期的家庭教育有四个特点。第一，不同阶级的家庭教育内容和方式差别甚大。资本主义上升时期，资产阶级和无产阶级成为两个对立的阶级。一般来说，资本家、统治者、管理者均希望把自己的子女培养成为具有一定统治、管理和研究才能的上层人才，其子女不但能接受系统的学校教育，很多人还拥有专属的家庭教师。而无产阶级劳工大众的子女，非但不能保证得到系统的学校教育，连家庭教育也常常因家长时间精力不足而难以真正进行。

第二，无产阶级家庭关系遭到破坏，家庭教育难以实施。在资本主义早期，资本家为了完成原始资本积累，残酷地剥削广大工人，工人不但工作时间长，劳动强度大，还缺乏必要的劳动保护。广大工人的合法权益得不到保障，工资低，难以维持基本的生活。因此，很多妇女和儿童不得不加入工人的行列。在这种情况下，无产阶级的家庭教育受到了严重的破坏，家长疲于生计，无暇顾及子女的家庭教育问题。维持生计成为无产阶级家庭的头等大事，在正常的生活都难以保证的情况下，家庭教育更无从谈起。

第三，资产阶级很重视家庭教育，家庭教育向科学化发展。随着社会的进步和科学文化的发展，资产阶级对家庭教育变得格外关注和重视，家庭教育的方式和内容也突破了封建社会时期的种种藩篱。家长开始运用科学的方法教育子女，家庭教育的内容也逐渐与学校教育接轨。

第四，资产阶级崇尚金钱至上的功利化家庭教育。在资本主义上升时期，资产阶级注重完成原始资本积累，金钱对他们而言比什么都重要，因而家庭教育受到金钱至上的观念影响，家庭成员间的关系被异化为金钱关系，对子女的教育也逐渐功利化。

工业革命的发生与发展带来了巨大的社会政治变革和经济环境变化，很多国家出现了富裕家庭、中产阶级家庭和贫穷家庭等不同条件的家庭类型。不同类型的家庭，其家庭教育也不尽相同。富裕家庭重视子女的教育，因为培养子女就是培养自己产业的继承人和接班人。但是，父母把子女的管理工作交给保姆，把子女的教育工作交给家庭教师。富裕家庭一般尤为注重知识教育，不仅注重书本知识，还很重视实际操作的技能技艺训练。中产阶级家庭普遍采用协作培养的方式培养子女，强调家长和子女之间的平等交流，家长积极配合学校教育，参与学校的各种事务，此外，中产阶级家庭有能力让子女参加多样化的课外活动，培养子女的综合素质和兴趣特长。贫困家庭则没有能力维持家庭生活，很多子女未成年时就开始童工的生活。

科技的迅速发展既大大提高了经济效益，又改善了家庭物质生活，儿童的生活环境也有较大改善，家庭教育的内容和手段更加科学化。由于社会和文化的影响，现代西方发达国家的家庭教育通常都比较重视对子女个性、独立生存能力的培养。但是，竞争的压力及快节奏的生活，使家庭成员间的相互依赖逐渐减少，家庭关系日益松动，

家庭观念渐渐淡漠，个人的独立性更强。一些西方发达国家的家庭教育也面临着新问题。

三、家庭教育的性质

家庭教育促进了儿童早期经验积累和主观能动性培养，这往往成为他们以后个性发展的主观基础和出发点。家庭教育与学校教育和社会教育有所不同，具有独特的性质。

（一）家庭教育是非正规的教育

家庭教育是一种非正规教育。从教育活动实施的组织形态角度划分，教育分正规教育和非正规教育两大类。幼儿园、学校都是由专门的组织机构和专门的教育者，按照一定的计划、目标和标准统一实施的教育，因此属于正规教育。而家庭教育完全不同，家庭教育的施教过程没有固定的时间、地点和方式。家长在日常生活中的一些行为虽然不是刻意在对儿童进行教育，但在不经意间对儿童的行为起到了示范作用。所以，家庭教育是随时随地发生的，影响深刻、广泛而具体的教育。

家庭教育的施教者不一定受过专门的相关教育教学知识培训。家庭教育的施教者是家长，而家长可以是教育教学经验丰富的教师，也可以是对教育不甚了解的从事其他行业的人员，即使其中某些人自学了教育教学相关知识，但其掌握的知识也很难保证系统和全面。家庭教育施教者的教育教学知识和技能的参差不齐也是家庭教育非正规性的一种体现。

（二）家庭教育是终身的教育

家庭教育是一种终身性的教育，从胎儿期开始，人就有可能接受家庭教育，家庭教育伴随着人的一生。这与社会教育和学校教育的临时性和阶段性有很大不同。

系统的学校教育虽然持续的时间相对较长，但也只在人生的某一阶段进行，具体到某个级别的学校教育，则持续时间更短。而一些带有短期培训色彩的社会教育，持续的时间也很短暂，并且社会教育和学校教育的施教者是不固定的。

家庭是一种相对稳定的社会关系，子女从出生、长大成人到走向社会之前和家长几乎每天生活在一起，朝夕相处，不断接受家长的影响和教育，甚至子女在走向社会、组建自己的家庭后，依然会从家长那里得到某些方面的教育和指导。因此，家庭教育施教者对教育对象的教育是持续性的，其影响也是终身性的。

四、家庭教育的意义

父母是子女的第一任教师，更是终身的教师。家庭是人的第一课堂，也是终身的学堂。家庭教育在孩子的成长过程中起着奠基的作用，苏联著名教育家苏霍姆林斯基强调："没有家庭教育的学校教育和没有学校教育的家庭教育，都不可能完成培养人这一极其细致而复杂的任务。"这说明家庭教育在孩子的成长过程中是不可缺少的。国民教育是靠家庭教育、学校教育、社会教育三大支柱支撑的。现代的学校教育、社会教育都有法律的规范、科学的指导、现代技术的支持，而家庭教育几乎仍然是自然原始状态，缺乏科学指导，甚至抵触现代技术的介入。如果家庭教育这一支柱继续式微，与另两个支柱形成巨大差别，那么，国民教育就不可能平稳、和谐、持续健康地发展。

为此，国家颁布了相关法律。2021年10月23日，第十三届全国人民代表大会常务委员会第三十一次会议通过了《中华人民共和国家庭教育促进法》，该法自2022年1月1日起施行。为家庭教育立法是国家的责任，为教养子孙而修行是每个国民的使命。

家庭教育的作用具体表现在以下五个方面：

第一，家庭教育有助于培养孩子良好的道德品质。在孩子的成长过程中，父母通过言传身教，引导孩子树立正确的价值观和道德观，使其具备良好的道德品质。

第二，家庭教育可以提升孩子的学习能力。父母通过关注孩子的学习兴趣、指导孩子的学习方法和培养孩子的学习习惯等，使孩子在学业上取得更好的成绩。

第三，家庭教育能够增强孩子的心理素质。在家庭环境中，孩子能够学会面对挫折、承担责任和调节情绪，从而培养较强的心理素质。

第四，家庭教育有助于帮助孩子建立良性的人际关系。在家庭中，孩子能够学会尊重他人、关爱他人和合作共赢，为其日后的人际交往奠定基础。

第五，家庭教育有助于促进家庭和谐与社会进步。一个健康的家庭环境能够为孩子提供良好的成长氛围，使孩子成长为有责任、有担当的公民，从而推动社会的和谐发展。

拓展阅读

什么是家长督学

所谓"督学"，旧时指主管教育的部门中负责视察、监督学校工作的人，是"提督学政"或"督学使者"的简称。我国古代督学观认为，"养士之本，在于学校；贞教端范，在于督学之臣"。意思是说，培养人才的根本场所在于学校，而要严肃学校教育，正师生品德，责任在督学官。在现代，一方面，"督学"可作名词用，就是指负责在教育行政机关中视察、监督学校工作的人员。从行政层面划分，督学包括国家督学和地方督学。从职业属性划分，督学又分为专职督学、兼职督学、特邀督学。另一方面，"督学"也可作动词用，是指督导相关人员依据教育法律法规对下级教育教学工作进行监督、检查、指导、评价，既督政、督管，又督学。

家长督学是指家长督促自己做好孩子的榜样，监督孩子完成学习任务，参与察看学校各项工作，引领家庭成员学习的教育方法。家长督学是家校合作或家校共育的一种特殊形式，即家长作为学校教育发展的主体力量之一，积极主动地参与学校教育教学和学校文化建设等方面的监督、检查、指导和改进，与学校合作培养全面发展的孩子，共同完成立德树人的根本任务，取得学校督导与家校共育的双向实效。

（资料来源：赵刚主编，《家庭教育学——建设家庭的科学与艺术》，东北师范大学出版社2022年版，有改动。）

第三课　学前儿童家庭教育的内涵和特点

案例导入

家长给两岁半的萱萱设定了一个目标，就是饭前洗手、饭后擦嘴。刚开始执行时难度较大，因为她忘事特别快。为了让萱萱养成良好的习惯，全家人每次吃饭前都会主动洗手，萱萱的爸爸还特意示范给萱萱看。爸爸在洗手前故意说："哦，准备吃饭了，饭前要洗手。讲究卫生，不生病。"萱萱学着说："哦，准备吃饭了，饭前要洗手。讲究卫生，不生病。"说完，萱萱也跟着去洗手。饭后，爸爸、妈妈都用纸巾擦嘴，萱萱也有模有样地伸手去拿纸巾擦嘴。

经过家人一段时间的引导和示范，萱萱终于养成了饭前洗手、饭后擦嘴的好习惯。有时候爸爸忘记饭前洗手了，萱萱还会提醒爸爸。

【分析】孩子好习惯的养成，需要父母科学、认真、耐心的引导，认真做好学前儿童家庭教育是父母的责任。了解学前儿童家庭教育的含义和特点，对于做好学前儿童家庭教育有着重要的意义。

基础知识

一、学前儿童家庭教育的含义

学前儿童家庭教育是学前教育的重要组成部分，主要是指在家庭中对儿童实施的非正规教育。学前儿童家庭教育一般由儿童的家长，如法定监护人、养护人或其他亲属承担。

广义的学前儿童家庭教育，主要是指家庭成员之间的相互影响和教育。虽称为"教育"，但并不是有所准备的教育，而是指在家庭生活中，父母或其他年长者要对儿童实施教育、施加影响，同时，他们还会受到儿童的教育和影响。

狭义的学前儿童家庭教育，指的是在家庭生活中由家长（父母或其他长辈）自觉或不自觉地、有意或无意地对儿童进行的教育和施加的影响。

二、学前儿童家庭教育的特点

（一）学前儿童家庭教育的优势

1. 奠基性

学前阶段是儿童身心发展最迅速的时期，家庭常常对儿童以后的成长产生持久而深刻的影响，给他们终身的发展打下不易改变的印记。我国著名心理学家陈鹤琴指出，幼稚期（0～7岁）是人生最重要的一个时期，言语、技能、思想、态度、情绪都在此阶段打下一个基础，若基础打不稳固，那么健全的人格就不易形成了。所以，早期的家庭教育是人生的奠基教育，具有其他教育无法替代的重要性。

2. 全面性

学前儿童家庭教育不是片面、单一的，而是全方位的教育，它融于家庭日常生活中，内容极其广泛、丰富，凡是与人有关的一切社会和科学知识、伦理规范、文明习惯、生存技能等无所不有。家庭教育的最终目的是培养合格的社会公民，而一个合格的社会公民必须接受德、智、体、美、劳全面的教育，这一目的决定了家庭教育的全面性。

3. 亲情性

家庭教育是建立在亲子血缘关系之上的教育。孩子对父母的依赖很强，家长为孩子无条件倾尽全力，家长无私的爱会使孩子受感染。我国历史上曾留下"孟母三迁""岳母刺字"等佳话，体现了深厚的亲情。在年幼的孩子心中，家长具有至高无上的地位，他们十分敬重家长，乐于获得家长的表扬，能自觉地服从家长的管教，这使得家长的教育往往具有强大的感染力和号召力。

4. 针对性

家长与孩子朝夕相处，这为家长及时地、有针对性地进行教育提供了便利条件。家庭教育是家长在家庭中对孩子进行的个别教育行为，比幼儿园、学校教育更有针对性、更及时。常言道："知子莫若父，知女莫若母。"家长与孩子朝夕相处，孩子有什么想法都愿向家长倾吐，且孩子在自然状态下少有戒心，因而思想作风、行为习惯表现得最真实、最充分。家长对孩子进行正确的家庭教育，既可以使孩子在进入幼儿园之前养成良好的行为习惯，为接受集体教育奠定很好的基础，又可以弥补集体教育的不足。

5. 自然性

家庭是孩子天然的学校，家长是孩子天然的老师。家庭教育大量地渗透在家庭日常生活当中，通过家庭成员之间的交往与活动、言谈举止、待人接物、日常家务劳动等来实现，这就决定了家庭教育是伴随自然生活的教育。家长在日常生活中自然显现出来的品行、志趣、性格等会对孩子产生自觉或不自觉的、潜移默化的影响，这充分体现了家庭教育的自然性。

6. 继承性

人类社会的家庭关系是代代延续发展的，因此学前儿童家庭教育也就具有继承性。人们在家庭里接受了父辈、祖辈对自己的教育和影响，长大成家之后，也会用从父辈、祖辈那里接受影响和教育后所形成的思想观点或行为习惯去影响、教育自己的后代。

学前儿童家庭教育的继承性突出表现在两个方面：一是"家风"，或者称"门风"。它是一个家庭在几代人的繁衍过程中逐步形成的较为稳定的生活作风、生活方式、传统习惯、家庭道德规范，以及待人接物、为人处世之道等，是一个家庭的思想意识方面的传统。家风形成以后，不仅对当代的家庭成员有深刻影响，还会世代相传，成为一种稳定的习惯和传统。二是"家业"，也称"家传"或"家学"。它是指一个家庭世世代代都从事的职业，或是许多代人都具有同样的兴趣爱好、学问、专长。在我国历史上，家传对一个人的事业发展产生影响的例子有很多。比如，伟大的史学家司马迁，他的祖辈世世代代都是史官，父亲司马谈也曾担任太史令。东汉班彪研究史学，留下《史记后传》，班彪死后，儿子班固接着写下去，用了20多年写成一部《汉书》，后来又由其妹妹班昭补修。可见，家业对于人的成长和成才具有特殊意义。

（二）学前儿童家庭教育的局限

1. 不均衡性

世界上没有两个一模一样的人，也不可能有两个完全一样的家庭。每个家庭不同，家庭教育的条件也是千差万别、多种多样，所以很难保证每个孩子都能受到良好的家庭教育。

首先，并不是所有的家长都能胜任家庭教育。由于家长素质参差不齐，家庭教育的质量也高低不一。有的家长品行好、修养高，重视子女教育，自己也有教育能力，能够自觉努力创造良好的条件，对子女施以良好的教育；但也有些家长素质不高，对子女不管不教，或者没有正确引导和教育子女的能力，使子女不能得到适当合理的教育，甚至使子女的世界观、人生观、价值观偏离正常轨道。因此，不是每一个家长都能完全承担对子女的教育责任。

其次，并不是所有的家庭都具有适宜儿童健康成长的良好环境。由于家庭生活条件差别很大，不同儿童所处的家庭环境也各不相同而且复杂多变。虽然，我国当前家庭的物质生活条件和精神生活条件普遍较以前有了很大改善，但还是有一些问题，如：家庭生活较困难的家长为了维持生计很难把时间和精力用在孩子身上；有些家庭虽然生活富足，但由于家长社交频繁，工作压力大，也很难抽出时间和精力与孩子相处；还有些家庭中的人际关系、夫妻关系、隔代教育等问题都给家庭教育带来不利影响。

2. 非理性

由于家长亲自教育孩子，家庭教育会有非理性的特点。家庭教育以亲子关系为基础，整个教育过程充满亲情。合理使用亲情关系会使家庭教育事半功倍。但是，很多家长对亲情关系缺乏应有的理智，遇事常常感情用事，容易产生非理性行为。家长可能对孩子时而娇宠溺爱，时而严格要求；时而放任不管，时而专制严苛。如果家长不能控制自己的情绪，那么与孩子之间的亲情关系就会成为家庭教育的不利因素。

3. 封闭性

学前儿童家庭教育是由家长对自己的孩子在家庭生活范围内进行的教育，究竟如何管教孩子，用什么思想作指导，给孩子什么内容的教育，主要取决于家长的意志、兴趣爱好、思想水平、教育能力等。一个家庭的生活方式、生活习惯固定，家长的素质和能力也是有限的，这就体现了家庭教育的封闭性。

4. 随意性

学前儿童家庭教育是随时随地进行的，不受时间、地点的限制，一般无计划、无系统。学前儿童家庭教育的随意性具体表现在以下三个方面：第一，组织性差。学前儿童家庭教育有很大的自主权和很强的独立性，缺乏严格的组织性。第二，系统性和计划性差。学前儿童家庭教育一般没有什么固定的内容，往往以家长的好恶为标准，较为随机和分散，没有计划，缺乏系统性。第三，可控性差。由于家庭生活的内容相当复杂，有些内容是积极有益的，有些内容可能是消极无益的，而消极内容往往难以在孩子面前控制和回避。

拓展阅读

中国古代家庭教育名典

1.《诫子书》

《诫子书》由诸葛亮著,为我国古代家庭教育名篇。诸葛亮(181—234年),三国时期著名的政治家、军事家。东汉末年,他隐居隆中,后经刘备三顾茅庐,终于出山辅佐刘备,后为蜀汉丞相。在《诫子书》里,诸葛亮告诫儿子"静以修身,俭以养德,非淡泊无以明志,非宁静无以致远"。这就是要求儿子注重品德修养。同时,他告诫儿子要励精图治,勤奋学习,不骄不躁,多多"接世"(接触社会,为社会效力)。此文表现了诸葛亮在家庭教育方面既重视德育又重视智育的进步思想。

2.《与子俨等疏》

《与子俨等疏》由陶渊明著,为我国古代家庭教育名篇。陶渊明(365—427年),字元亮,东晋大诗人。他少有壮志,博学多能,早年曾任江州祭酒、彭泽令等小官,后因不满官场黑暗,隐居田园,躬耕自食。陶渊明注重家庭教育,写过《命子》诗,又写此文。他的五个儿子不是一母所生,临终之前,他唯恐孩子们闹内讧不团结,遂著此文,用我国古代优良的家风、家德教育孩子:"兄弟同居,至于没齿""七世同财,家人无怨色"。他特别强调"然汝等虽不同生,当思四海皆兄弟之义"。此文可以视为以身教子,以民族传统美德教子的范例。难怪清人林云铭赞曰:"与子一疏,乃陶公毕生实录,全副学问也。"

3.《颜氏家训》

《颜氏家训》为我国现存最早的家训、家教类著作,由北齐颜之推著。颜之推(531—约595年),南北朝时期著名的教育家、思想家。他历经四个动乱的朝代,看到了上层社会子弟的无能、堕落。为了改革弊病甚多的教育制度,他写就《颜氏家训》,传授立身、治家、处世的道理,用以训诫、调教士大夫子弟。他要求士大夫子弟不仅要"明六经之指,涉百家之书",多学实用的知识,还要勤学守行、学以致用,成为勤勉、博学、多能的人才。《颜氏家训》现存20篇,依次是:序致、教子、兄弟、后娶、治家、风操、慕贤、勉学、文章、名实、涉务、省事、止足、诫兵、养生、归心、书证、音辞、杂艺、终制。如在《教子》篇里,颜之推强调"教子宜早",有教有爱,这样才能收到"父母威严而有慈,则子女畏慎而生孝矣"的效果,否则子女会"败德"。他论及的"胎教之法"于今仍有现实意义。可见,他已看到了儿童家庭教育的重要性。但他认为"上智不教而成,下愚虽教无益",这显然是不正确的。

4.《千字文》

《千字文》由南北朝时期梁朝周兴嗣编,此书是从王羲之遗书中拓取了1 000个字,四字一句,而且押韵。开头是:"天地玄黄,宇宙洪荒。"此书在教蒙童识

字的同时，讲述了涉及天文、历史、人伦、教育方面的常识。此书一直流传到清代，是我国历史上流传最久的蒙学读物。顾炎武称赞《千字文》："不独以文传，而又以其巧传。"

5.《百家姓》

《百家姓》是北宋时编成的蒙学读物，作者是谁已不可考证。《百家姓》由"赵钱孙李"开始，一共罗列了400多个姓。此书编排巧妙，读起来朗朗上口。后来又出过不少改编本，但都未及《百家姓》原本。

6.《童蒙须知》

《童蒙须知》由我国南宋教育家朱熹著。在中国教育史上，朱熹是第一个从理论上将儿童教育与青年教育视为统一过程来考察的教育家。他认为以15岁为分界，人的一生要分小学教育和大学教育两个阶段。他主张要不失时机地给儿童讲述道德格言，为此他编了《小学》一书，内收有关忠君、孝亲、事长、守节等内容的格言、训诫、故事。为了使儿童能用礼节规则来规范自己，他又专门编著了《童蒙须知》。此书依照封建思想中的三纲五常，对儿童的穿戴、饮食、洒扫、应对、出入、容貌、行态、读书、写字等都作了明确的条文式规定。显然，书中有很多内容体现了封建思想，应予以批判，但其中关于礼貌、读书、写字、个人卫生的要求，至今仍有参考价值。

7.《三字经》

《三字经》相传乃宋代王应麟编撰，也有人认为是宋代区适子编撰的。在流传过程中，《三字经》又逐渐得到补充。传至清代初年，《三字经》已收字1 140个。《三字经》把教蒙童识字和向他们传授历史知识、人伦道理等结合起来。此书每句都是三个字，而且是押韵的。比如开头的"人之初，性本善。性相近，习相远"，语言通俗、流畅，因此此书是名气大、流传广的蒙学课本。《三字经》不仅在汉族中流传，还传到了其他民族，曾出现过《蒙汉三字经》《满汉三字经》等两种民族文字的对照本。

8.《家范》

《家范》由宋代司马光编著，共10卷19篇，是我国封建时代士大夫家庭流行的家庭教育启蒙读物。此书根据历史故事，阐释封建家庭的人伦关系、道德规范。

9.《放翁家训》

《放翁家训》由陆游著，为我国古代家庭教育名篇。陆游（1125—1210年），号放翁，南宋爱国诗人。他自幼受过良好的家庭教育，一生耿耿不忘"扫胡尘，靖国难"，写有9 000余首诗，爱国真情洋溢其间。除有《示儿》《冬夜读书示子聿八首》等家教诗之外，还有这篇写于1168年的《放翁家训》。他教育儿子"当极恭逊"，重视耕读，不要追求高官厚禄，要奉公守法，远祸求安，"勿露所长，勿与贵达亲厚"。这些观点都有一定的进步性。

10.《朱子家训》

《朱子家训》又名《朱子治家格言》，由明末清初朱用纯著。这是清朝最为流行、影响最大的家庭教育教科书。此书根据程朱理学，系统地阐释了封建道德观念，提倡"知行并进"，主张勤俭持家，劝人安分守己。该格言共516字，平实、凝练，正反举例，颇能服人。如"黎明即起，洒扫庭院，要内外整洁"，这是讲养成良好卫生习惯和勤奋劳动；又如"一粥一饭，当思来处不易；半丝半缕，恒念物力维艰"，这是强调勤俭持家，至今仍有积极作用。

（资料来源：http://www.360doc.com/content/18/1206/14/6657566_79973617.shtml，有改动。）

练习题

一、填空题

1. 家庭功能中的固有功能是_____，首要功能是_____。
2. 1904年，_____颁行，清政府通过了_____，标志着中国家庭教育史上的第一次家庭教育_____。
3. 传统的家庭结构有：_____、_____、_____。

二、选择题

1. 中国有句俗话"子女还是自己的好"，这反映了家庭教育是一种（　　）。
　　A. 非正规的教育　　　　　　B. 充满亲情的教育
　　C. 稳定持久的教育　　　　　D. 无所不在的教育
2. 中国教育史上，第一个从理论上将儿童教育与青年教育视为统一过程来考察的教育家是（　　）。
　　A. 王应麟　　　　　　　　　B. 朱用纯
　　C. 颜之推　　　　　　　　　D. 朱熹

三、简答题

1. 简述学前儿童家庭教育的优势和局限。
2. 简述家庭的功能。

单元二
学前儿童家庭教育的影响因素

内容导读

学前儿童家庭教育质量受多种因素的影响。一方面,学前儿童家庭教育受社会经济、政策法规、文化传统和网络媒体等社会背景因素的制约;另一方面,家庭结构和家庭环境直接影响着家庭教育。除此之外,学前儿童的身心发展与健康成长又跟其家长的素质、教育方式、教育理念等密切相关。本单元将讨论这些因素是如何影响家庭教育的。

学习目标

1. 理解影响学前儿童家庭教育的因素。
2. 思考讨论各种影响因素之间的联系。
3. 探讨自身家庭教育过程中的影响因素。

思政点拨

根据弗洛伊德的人格发展理论,学前儿童时期是人格形成的关键期,此时家庭教育的影响最大。因此,每个家庭应尽量克服教育过程中出现的各种困难,为培养身心全面发展的学前儿童提供成长环境。

单元二 学前儿童家庭教育的影响因素

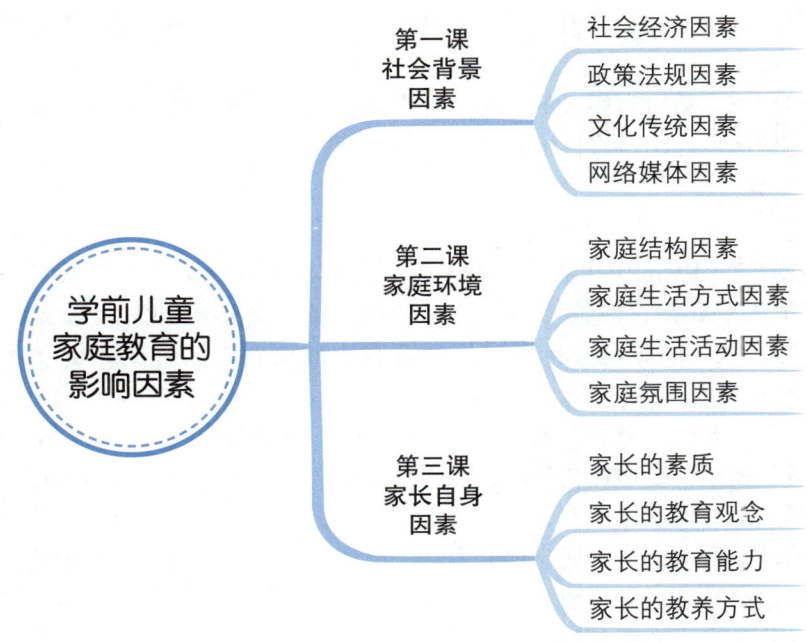

第一课 社会背景因素

案例导入

亮亮在家被奶奶照顾得很周到，刚入幼儿园时连穿鞋子都要等着老师来提醒、帮助。老师在了解了亮亮的家庭养育情况后，发现亮亮的行为是由成人的越俎代庖导致。于是，在不断和家长沟通提升其育儿理念以及教养方式的基础上，当亮亮在幼儿园里等待老师给他穿鞋子时，老师特别注重亮亮的实际表现，做到不批评、不指责、不比较。然后，以足够的耐心鼓励亮亮不断尝试：自己穿一下鞋子—发现自己能穿上鞋子—愿意自己穿鞋子。经过一个多月的帮助、鼓励，最后亮亮会自己主动穿鞋子了。

【分析】习近平总书记在全国教育大会上强调，要在学生中弘扬劳动精神，教育引导学生崇尚劳动，尊重劳动。案例中，教师的无条件接纳和尊重让亮亮从不想、不会、不愿的状态，到开始尝试、觉得自己可以、自己持续做，再到逐渐成为习惯。劳动教育可以教会幼儿劳动的技能，促进幼儿的个性发展。家庭教育应当教导孩子掌握基本的生活本领，并积极参加社会劳动，适应社会生活。

基础知识

每个家庭都是社会的一部分，家庭教育作为个人成长、发展的基础教育形式，与社会有着紧密的联系。

社会背景对家庭教育有很大的影响，社会背景因素可分为社会经济因素、政策法规因素、文化传统因素和网络媒体因素。

一、社会经济因素

经济是指一个国家的国民经济，是一定历史时期国家社会生产关系的总和。社会经济是学前儿童家庭教育的物质前提，社会经济的变革影响到家庭对学前儿童的教育投入，同时，经济的发展会推动家庭教育观念的更新。社会经济与家庭教育关系密切。

家庭教育最主要的任务之一就是为社会培养人，即通过家庭教育，孩子能够获得社会生产与生活的本领，参加社会劳动，适应社会生活。比如，孩子从出生开始，就在父母的指导下开始学习说话、运动、穿衣、洗手、打扫卫生……这一系列简单、重复而又意义深刻的活动，旨在让孩子适应社会生活，使他们成为对社会发展有用的人才。这在某种程度上对提高社会未来劳动力水平、促进经济发展具有一定作用。与此同时，经济的发展对学前儿童家庭教育起着重要的促进作用。

（一）社会经济发展是学前儿童家庭教育的物质前提

社会经济的发展为人们提供更好的受教育机会和条件，如果没经济基础作后盾，学前儿童家庭教育就缺少物质条件。物质条件是保障儿童身心健康发展的基础和前提。

随着家庭经济收入的不断增加和物质生活的改善，家庭优越的物质条件有利于孩子智力的开发，使现在的孩子与其父辈、祖辈相比，身体更强壮，视野更开阔。所以，家庭教育的发展必须与社会经济发展相适应。

（二）社会经济变革影响家庭对学前儿童的教育投入

随着我国改革开放的不断深入，广大人民的生活水平得到了显著的提高，小康家庭数量越来越多。家庭生活水平的日益提高，使得家庭消费观念发生了深刻的变化，尤其家庭对教育的重视程度更高，投入更多。最新的中国教育财政家庭调查显示，2018—2019学年，全国家庭教育支出平均为1.13万元，家庭在每一个孩子身上平均花费8 139元。从近几年的调查数据来看，父母受教育程度越高，尤其是母亲受教育程度越高，家庭对子女教育的投入也越高。

经济发展能够拉动教育产业升级，催生各类教育机构和教育产业链条的发展，提高家长在教育方面的开支。从近些年早教机构的蓬勃发展中，我们不难看出，越来越多的家长，特别是年轻家长对婴幼儿的教育投入抱有较高热情，不惜花费重金。家长们普遍认为，为孩子的教育花钱"值得"。

另外，经济发展带动科技水平提升，现代化、智能化的高级生活用品在家庭中的应用和普及，减少了以往相对繁重的家务劳动，家长能有更多的时间来与孩子交流、做游戏，并对孩子进行教育。

（三）经济发展推动家庭教育观念的更新

改革开放使人们的价值观念和人才观念等都发生了变化，家长的竞争意识也不断加强，这些带来了家庭教育观念的更新。不少家庭逐步改变了光宗耀祖、养儿防老的旧观念，树立起为家庭幸福和为国家建设培养合格人才而教育的新观念。封建家长制父为子纲的旧思想逐渐被民主、和谐的新型家庭教育观念所取代。

当越来越多的家庭不必为温饱问题担忧时，家长就将更多的精力转向对孩子的培养，希望他们能够好好学习，考上好大学，找个好工作。孩子在家庭中的地位也发生了变化。他们有了更丰富的物质享受，少了生活资源匮乏的窘迫。但是，在优越的环境之下，孩子们以自我为中心的意识凸显。很多父母开始明白，对孩子进行独立生存能力的培养才是家庭教育的核心，他们开始关注孩子全面的发展。

二、政策法规因素

学前儿童家庭教育受国家政策法规的影响。联合国《儿童权利公约》是为保护儿童及其权益，为世界各国儿童创设良好成长环境而制定的国际法律准则。我国政府一直十分重视家庭教育对儿童的作用，通过相关政策法规的颁布和实施，引领和指导着家庭教育。政策法规因素对家庭教育的影响主要表现在以下三个方面。

（一）保障学前儿童权益，促进家庭教育的实施

法律法规保障儿童的权利，规定父母的教育责任。《中华人民共和国宪法》是我国的根本大法，其中明确规定"儿童受国家的保护""父母有抚养教育未成年子女的义务"。新修订的《中华人民共和国未成年人保护法》第十五条规定："未成年人的父母或者其他监护人应当学习家庭教育知识，接受家庭教育指导，创造良好、和睦、文明的家庭环境。"第十七条规定未成年人的父母或者其他监护人不得虐待、遗弃、非法送养未成年人或者对未成年人实施家庭暴力。第八十二条规定："各级人民政府应当将家庭教育指导服务纳入城乡公共服务体系，开展家庭教育知识宣传，鼓励和支持有关人民团体、企业事业单位、社会组织开展家庭教育指导服务。"1996年，全国妇女联合会与国家教育部共同制定了《全国家庭教育工作"九五"计划》《全国家庭教育工作评估方案》《全国家庭教育工作评估指标》，针对各地家庭教育发展不平衡的现状，确定了"划三片分两步走"的目标管理办法，提出了加强家庭教育工作的措施，把家庭教育作为教育的组成部分。20世纪90年代，《九十年代中国儿童发展规划纲要》中指出："今天的儿童是二十一世纪的主人，儿童的生存、保护和发展是提高人口素质的基础，是人类发展的先决条件。""儿童的健康成长关系到祖国的前途命运。""提高全民族素质，要从儿童抓起。"这些目标表明儿童是国家未来发展的核心力量，是民族的希望，要给予重视。以上这些政策法规和文件的颁布和实施，在一定程度上保障了儿童的权益，促进了家庭教育的实施。

（二）指导家长提升教育素质，推动家庭教育的发展

为了提高家庭教育的质量，20世纪90年代发布的《九十年代中国儿童发展规划纲要》明确提出：到2000年要"使90%儿童（14岁以下）的家长不同程度地掌握保育、教育儿童的知识。"该纲要明确家长肩负着重任，要提高家庭教育能力。此后，国务院

每十年更新一次儿童发展规划。《中国儿童发展纲要（2021—2030年）》指出，要帮助父母和其他监护人学习家庭教育知识，树立科学育儿观和正确成才观。全国各地普遍加大家庭教育工作力度，扩大家长受教育的覆盖面。

2012年10月，为深入贯彻《国家中长期教育改革和发展规划纲要（2010—2020年）》，落实《国务院关于当前发展学前教育的若干意见》，帮助广大学前儿童家长了解幼儿学习与发展的基本规律和特点，全面提高科学保教水平，教育部特组织专家研制并面向全国印发了《3～6岁儿童学习与发展指南》（以下简称《指南》），指导幼儿园和家庭实施科学的保育和教育，促进幼儿身心全面和谐发展，推动家庭教育的发展。

（三）特定时期的特殊政策，直接影响学前儿童家庭教育

20世纪70年代末，为了控制人口增长、提高人口素质，我国开始推行计划生育政策，提倡一对夫妻只生育一个孩子，因此我国家庭生育率下降，家庭子女数量锐减，出现了大批的独生子女。在这种情况下，家庭结构发生了改变。与之相伴的家庭人际关系、家庭消费、家庭教养方式等发生较大变化。而随着两孩、三孩政策的出台，学前儿童家庭教育也出现了新问题。

三、文化传统因素

文化是教育之根，传统是教育之源。家庭教育总是在一定的文化环境中进行的，并受制于整个文化传统。学前儿童家庭教育无论在形式上还是内容上都与文化传统存在必然的联系。一定的社会拥有特定的文化传统，这体现在人们的价值观念、道德标准、思维方式和生活习惯等各个方面，影响和制约着人们对子女的教育观念、教育方式和教育内容。而这些教育观念、教育方式和教育内容又使文化传统由下一代继承。

不同的国家和民族都拥有自己璀璨的文化和光辉的优良传统。各国的家庭教育也都是在延续和传承先辈传统、继承和发扬民族文化的过程中不断发展变化的。下面重点分析我国传统文化对学前儿童家庭教育的影响。

（一）中国传统文化中积极的家庭教育思想

中华民族有深厚的文化积淀，一些民族文化心理、行为方式及观念已经融入中国人的血液中。中国人历来家庭观念浓厚，家庭教育成了中华民族显著而特有的一种文化现象，从《三字经》中"孟母断机""窦燕山教子"的历史典故到《曾国藩家书》，从《国语》中的"母训"到《新妇谱补》，历朝历代的圣贤名家和平常百姓都十分重视对子女的教育。从无数的典籍中，我们可以品味和发掘出蔚为大观的中国传统家庭教育文化。其中很多优秀而先进的家庭教育思想至今仍发挥着重要作用，影响着现在的家庭教育。

1. 注重道德教育

甄别善恶、德育为先是我国传统家庭教育的一个显著特点。家庭重视儿童的道德教育，主张"忠孝传世"，教子做人，学习圣贤。《增广贤文》中说："不求金玉重重贵，但愿儿孙个个贤。"传统家庭教育的主要内容是是非教育和品德修养教育。儿童缺乏识别能力，难以分辨好人坏人，因此家长应加强教育，让其树立正确的是非观。年幼期

是涵养德行的黄金期,如果在这一时期为儿童树立正面典范、道德榜样,提高儿童的修养,儿童长大后就会沿袭优良的品德。"岳母刺字"的故事就是家庭道德教育的一个典型。

 拓展阅读

《增广贤文》(节选)

观今宜鉴古,无古不成今。
知己知彼,将心比心。
酒逢知己饮,诗向会人吟。
相识满天下,知心能几人。
近水知鱼性,近山识鸟音。
逢人且说三分话,未可全抛一片心。
有意栽花花不发,无心插柳柳成荫。
画虎画皮难画骨,知人知面不知心。
路遥知马力,事久见人心。
为人莫做亏心事,半夜敲门心不惊。
贫居闹市无人问,富在深山有远亲。
一年之计在于春,一日之计在于晨。
一家之计在于和,一生之计在于勤。

(资料来源:张齐明译著,《增广贤文》,中华书局2013年版。)

2. 提倡早期教育

我国对儿童进行早期教育的思想源于儒家"正本""慎始"的哲学观。《易经》言:"正其本,万物理。失之毫厘,差之千里。"生命之初的教育为人一生的发展打下基础。西汉的贾谊在《新书·胎教》中提出要"正本慎始"就要从"胎教"开始。颜之推曾说:"人生小幼,精神专利,长成已后,思虑散逸,固须早教,勿失机也。"意思是说人在幼年时注意力集中、记忆力强,学习过的知识不易遗忘,因此应及早对其进行教育。

3. 重视环境影响

我国古代父母教育孩子非常重视环境的选择,认为社会环境、家居环境、人际环境都会影响孩子的思想行为,都会对家庭教育产生影响。孟母择邻的故事在民间广为流传:孟子小的时候,家住在一片坟地旁边,整日看着哭丧、埋人的情景,孟子也跟着学。孟子的母亲认为这种环境不利于孩子的成长,就举家搬迁到一个镇上,结果孟子又玩起做买卖的游戏。孟子的母亲还是不满意,又迁居到了一所学校旁边。从此,孟子逐渐开始勤奋学习,变得彬彬有礼,于是一家人在学校旁边定居下来。

古人除了重视学习环境对孩子产生的潜移默化的影响，还重视周围人的思想对孩子行为品德的影响。"是以与善人居，如入芝兰之室，久而自芳也。如与恶人居，如入鲍鱼之肆，久而自臭也。"（《颜氏家训·慕贤》）这句话的意思是孩子要"与善人居"，不与恶人交往。可见，古人重视人际环境对孩子的影响，提倡有意识地指导孩子寻找适宜的交往人群。

4. 主张遵循规律

儿童的教育要从实际出发，适应儿童的发展特点，遵循教育规律。这一点在我国传统家庭教育文化中也有体现。孟子曾批评"揠苗助长"的愚蠢做法，认为其违背自然规律。崔学古在《幼训》中也谈到幼儿教育要循序渐进，"不必性急一时，而在操工于悠久"。由于孩子在个性上有差异，古人还主张家长教育孩子要因人而异，因材施教。

5. 反对一味溺爱

家长对孩子的慈爱是人之天性，但是一味溺爱对孩子的成长极为不利。古人认为家庭教育要严慈并济，家长要知道"爱之深，责之切"的道理。司马光在《家范》中指出："为人母者不患不慈，患于知爱而不知教也。"

（二）中国传统文化中消极的家庭教育思想

传统文化丰富了家庭教育的思想和经验，但是，它对中国父母教育孩子所持的价值观也有消极的影响。我们应该辩证地看待传统文化，正视传统文化对家庭教育的不利因素。

1. 教育功利

受封建社会制度的影响，家庭教育将孩子考取功名、封官封侯、光耀门楣作为教育的最高追求。"万般皆下品，唯有读书高"是家长教育动机的反映。然而，片面要求孩子学习读书，忽视孩子的兴趣和特长，不利于孩子个体的成长。

2. 家长本位

中国传统文化以家庭为本位，家长是家庭的核心，享有绝对的权威，孩子必须依附和遵从家长。这在孩子的家庭教育中烙下"父为子纲"的文化基因。家长本位的教育模式忽视了家庭教育的主体性，抹杀了孩子的个人意志。教导顺从、听话的孩子成为家庭教育的目标，使孩子的创造性、独立性无从发展。

3. 体罚教育

"棍棒之下出孝子"是中国传统教育思想，体罚孩子也是中国古代家庭教育中屡见不鲜的事实。《礼记》中有言"父母怒，不悦，而挞之流血，不敢疾怨，起敬起孝"，父母认为体罚孩子是理所当然的事情，孩子对父母的责打不但不能产生怨恨，责打后还应该孝顺父母。颜之推也赞成体罚，他在《颜氏家训》中讲了这样一个故事：一个王姓将领，领军3 000余人，成就卓越。母亲魏氏在他年幼时经常捶打他，长大后，即使儿子做了官，犯了错误，也依然体罚他。正是母亲的体罚成就了他的功勋。如今，人们已经开始意识到体罚会对孩子的肉体和精神造成伤害，家长对孩子进行体罚不仅侮辱孩子的人格，还会压抑孩子的个性发展。

四、网络媒体因素

随着信息化时代的到来，现代信息传播工具进入家庭生活。各种类型的电视、电话、互联网成为信息传播的重要媒介，它们在人们的日常生活中发挥着重要作用。

 案例

  5岁的乐乐可喜欢看动画片了，每天回家他先把电视打开，然后锁定少儿频道目不转睛地看，比如《虹猫蓝兔七侠传》《大闹天宫》《大耳朵图图》《熊出没》……只要是动画片，就没有他不看的，家人都叫他"小动画迷"。他每次观看都能融入剧情，高兴起来手舞足蹈，不高兴了就大喊大叫。一部动画片结束，乐乐央求着再看下一部，还得大人陪着。

  对于这种情况，妈妈很矛盾：让看吧，怕乐乐的眼睛看坏了；不让看吧，怕乐乐不高兴。而且，乐乐每次看完动画片，都能绘声绘色地给家人讲上一段。到了幼儿园，还给其他小朋友讲动画故事。因此，妈妈认为看动画片能提高乐乐的语言能力，于是没有太强烈反对。可是最近，乐乐总揉眼睛，说看东西模糊。妈妈带乐乐去医院检查，结果是乐乐近视了。

  案例点评：互联网、电视等大众传媒对学前儿童家庭教育的影响利弊兼有。案例中的乐乐在看动画片的同时发展了语言表达能力，产生了愉快的情绪，这是大众传媒的积极影响。但是电子产品对孩子本身和亲子关系也是有消极影响的，如会对孩子的眼睛视力造成伤害，以及长时间看电视而忽视与家人的互动，不利于亲子之间的沟通交流。因此，如何正确合理使用电子产品，是现代家庭教育中应当重视的问题。

（一）积极影响

1. 丰富了学前儿童家庭教育的内容

  信息来源的多样化极大地丰富了学前儿童家庭教育的内容。例如，传统的家庭教育方式是长辈口诵歌谣、谜语或故事书，知识的容量有限，而电视和网络的出现，使得孩子接触家庭以外事物的机会增多，能拓宽孩子的视野。家长不仅可以将已有的知识传授给孩子，还可与孩子一起学习新知识。家长可以播放孩子喜闻乐见的教育片和益智节目，还可以根据孩子的兴趣和学习需要通过互联网在线观看影视节目或下载资料。网络媒体使家长可利用的教育资源更加丰富多彩。

2. 扩大了学前儿童家庭教育的途径

  与传统的家庭教育媒介不同，电视和互联网是声像的艺术，色彩斑斓的图像、生动活泼的形象、美妙灵动的声音，对儿童具有极大的吸引力。电视和互联网业已成为家长进行教育的主要手段和工具。网络也成了幼儿园教师与家长沟通的重要形式，教师通常在网络上发布信息，与家长在线互动，解决家庭教育问题。

3. 拓宽了学前儿童家庭教育的视野

  随着互联网的兴起，越来越多的家长乐于通过互联网获取教育信息。如很多年轻的家长在朋友圈、抖音、快手等社交平台上晒孩子的成长照片、写自己的育儿心得。"宝宝树"等家庭教育网站为家长搭建了沟通的平台,各个国家、地区的教育资讯应有尽有,不同专家的教育理念、其他家长的教育经验随时随地都能获得,这极大地拓宽了学前儿童家长的教育视野,有利于家长教育观念的更新和教育能力的提高。

（二）消极影响

1. 家长与孩子沟通互动减少,亲情联结受阻碍

互联网、电视等大众传媒在丰富了家庭文化生活的同时,占用了家庭成员相互交流的时间。比如,孩子更喜欢新颖、有趣的动画片、电脑游戏,不愿意坐下来与父母谈论自己的见闻和一天的生活经历。

大众传媒在某种程度上减少了孩子与家长的沟通和情感交流。越来越多的"电视儿童""电脑儿童"出现,过度投入于大众传媒中也对儿童的身心发展极为不利。

2. 家长知识权威性受到挑战,教育难度增加

在传统的家庭教育格局中,家长作为家庭的长者,其知识、经验本身就是一本沉甸甸的教科书,家长是孩子的百科全书。网络媒体的出现使得孩子获取信息的渠道增加,知识面扩大,家长需要不断地学习,追赶孩子的成长。面对孩子出现的各种状况,提出的各种问题,家长要凭借智慧和掌握的丰富知识来解决孩子的困惑,提升孩子的认知能力。另外,网络媒体信息的内容良莠不齐,增加了家长教育孩子的难度。一些不宜孩子接触的信息充斥媒体,对孩子影响巨大。因此,家长要对孩子获得信息的渠道加以判断、筛选,选择适宜的信息。

第二课　　家庭环境因素

案例导入

小王从小学习非常好,研究生毕业后又出国留学,后留在国外工作,在别人看来,他的经历和工作光鲜亮丽。国外生存和工作的压力很大,由于他从小只关注学习,不懂人情世故,不善与人相处,又不会调节压力,生活得很痛苦,又没有勇气改变,后来得了抑郁症,更无暇顾及远在中国的父母。

小郭毕业于一所职业技术学校,精通一门技术,毕业时被一个大企业看中。他工作认真负责,爱钻研,技术水平不断提高,在单位很受重用。他乐观幽默,人缘好,朋友多,对家庭有责任感,生活得轻松快乐,对未来也有自己的规划和梦想。

【分析】家庭环境是一切家庭教育的起点和基础,家庭教育是在为孩子的一生打"底子","底子"打得好,不管社会发展成什么样,生活遭遇怎样的变故,父母都不用太过担心孩子,他会适应得较好;"底子"没打好,父母给孩子留下再多的物质遗产也没用,父母可能要为孩子操碎心,要为孩子担惊受怕,而最痛苦的莫过于孩子自己。家庭环境是好还是坏,会对孩子产生深远的影响。

基础知识

一、家庭结构因素

家庭结构是指家庭中成员的构成及其相互作用、相互影响的状态，以及由这种状态形成的相对稳定的联系模式，包括家庭成员构成、规模和角色分工等，而这些影响着家庭教育资源的分配以及家长对爱的分配。独生子女家庭的孩子能够独享更多的资源，而有两个及以上孩子的家庭有可能出现资源分配不均或是对某个孩子教育疏忽的情况，不利于孩子成长。处于结构完整的家庭，孩子能够收获来自家长双方的爱，但是若孩子处在缺少一方家长的家庭，可能会不利于完善的人格塑造，严重者可能会影响孩子日后的生活与婚姻。

（一）传统家庭结构因素

1. 主干家庭

主干家庭是指由祖父母或外祖父母、父母、子女三代人组建的家庭。我国目前传统的"四世同堂"家庭结构虽已不多见，但祖孙三代组成的主干家庭为数不少。自从我国实行计划生育政策，主干家庭呈现逐步减少的趋势。

主干家庭对子女后代的教育与核心家庭的教育有明显区别：主干家庭中的祖辈有充裕的时间和精力，又有教育子女的经验，而且更加疼爱隔辈人。因此，主干家庭中的子女都能得到无微不至的照顾和热心的教育。同时，主干家庭的人际关系比较复杂，子女在家庭中能够体验到多种角色的思想感情，能够从中学习到尊老爱幼、谦逊礼让、助人为乐等优良品质。

然而，三代人的家庭会产生教育观念的差异，这会带来一些家庭教育的问题。最常见的是祖辈对隔代人特别疼爱，受传统的教育观念与方式的影响，容易溺爱与娇惯孙辈，这会直接影响孙辈的性格和习惯。在相当多的主干家庭中，祖辈成了孙辈的"保护伞"和"防空洞"，只要父母的要求不合孙辈的想法，孙辈就会向祖辈寻求保护，而使父母无法树立教育威信。许多父母反映，孩子跟父母在一起时非常懂事，而一到祖辈那里，一切良好的言行都可能跑得无影无踪，孩子成了具有双重性格的人。

2. 核心家庭

核心家庭是由父母与未婚子女两代人组成的家庭。它包含了两种最主要的家庭关系，即夫妻关系和亲子关系。

在核心家庭中，一般父母对孩子的教育特别关心，往往更能以民主、平等的态度对待孩子，更愿意进行教育投资。但由于父母多要共同承担家庭生活的负担，因此父母同孩子接触的时间相对受限，对未成年子女的照顾很难全面周到，教育孩子的机会较少。这虽有利于培养孩子独立生活和学习的能力，但父母往往难以全面了解和掌握孩子活动的范围。而在有充分时间照顾孩子的家庭中，孩子又往往因为父母过度管教而产生依赖性，缺乏独立生活和学习的能力，不利于孩子情感的发展和社会交往能力的培养。随着生活条件越来越优越，孩子还容易逐渐贪图享受，缺乏吃苦耐劳的精神。

3. 联合家庭

联合家庭是指父母与多对已婚子女组成的家庭，或者已婚同辈联合组成的家庭。这种家庭主要靠成员间的相互尊重、接纳、包容而存在。家庭成员间的沟通方式以及富有弹性的家庭生活规范能够使子女学会如何分辨不同的价值观，形成包容开放的处世态度，有利于孩子的社会化。然而，联合家庭之间出现矛盾与摩擦对子女习性的形成与发展也将产生深远的影响。

（二）非传统家庭结构因素

1. 缺损家庭

家庭结构有完整和残破之分。在完整型家庭中，父、母、子女齐全，子女一般能得到正常的家庭教育，感受到家庭生活的温暖；而残破型家庭中，由于丧偶或离异，父母不全，子女可能得不到完整健全的爱，发展会相对困难。具体体现在以下两个方面：

在生活方面，单亲家庭经济收入相对较少，可能造成家庭生活的困难。虽然法律有关规定要求父母离异后，都应担负一定的抚养责任，但在实际生活中并非所有父母都会承担起抚养子女的责任。

在家庭教育方面，单亲家庭的父亲或者母亲，因精力、体力、经济、心理等方面的原因，可能在教育子女方面力不从心。因此，单亲家庭的子女因家庭教育不足而导致的行为品德问题远远超过完整型家庭。一项对864名离异家庭子女的调查表明，在父母离异后的一年内，子女均出现不同程度的心理问题，学习成绩大幅度下降，58%的子女出现问题行为。

2. 重组家庭

重组家庭又称混合家庭，是指父母离异或丧偶以后再婚组成的另一个完整家庭。随着单亲家庭的不断增加，重组家庭的数量也不断增多。

由于重组家庭中继父母与继子女没有血缘关系，这使得子女教育问题尤其敏感和突出，家庭教育变得异常复杂。许多继父母感觉在处理与继子女关系时如履薄冰，继父母与继子女的关系微妙而脆弱。

为了维护好新家庭，继父母需要花费更多的时间、投入更大的精力来获得孩子的信任。他们需要公平对待家庭中所有的孩子，真诚关爱孩子，注意教育方式和方法，树立威信，从而获得良好的教育效果。例如，前些年热播的电视剧《家有儿女》，诙谐、幽默地展现了重组家庭的故事。可见，重组家庭要用爱、公平、尊重和理解重建亲子关系，实施家庭教育。

二、家庭生活方式因素

生活方式是人们依据一定的文化模式，为满足自身的生活需要而运用社会环境提供的各种物质和精神文化资源的活动方式和配置方式。《中国大百科全书·社会学卷》作了如下表述："不同的个人、群体或全体社会成员在一定的社会条件制约和价值观指引下，所形成的满足自身生活需要的全部活动形式与行为特征的体系。"

不同专家、学者对家庭生活方式的概括不尽相同，本书认同的概念是：家庭生活方式是家庭成员在长期的共同生活过程中逐步形成的较为稳定的生活模式，包括家庭生活观念、家庭生活条件等。

(一)家庭生活观念

家庭生活观念是家庭成员在家庭生活活动中体现的价值观念,包括家庭成员的思想、性别意识、生育观、道德观、消费观、审美观等内容,它内化于家庭成员的行为和家庭生活之中。一个人的行为常受其价值观的影响,重视教育的父母,不但在行为上会努力做对教育孩子有帮助的事,在日常家庭生活中也会通过多种途径,向孩子传递重要的价值观念。家庭生活观念对家长教育观念和孩子生活观念的形成有巨大的影响。

1. 影响家长的教育观念

家庭的生育观和性别意识决定家长的教育观念。受我国传统家庭文化影响,不论城市还是农村,一部分人还有浓厚的重男轻女思想。这种思想直接导致家庭对不同性别儿童的教育态度。如在家庭教育中,对女孩往往期望低,限制多,指责批评多,鼓励表扬少;对男孩则相反。

2. 影响孩子的生活观念

家长的生活观念直接影响孩子的生活观念,影响孩子对世界和社会的认知。家长有怎样的道德观、消费观、审美观,就会折射到儿童的思想和行为中。重视劳动的父母经常以勤俭持家、努力工作来教育并鼓励孩子热爱劳动。父母勤奋,就会鼓励孩子用功学习;父母谦虚,也会要求孩子做个谦逊有礼的人;父母重视家庭生活并以孩子的教育及成长为生活的重心,那么孩子也会要求进步。相反,家长生活奢靡、铺张浪费,孩子也会大手大脚,挥金如土。

本杰明·布鲁姆曾经对美国120名杰出人士进行研究,发现这些杰出人士的家庭具有重视成就及勤奋工作的价值观念。父母相信努力工作、竭尽全力很重要,他们充分利用时间,做好工作计划,制订完成工作的标准,重视纪律、勤奋和成就感,这些价值观对其子女的成功具有巨大的影响。

(二)家庭生活条件

家庭生活条件是家庭生活赖以进行的基础,包括家庭经济生活状况、房屋和居住条件等。家庭经济生活状况是指家庭经济收入的来源、多寡和支配情况,以及在此基础上的家庭生活水平的高低。它与家长的职业、社会地位有直接关系。家庭经济生活状况直接决定家庭的生活条件,对学前儿童家庭教育的影响十分明显。

1. 影响家庭对孩子的教育投入

良好的家庭经济状况可以为孩子的教育带来更多的资金投入,使孩子获得优质教育。从经济的视角来看,教育本质上是一种消费,孩子能够接受什么质量、等级和类型的教育,与家庭经济收入呈正相关。父母拥有较高的经济收入,就意味着他们能占有更多的教育资源,为孩子在教育机会的竞争中抢占先机。比如,经济水平高的家庭可提供给孩子较多的文化刺激,诸如书籍、音乐、各式玩具、参观和旅行经历等,使孩子在年幼的时候眼界开阔、生活经验丰富。

2. 影响家长对孩子的教育期望

家庭经济收入的高低会影响父母的自尊、抱负、价值观,并间接地影响他们对孩子的期望,从而潜移默化地影响孩子的发展。国外有学者研究发现,经济收入较高,工作性质是指挥、管理他人的父母，更强调孩子要有理想、好奇心和创造性等。

三、家庭生活活动因素

家庭生活活动是指家庭成员在家庭生活观念的指导下，主动调整控制内外部环境，为满足家庭成员的需要而进行的活动，包括饮食习惯、生活起居习惯、家庭消费方式、闲暇娱乐方式、人际交往方式等。家庭生活活动贯穿学前儿童家庭教育的全部过程，对学前儿童身体健康的发展、行为习惯的养成和人际交往等起到潜移默化的巨大作用。正如卢梭所说："家庭生活方式本身就是一种教育。"

（一）影响学前儿童身体健康

家庭的饮食习惯是家庭生活活动的首要方面。身体素质取决于先天的遗传，但是后天因素也极为重要。丰富的营养、周密的保健有益于学前儿童身体的健康发育和成长，进而影响儿童的智力发展。

饮食习惯对于学前儿童的身体健康极为重要。目前，由于生活水平普遍提高，肥胖儿童数量日益增多。有研究表明，肥胖儿童的出现与家庭的饮食习惯密切相关。暴饮暴食、"饥一顿、饱一顿"等不良的饮食习惯会造成儿童脾胃失衡，营养不良，不利于身体健康。良好的饮食习惯能够为学前儿童身体健康提供保障。

（二）影响学前儿童习惯养成

我国著名青少年教育家孙云晓先生曾说，"好习惯对儿童来说是命运的主宰，是成功的轨道，是终身的财富，是人生的格调""养成好习惯就是一辈子享受不尽的利息，坏习惯则是一生都偿还不完的债务"。国内外研究统计表明，绝大多数成功人士成功的关键，20%与智力因素相关，80%与非智力因素相关，而在信心、意志、习惯、兴趣、性格等主要非智力因素中，习惯占有重要位置，古今中外有所建树者，大多具有良好的行为习惯。

学前期是儿童接受熏陶，形成良好习惯的重要时期。家庭生活活动对学前儿童习惯的形成具有直接影响。学前儿童善于模仿成人的行为习惯，这是他们学习的直接范例。家长良好的饮食习惯、起居习惯、休闲娱乐方式强有力地影响着孩子良好行为习惯的形成。在现实生活中，我们不难发现，如果家长生活规律，不熬夜，孩子也会形成早起早睡的习惯；如果家长有良好的饮食习惯，孩子也不会挑食；如果家长喜欢读书、兴趣高雅，孩子也会乐于学习、爱好丰富。

（三）影响学前儿童社会交往

家庭生活活动还影响着学前儿童的社会交往方式和能力。家长经常带着孩子外出游玩、参加聚会，能让孩子接触到更多的大人和小伙伴，可以增加孩子与其他人的情感交流，丰富孩子的生活阅历。良好和丰富的社会交往还能够提高学前儿童的交往能力和社会适应能力，帮助儿童变得更自信、更开朗、更合群，有益于儿童良好性格的培养。

总之，要使家庭生活方式在学前儿童的发展和教育中起到应有的作用，父母既需处理好物质生活与精神生活之间的关系，又要注重建立健康而文明的生活方式。

四、家庭氛围因素

家庭氛围是在家庭环境中，在家庭成员相互影响、相互制约的过程中所形成的心理情绪和环境气氛。家庭氛围的营造是一个自然的过程，取决于家长在家庭中的角色和地位、家长的素质、家长与子女之间的关系等，还受家庭成员的个性、气质、价值观念、婚姻质量等多种因素的影响。

虽然家庭氛围是无形的，但它对学前儿童成长和教育的影响超过其他有形的物质因素。不同家庭氛围对学前儿童家庭教育的影响不尽相同。

（一）良好家庭氛围的积极影响

良好的家庭氛围主要表现为夫妻关系和谐，互相尊重、彼此理解，给予孩子真诚而理智的爱，家庭成员之间关系融洽、相亲相爱。

良好的家庭氛围对学前儿童的人格发展至关重要。在关系和谐的家庭，孩子会感到安全、幸福、心情愉快。在和谐家庭氛围中成长的孩子容易形成开朗、大方、诚实、合群、好奇心强等心理品质。家庭在满足孩子基本的生理需要之外，还能够满足他们对安全、爱与归属感、尊重和成就感等高级需要，能够提高孩子充分认识自我、独立解决问题的能力。

良好的家庭氛围能够造就高品质的家庭教育。在温馨、宽松的家庭生活氛围中，家长多以民主、宽容的心态对待孩子，重视、尊重孩子，很少出现打骂孩子的现象。这样，孩子的积极性、主动性和创造性得到充分发挥，学习能力也会增强。美国心理学家通过对 4 000 名独生子女的调查发现：家庭氛围和谐，常有笑声相伴的家庭，孩子的智商一般比家庭氛围不和谐的孩子高。

（二）不良家庭氛围的消极影响

不良的家庭氛围主要表现为夫妻关系不和谐，相互指责、争吵不休，对孩子冷漠而缺少关爱，家庭成员之间情感淡漠，处事自私、不合作。

不良的家庭氛围不利于学前儿童的身心健康。家庭成员之间关系失和，亲子关系、夫妻关系、婆媳关系等不协调，家庭的氛围就会变得紧张。孩子会感到压力、不愉快、无所适从，甚至会焦虑、恐惧，出现强烈的负面情绪，不利于孩子的身心发展。

不良的家庭氛围不能形成教育合力，有碍学前儿童家庭教育。世界著名作家列夫·托尔斯泰说："夫妻间的和睦是成功教育儿童的首要条件。"一名少年犯曾说："我的童年是在父母的吵架、打架声中度过的，他们都不爱我，就是他们害了我。"家庭成员关系不和谐，不能相互理解和包容，面对孩子的教育所产生的分歧无法达成共识，那么良好的家庭教育便无从谈起。

拓展阅读

国外经典家庭教育理念分享

一、培养儿童的责任感

教育典范：1920年，有一个11岁的美国男孩在踢足球时不小心踢碎了邻居家的玻璃，邻居索赔12.50美元，闯了大祸的男孩向父亲认错后，父亲让他对自己的过失负责。他为难地说："我没钱赔人家。"父亲说："这12.50美元先借给你，一年后还我。"从此，男孩每逢周末、假日便外出辛勤打工，经过半年的努力，他终于挣足了12.50美元还给父亲。这个男孩就是后来成为美国总统的里根。他在回忆这件事时说："用自己的劳动来承担过失，使我懂得了什么叫责任。"

教育点评：家长要教育孩子从小对自己的行为负责，只要是孩子独立行为的结果，就要鼓励孩子敢作敢当，不要逃避责任，应该勇于承担后果。家长不要替孩子承担一切，这样会淡化孩子的责任感，不利于孩子的成长。

二、激发儿童的上进心

教育典范：爱迪生小的时候曾经被他的班主任看成是最"笨"的学生。但是，他的母亲却认为，老师当面骂学生"笨"，这恰恰说明了老师自己的无能。于是她就把爱迪生接回家，按照儿童的心理特点进行教育，并千方百计鼓励爱迪生做各种各样的实验。爱迪生后来能成为世界闻名的大发明家、大科学家，与母亲的教育、恰当地应用期望效应是分不开的。

教育点评：家长的期望对孩子的成长有巨大的影响。一项心理学的调查表明，家长期望水平越高，孩子的智商和学习成绩相应也越高，反之亦然。这有力地表明，家长的期望是家庭教育中一个不可忽视的重要因素。

三、捕捉儿童成才的"敏感区"

教育典范：19世纪，在著名数学家、物理学家麦克斯韦很小的时候，有一次父亲叫他画静物写生，对象是插满秋萝的花瓶。等到麦克斯韦画完时，父亲边看边笑了起来，因为满纸都是几何图形：花瓶是梯形，菊花成了大大小小的圆圈，还有一些奇奇怪怪的三角形，大概是表示叶子。细心的父亲立即发现小麦克斯韦对数学特别敏感，在小麦克斯韦的眼中，许多事物的形象似乎都变成了几何图形。于是父亲就开始教他几何学，后来又教他代数。果然，麦克斯韦不久就在数学方面展示出惊人的才华：15岁时他就写了一篇数学论文，发表在《爱丁堡皇家学会学报》上，使得教授们惊叹不已。

教育点评：很多孩子在五六岁时就对某一方面表现出极特殊的敏感和强烈的好奇。倘若父母能像麦克斯韦的父亲那样，迅速及时地捕捉孩子的"敏感区"，顺势予以引导，这就为孩子的成才打开了通道。

四、培养儿童独立生活的能力

教育典范：在德国，6～10岁的孩子要帮助父母洗碗、扫地和买东西；10～14岁的孩子要参加修鞋、修草坪之类的劳动。在美国，1岁多的孩子基本上都是自己吃饭，父母将孩子固定在椅子上，把食物放在他们的小桌上，让孩子自己用小刀叉动手吃饭，几乎看不到父母端着饭碗追着孩子喂饭的情景。

教育点评：现在的家长为孩子们提供了十分优越的生活和学习条件，由此也带来了一个不容忽视的教育弊端：过度保护。事实证明，过度保护会造成非智力因素的心理品质与健全人格的欠缺，这已经是我们目前的家庭教育不能忽视的重大问题。家长应根据孩子的年龄和能力，给予适当的家务任务，培养孩子独立完成任务、自主决策和解决问题的能力。

五、让儿童接受一定的劳动训练

教育典范：据了解，在美国、日本、英国的教育法规中，有专门条款规定孩子的劳动时间，家庭和学校均不得剥夺孩子的这一权利。

教育点评：对孩子进行劳动教育，从小让孩子接受必要的劳动训练，是培养孩子的劳动观念，提高孩子的自理能力、吃苦精神，形成良好心态和健康人格的重要一课，也是适应未来社会发展的需要。近年来，我国日益重视劳动教育，加快构建德智体美劳全面培养的教育体系，把劳动教育纳入人才培养过程，贯穿家庭、学校、社会方面，实现知行合一。

六、在实践中教育儿童

教育典范：在瑞典，2岁多的孩子最初学的单词除了"你好""谢谢"以外，都是森林里的植物及野果的名称。夏天，每星期中有两天需要老师带着孩子们到森林里玩耍或做小实验。例如，在地上挖几个坑，分别将塑料袋、纸、玻璃、香蕉皮等埋入，过了几个星期后再挖出来看看发生了什么变化，据此对孩子讲解土地可以或不可以吸收哪些垃圾，如土地不会吸收玻璃，而且会扎到人和动物的脚，太阳光反射聚焦到玻璃上还会引起火灾，所以不可乱扔玻璃垃圾。瑞典的环境建设得那么好，与孩子从小受的教育是分不开的。

教育点评：与理论教育相比，实践教育更加形象直观，便于孩子接受。瑞典通过实践活动培养孩子对大自然的认识、对生活及人类的热爱，这种教育方法是值得我们借鉴的。

第三课　家长自身因素

案例导入

刘哥是一家职业教育机构的投资人，他的儿子目前在常春藤名校读书。刘哥说："我对孩子的要求很简单，写完作业你随便玩，电视也给你看。"虽然如此"放任"，但孩子并没有让他失望，而是一直很自律，高三之前没上过辅导班。在高三，孩子自觉英语拖后腿，主动要求报了为期三个月的集训班。

【分析】家庭教育的目的就是帮助孩子如何成为他自己。刘哥的教育方式其实是激活孩子的内驱力。因为每个人都有被他人认可、肯定、鼓励、赞美的情感需求，然后有向好的动力。刘哥提供了孩子成长、学习的自由环境，给予支持，不加以干涉。这种教育思想是由骨子里散发出来的信任，是家长自然遵循教育准则，而不是从某专家课、某书中得来的方法。

基础知识

家长是孩子的第一任老师。儿童教育家孙敬修曾说过："孩子们的眼睛是照相机，脑子是录音机，你们的一言一行都在他们的心上，要做好榜样啊！榜样的力量是无穷的，它具有很强的说服力和感染力。家长的举止言谈粗俗不堪，必然会对子女产生不良的影响；家长的举止言谈文雅大方，子女也会如此。"家长自身素质的高低、家长教育的理念和能力、家长的教养方式，直接影响家庭教育的效果，影响孩子的未来发展。

一、家长的素质

（一）家长的身体素质

身体素质通常是指人体肌肉活动的基本能力，是人体各器官系统的机能在肌肉工作中的综合反映。家长的身体素质是影响学前儿童成长的第一要素。

从遗传学的角度看，人的身体素质是由遗传获得的。子女从父母那里遗传某些生物特征，包括躯体的形态、构造、神经系统和感官的一些特征。父母身体素质好、体魄健壮，就会遗传给子女较好的体质、完善的神经系统和健全的感官。相反，父母身体不健康或父母近亲婚育，则可能导致子女身体畸形、感觉或智力障碍。

虽然一个人身体素质的好坏与遗传有关，但是，后天的营养和体育锻炼也是影响个体体质发展的重要因素。家庭体育锻炼和教育的开展程度制约学前儿童身体素质水平。中国自古就有"万般皆下品，唯有读书高"的思想，受此思想的影响，很多家庭存在重智能培养、轻体能教育的倾向。

0~6岁是个体成长的黄金期，该时期的身体状况影响孩子未来的发展。采用正确的锻炼方法，可以从各个方面提高身体素质。指导学前儿童进行家庭体育锻炼时，应注意遵循一定的原则和方法：

① 家庭体育锻炼应符合学前儿童生理发展特点，循序渐进，注意安全，防止意外事件发生。

② 家庭体育锻炼所选择的项目必须多样化。亲子游戏是学前儿童特别是婴幼儿的家庭体育锻炼的主要形式。

③ 应持之以恒，培养孩子坚持锻炼身体的良好习惯。

④ 家长要以身作则，身体力行。家长应与孩子一起锻炼，家长既当教练员又当陪

练员，身体力行，为孩子作出表率，这样可以达到更好的家庭锻炼效果。

（二）家长的文化素质

家长的文化素质是指家长在文化方面较为稳定的内在基本品质。这种品质并不是狭义的学历文化背景，而是家长所拥有的科学技术知识和人文社科知识，以及与之相适应的能力、行为等，是家长举手投足间反映出来的文化气质或整体素质。家长的文化素质是影响学前儿童家庭教育的重要因素。关于家长文化素质与孩子智力发育的相关性问题，中外很多学者和专家都从不同的角度进行过研究和分析。

国外学者贝莱的研究表明，孩子的智力与父母的学历有一定的关系。随着孩子年龄的增长，这种关系越来越密切。还有专家研究指出，胎儿有出生缺陷的危险程度与母亲的文化素质水平关系密切。母亲受教育的水平越高，胎儿有缺陷的可能性越低。早婚早育、近亲结婚者在文化水平较低的妇女中较多见。早婚早育，再加上文化水平低，这样的母亲身心各方面的成熟度均较低，对孩子出生前后的关注程度和教养能力也较低，更容易造成孩子身体或智力方面的先天缺陷。家长的文化素质高，他们就会重视孩子的教育，也会运用正确的方式、方法教育孩子。家长的文化素质在家庭教育中发挥着重要作用，具体表现在以下三个方面。

1. 有利于学前儿童的智力启蒙

孩子的好奇心和求知欲极强，他们经常会向家长提出各种各样稀奇古怪的问题，他们想知道地球有多大、星星有多远，他们想知道自己是从哪里来的，他们想知道谁是达·芬奇、谁是柏拉图……如果家长没有丰富的科学文化知识，不了解天文、地理、历史、社会等方面的常识，就难以应对孩子提出的问题。久而久之，家长在孩子心目中的威信就会降低，更大的问题是会使孩子的认知发展受到限制，不利于孩子的智力发展。相反，如果家长知识渊博，孩子就可以毫无顾虑地随时向父母请教、发问，孩子的求知欲得到满足，眼界扩大，这种智力的启蒙教育是非常重要的。

2. 有利于学前儿童学习兴趣的培养

马克思和恩格斯曾指出："孩子的发展能力取决于父母的发展。"家长的文化素质高，乐于学习新知识，那么，孩子就会自然而然地受到熏陶，容易养成良好的学习兴趣与爱好。比如，家长经常读书看报，欣赏文学、影视作品，喜欢听音乐，孩子也乐于参与其中，正所谓"染于苍则苍，染于黄则黄"。

3. 对家庭心理环境和学前儿童身心的发展具有重要作用

家长的文化素质直接影响家庭的心理环境。如果家长知识结构不完备或认知偏颇，片面重视孩子智力发展，忽视非智力因素的培养，会导致孩子心理发展的滞后。而具有较高文化素质的家长，会更多地培养孩子良好的个性、交往能力和意志力，给予孩子自由和尊重，对孩子心理的健康发展起到良好的作用。

总之，家长的文化素质对家庭教育的实施和效果具有重要影响。但是，家长的文化素质并不是衡量学前儿童成长得良好与否的唯一要素。我们会看到很多学历层次不高、知识水平有限的家长同样成功完成家庭教育的任务，培养出优秀的孩子。相反，也有一些学历层次和文化知识水平很高的家长，疏于对孩子的管教和培养，导致孩子成长中不良问题的发生。所以，家长的教育理念、教育能力和教养方式才是家庭教育成败的关键因素。后文将展开介绍这些因素，此处不再赘述。

（三）家长的道德素质

道德是社会意识形态的反映，是一切调整人与人之间以及人与社会之间关系的行为规范的总和。学前儿童的道德是从无到有、从外到内、从低级到高级逐步发展起来的。在这个过程中，离不开家长的教育和影响。

家长如果有强烈的责任感，遵守社会公德，为人诚实坦荡，言行一致，就会给孩子树立良好的榜样；相反，如果家长没有正确的人生观和良好的思想品德，公德意识不强，斤斤计较，孩子也会跟着学，这就会对孩子的成长造成不良的影响。

家长的道德素质是指家长对社会道德行为规范的认知，以及家长在道德上的自我涵养和由此达到的道德水平和道德风貌。家长的道德素质是家长思想和行为水平的综合反映，体现在家长的人生观、思想品德、价值取向、对社会的责任感和日常的言行举止中。对孩子来说，家长的道德素质是无形的影响、无声的教育，渗透在家庭生活的方方面面。

列夫·托尔斯泰曾说："全部教育，或者说千分之九百九十九的教育都归结到榜样上，归结到父母自己生活的端正和完美上。"家长的道德素质是决定学前儿童道德发展的基础，也直接影响学前儿童家庭教育的效果。家长的道德素质对于学前儿童良好品德的形成与发展的作用有以下三个方面。

1. 塑造和强化

家长的道德素质和日常行为举止对孩子的道德品质、行为习惯的形成会产生潜移默化的影响，对孩子的人生观、世界观进行最早的塑造。每个孩子出生时都是一张白纸，家长的思想道德是孩子道德品质形成的基础，影响着孩子道德认识的提高、道德情感的陶冶、道德意志的锻炼和道德行为的养成，关系到教会孩子做人，要把孩子培养成什么样的人的根本问题。

在孩子道德品质形成的初始阶段，家长的强化作用颇大。1岁以前的孩子还没有道德判断，也不会有意识地做出道德行为。1岁以后，孩子开始出现道德行为，特别是孩子初步掌握语言后，其道德行为在家长的影响下开始逐渐强化。例如，当孩子做出合乎道德要求的行为时，家长投以愉快的表情，并用"好宝宝""乖宝宝"等词语给予正强化，孩子很自然地就会认定这种能够获得赞许的行为是好的行为。反之，当孩子做出的行为是有悖道德要求的，比如，孩子模仿家长说脏话被斥责，那么孩子就会意识到该种行为是不好的。但是，如果家长认为孩子说脏话的行为很有趣，没有及时制止，而是报以微笑，或在斥责的同时戏谑和玩笑，那么，孩子就会混淆自己的判断，从而弱化正惩罚。所以，家长正确的道德标准和行为表现可促使孩子不断做出合乎道德要求的行为，有助于养成良好的道德习惯。

> **拓展阅读**
>
> 美国心理学家斯金纳（B. F. Skinner）的强化理论，又称操作性条件反射理论，见表2-1。

表 2-1 斯金纳强化理论

强化形式		条件	行为发生频率	案例
强化	正强化	给予一个愉快刺激	增加行为发生频率	给予奖励、奖品
	负强化	撤销一个厌恶刺激	增加行为发生频率	认真听讲，取消不玩游戏的禁令
惩罚	正惩罚	给予一个厌恶刺激	减少行为发生频率	体罚、谴责等
	负惩罚	撤销一个愉快刺激	减少行为发生频率	上课打闹，下课不准玩游戏
消退		无任何强化物	减少行为发生频率	不予理睬

2. 榜样和示范

对于学前儿童的社会化以及道德的形成和发展来讲，家长的榜样作用不容忽视。观察和模仿是学前儿童认识世界、实现个体社会化的重要方式。孩子在日常的接触中耳濡目染，受到家长思想、道德品质、行为规范等诸多方面的影响，从而形成自己的善恶、是非观念，学会为人处世。比如，有的家长对待长辈经常恶言恶语，甚至拳脚相加。孩子经常目睹这样的场景，就会受到一定影响，学习用同样的语气、方式对待老人甚至父母。如果家长平时能多关心老人，多孝敬长辈，那么孩子就会懂得这是一种美德，并内化为自己的行为。

榜样和示范作用表现为影响孩子的道德行为。比如，家长时常给孩子讲解和传授交通知识，要求孩子遵守交通规则，但是，有些家长过马路时发现没有警察就直接穿过去。在家长的示范下，孩子就会违反交通规则横穿马路。

吉尼斯世界纪录"最年轻的博士"纪录保持者卡尔·威特（Karl White）的父亲老卡尔·威特说过："孩子是父母的镜子，也是父母的影子。"孩子在不知不觉中随时学习和复制父母的言谈、举止和行为，如果家长有正确的人生观、良好的品德和较高的修养，那么，他们的言谈举止就会为孩子树立正确的学习榜样，给孩子以积极的影响。

3. 引导和约束

家长对孩子进行品德教育，在引导其确立正确道德观念的同时，帮助孩子形成一定的道德约束。这种道德约束不仅是家长对孩子思想品德、道德行为的控制，还包括家长对孩子自我约束能力的规范和培养。

学前儿童自我约束能力的培养，实际上是一种道德观念与道德能力的培养，也是一种意志力的教育过程，要建立在一定的观念、情感和道德判断的基础上。受年龄特征的影响，学前儿童的行为带有自发性的特点，自我控制能力较差。对学前儿童自我约束能力的培养，要充分利用家长道德素质的积极因素进行情感陶冶，使孩子形成基本的道德观念，增强道德的判断力。同时，家长还要注重对孩子各种品德行为所必需的基本能力的培养，如自理能力、自控能力等。

（四）家长的心理素质

家长的心理素质是影响学前儿童成长的重要因素。家长的情感特征、个性特征都会通过各种渠道有意识或无意识地对孩子的心理产生极大的影响，制约着孩子的心理倾向和情感态度。

1. 家长的情感特征会影响孩子的发展

家庭成员之间的关系既是孩子认识社会的开始，又是孩子情感生活的源泉。在家庭生活中，父母与祖父母之间如果能相亲相爱，父母之间如果能相敬如宾，亲子之间如果能相互尊重，就会为孩子获得积极情感提供有利条件。

现代心理学研究表明，人的情感有两个关键时间：一是早晨就餐前，二是晚上就寝前。所以，在这两个关键时间里，每个家庭成员都要尽量保持良好的心境，避免引起"情绪污染"，不要对孩子乱发脾气，为孩子情感的健康发展营造良好的空间。

2. 家长的个性特征会影响孩子的发展

父母的个性特征对孩子的心理发展具有十分重要的意义，它可以间接制约孩子的行为，使孩子的行为方式带上父母的烙印。例如，如果父母喜欢挑战，好冒险，常创造，就会允许孩子这样去做；如果父母兴趣广泛，上进心强，成就动机高，也会鼓励孩子这样去努力。

家长的心理素质会直接影响孩子日后性格的形成，所以家长要时刻注意自己的言行举止和情绪心态。从家庭教育的角度看，家长的心理素质包括以下内容：第一，家长要具备敏锐的观察能力和分析能力。家长要随时体察孩子的心理状态和情绪表达，正确分析孩子的需求。第二，家长要保持稳定的情绪。家长要与人为善、富于同情心、和蔼可亲，要保持情绪稳定。第三，家长要有恒心和耐心。这是家长教育孩子的基础，如果没有恒心和耐心就无法较好地完成养育子女的重任。第四，家长要具备良好的应对能力。家长要以处变不惊的心理状态正确地对待发生在身边的意外事件，稳重沉着，应变能力强。家长具备这些心理品质，对孩子从小形成健康的心理、拥有美好的情感都是很有益处的。

二、家长的教育观念

家长教育子女的观念也称育儿观。育儿观指家长在抚养和教育孩子的过程中，对孩子的发展、教育孩子的方式和途径、孩子的可塑性等问题所持有的观点或看法。它可以作为行为发生的心理来源，以教养行为为中介，影响孩子发展；或通过环境设置构成特定的家庭生活环境，形成特定的期望氛围，直接或间接地塑造具有不同发展特征的孩子。育儿观包括以下三个方面：儿童观、亲子观和人才观。

（一）儿童观

儿童观是指家长对儿童在发展过程中是被动接受外界影响，还是积极主动获得发展这类问题的基本看法。1989年，联合国大会一致通过《儿童权利公约》（*Convention on the Rights of the Child*），这是为保护儿童而制定的一套全面的国际法律原则。公约的基本精神体现了四条原则：第一，无歧视原则；第二，儿童利益优先原则；第三，保障儿童生存、生命和发展的原则；第四，尊重儿童观点和意见的原则。这充分尊重了儿童的自身权益，代表了当代儿童观的最高水平，为家长正确对待儿童提供了方向。

家长应树立正确的儿童观。第一，尊重孩子。尊重孩子生存和发展的权利，为孩子提供良好的环境和教育；尊重孩子的人格，不随意打骂甚至虐待孩子，要疼爱关心孩子。第二，正确认识孩子的发展特点，遵循客观规律进行教育。第三，注重孩子的潜能和个性差异。第四，让孩子享有童年应有的快乐和幸福。

（二）亲子观与教育观

亲子观是指家长对待孩子的平等意识和对于如何营造家庭氛围的基本观点。教育观是家长基于对儿童发展规律的认识而形成的对儿童教育的理解以及对自身角色和教育职能的看法。它直接支配着家长对孩子进行教育的目标、方向、手段和方法。家长的亲子观和教育观是家长的教育观念的集中反映，直接关系家庭教育的质量，直接影响儿童的成长。

家长应树立科学的亲子观和教育观。一方面，家长要遵循孩子的身心发展规律，尊重并满足孩子的基本需要，创设良好的环境和条件，促进孩子在品德、智力、身体等方面的全面发展；另一方面，家长要重视孩子的情感和精神需求，创设和谐、宽松、民主的家庭氛围，启发引导孩子发掘自己的内在潜力。

（三）人才观

人才观是指家长对孩子的成长期望和对其升学择业的基本看法。我国家长的人才观主要有知识型、技能型、品德型、社交型、创造型和普通型等类型。家长的人才观在很大程度上影响着他们的教育重点，也就是说，不同的人才观会影响家长在教育中的时间、精力和资金投入。

有些家长受自身人才观的影响，树立较高的教育目标，望子成龙，但如果对孩子有过高的期望，那么家长培养孩子时可能不顾孩子的年龄特点，不考虑孩子的需求。比如，从幼儿园开始，家长就热衷于给孩子报名参加各种各样的特长班，每到周末，家长为了孩子也不能休息，带着孩子奔波于各个培训班，累得筋疲力尽，孩子也没有自己玩耍的时间，愁眉苦脸、苦不堪言。

受社会竞争和市场经济的影响，目前，很多家长往往把教育重点放在知识的传授、智力的开发或技能技巧的训练上，而对孩子的自理能力、个性与社会性等方面的发展不够重视。这样的做法对孩子的全面发展十分不利。

总之，孩子需要家长真诚的爱，需要合理的期望，更需要理解和指导。可见，正确合理的教育观念才会产生良好的教育行为，进而提高家庭教育的质量。

三、家长的教育能力

家长不仅要有科学的家庭教育理念，树立正确的家庭教育目标，还要有丰富的家庭教育知识和较强的教育能力，这样才能完成家庭教育的任务，培养出全面发展、对社会有用的人。家长的教育能力是指家长在一定的教育观念的指导下，为促进子女健康发展，运用教育知识处理亲子关系，在面对教育问题时采取策略和技巧，分析解决家庭教育问题的能力。

（一）高度的教育义务感和责任感

抚养和教育子女首先是父母应尽的法律责任。《中华人民共和国民法典》明确规定

"父母对未成年子女负有抚养、教育和保护的义务",因此抚养教育子女是父母不可推卸的责任。除了在法律上规定外,还应该通过各种宣传倡导手段让家长有这方面的意识。现代社会竞争很激烈,有些父母会把精力都投入自己的事业,忽视对子女的抚养和教育,导致家庭教育的缺失。父母应该利用休息日好好地陪陪孩子与家人,增强责任感,给孩子提供一个好的成长环境。

(二)教育子女的能力

家长应掌握教育和指导子女的能力,具体包括了解儿童需求、掌握和学习教育知识、有效处理亲子关系、评价儿童发展水平和应对家庭教育突发问题等。

(三)处理亲子关系的能力

亲子关系是指家庭中父母与子女之间的关系,以血缘关系和共同生活为基础。从法律的角度看,亲子关系可分为两大类:一是自然血亲的亲子关系,这是基于子女出生的法律事实而确定的;二是拟制血亲的亲子关系,这是基于收养或再婚的法律行为以及事实上抚养关系的形成,由法律认可而人为设定的。心理学意义的亲子关系是子女出生以后,要依赖父母的养育,所以双方的关系为抚养与被抚养、教育与被教育、保护与被保护的纵向关系,包括抚养、管教和培育等内容。

亲子关系是我们每个人来到世间的第一个人际关系,它对每个人的身心健康都是十分重要的,对学前儿童性格的形成、品质的培养、意志的磨炼、与人交往模式的建立都起到了决定性的作用。家长对待亲子关系时总是存在这样或那样的问题:关系太亲密了,对孩子的爱容易转变为溺爱;关系疏远了,又恐孩子抱怨。有效处理亲子关系就成为家长一项必备的能力。家长提高处理亲子关系的能力要做到:委婉真诚地进行沟通;正确表达希望和失望等情绪;当出现不同看法和分歧时,以正确的方式表达异议。

四、家长的教养方式

家长的教养方式是指家长在教育、抚养孩子的日常活动中表现出来的行为倾向,是家长各种教养行为的特征概括,是一种具有相对稳定性的行为风格。

家庭教养是在家庭生活中发生的,以亲子关系为中心,以培养社会需要的人为目的的教育活动。家庭教养的效果不仅取决于家长的教育动机和教育内容,还取决于家长的教养方式。良好的教养方式能促进儿童更好地完成社会化的过程。

在对儿童发展的研究中,国内外的研究者从不同角度,如亲子关系、孩子与环境的关系、父母对孩子的情感、父母的态度等角度对家庭教养方式进行分类,并对家庭教养方式作出不同的解释。

苏联心理学家彼得罗夫斯基(A. V. Petrovsky)把家庭关系概括为四种,即专制式的家庭关系、监护式的家庭关系、和平共处式的家庭关系与合作式的家庭关系。美国心理学家戴安娜·鲍姆林德(Diana Baumrind)按照不同的教育方式把父母分为权威型、专制型、纵容型。我国学者把家庭教育方式归纳为溺爱娇纵型、家长专制型、启发引导型、放任自流型。也有学者表述为拒绝型、严厉型、溺爱型、期待型、矛盾型、分歧型等。《社区青少年教育》一书将父母管教方式分为放任型、溺爱型、严格型、民主型和分歧型。这些研究和分类可以帮助我们正确地认识家庭教养方式。选择最佳教养方式，会对家庭教育产生直接的、有益的作用。

影响家长教养方式的因素主要有两个方面：一个是家长本身的特点，包括家长的性格、夫妻关系、家长受教育程度与家长职业等；另一个是孩子本身的特点，包括孩子的性格、孩子的年龄、孩子的性别等。

教养方式大致可分为以下四类。

（一）民主型

民主型即"高要求、高反应型"。家长对孩子的要求是适当的"高"和"严"。父母有明确合理的要求，会为孩子设立一定的行为目标，限制孩子不合理的任性行为，并督促孩子努力达到目标；同时，他们并不缺乏应该有的温情，能主动关爱和尊重孩子，能够耐心地倾听孩子的述说，而且能晓之以理、动之以情，激励孩子自我成长。这类家长实行"理性、严格、民主、关爱和耐心"的教育方式。在这样的教导之下，孩子会慢慢养成自信、独立、乐于合作、积极乐观、善于社交等良好的品质。

（二）专制型

专制型即"高要求、低反应型"。家长会拿自己的标准来要求孩子，而没有意识到过高的要求对孩子的个性是一种变相的抑制；他们不能接受孩子的反馈，对孩子缺乏热情和关爱，要求孩子无条件服从，不能及时鼓励和表扬孩子，往往要求孩子无条件遵守规则。在这种"专制"下，孩子容易形成对抗、自卑、焦虑、退缩、依赖等不良的心理特征。

（三）溺爱型

溺爱型即"低要求、高反应型"。娇惯溺爱型的家长对孩子的接纳程度很高，将感情、物质无限制地给予孩子，给孩子过多的关爱，迁就孩子，无条件地满足孩子的要求，但他们很少对孩子提出要求。这些孩子会随着年龄的增长，变得任性、冲动、幼稚、自私、具有攻击性和依赖性，做事没有恒心、耐心。

（四）忽视型

忽视型即"低要求、低反应型"。家长不关心孩子的成长，不会对孩子提出要求和行为标准，有放纵的意味。家长对孩子缺乏基本的关注，亲子交往较少，容易表露出反感、不爱搭理的态度，缺少对孩子的教育和爱。因此孩子有较强的不顺从态度，对人缺乏热情，自控能力较差，对一切都采取消极的态度，还会有其他的不良心理特征。

拓展阅读

国际家庭教育政策的比较

1. 英国

英国塑造家庭教育的核心价值体系，有利于构建科学的家庭教育政策体系。

以苏格兰为例，《一起学习：苏格兰关于家校联合、家长投入、亲子共学和在家学习的国家行动计划（2018—2021）》是苏格兰政府最新关于家庭教育的行

动倡议,旨在落实《苏格兰学校法(家校联合)》的法律规定。该行动方案从政策顶层设计上,对苏格兰家庭教育政策的价值体系进行构建。

该行动方案指出,苏格兰家庭教育的价值基础植根于国家、地方政府、各级各类学校、不同社区,以及不同种族群体之间的彼此信任,以全社会集体的力量构建苏格兰以儿童为中心的大家庭理念,以人本主义、博爱主义及平等主义、公平主义为核心理念,关注苏格兰多样性群体的家庭个性化发展需求,激发家长在儿童成长中的主观能动性及积极参与性,重视培养和谐的亲子关系,鼓励家长积极参加家校合作活动,建立"家庭—学校—社区—社会"的多维度良性互动生态模式。

2. 美国

美国构建家庭教育的家长参与机制,有助于推进家庭教育政策的实施,提高家庭教育政策的执行能力。

美国的家庭教育政策中最有代表性的是《开端计划》,该计划提出父亲的家庭参与对于儿童的身心健康及个性发展有着重要且积极的促进作用,将父亲的家庭参与纳入《开端计划》之中,旨在鼓励父母双亲在家庭教育中发挥重要作用。美国的各个州政府在《开端计划》的引领下,完善优化家庭教育的家长参与机制,制定了适合各个州家庭教育的相关计划。明尼苏达州颁布了指导本州家庭儿童发展活动的《明尼苏达州学前儿童家庭教育计划》,并且在此行动计划的基础上构建了明尼苏达州家长教育核心课程框架,为参与该项目课程的家长颁发家庭教育认证书;根据不同家庭的多样化育儿需求,制订具有针对性的家庭教育指导方案,积极鼓励家长全程参与儿童成长的家庭教育计划。

美国的家庭教育侧重于鼓励家长参与儿童成长,为制定家长参与机制提供必要的专业性支持及法律保障,倡导家庭教育政策回归家长本位,彰显家长的主导地位,保障儿童健康成长。

3. 日本

日本明确家庭教育中需要关注的儿童核心素养,构建家庭教育的儿童核心素养教育,有利于优化家庭教育政策的内容,促进儿童身心健康发展。

日本的《家庭教育法》被称为家庭教育的"宪法",旨在通过家庭教育立法,培养儿童的核心素养。家庭教育中的儿童核心素养主要包括儿童的独立生存能力、对世界的好奇心、自主创新能力,以及探索未知的能力。《家庭教育法》以培养儿童的核心素养为根本任务,重视儿童的情感、态度、认知、技能的多元发展,培养儿童的全面人格发展,促进儿童的智力发展与情感发展。

《家庭教育法》通过明确儿童的核心素养,指导日本家长有意识地开展家庭教育活动,积极发挥家庭教育的社会功能及属性,有效利用家庭教育资源,以达到稳定日本社会良性循环、提高日本公民核心素养的目的。

(资料来源:https://www.sohu.com/a/459762836_100886,有改动。)

案例分析题

案例概述:

学生彭某于2020年9月进入本校学习,初入职业学校的她,刚开始并不适应,甚至有点抗拒。她因为中考失利与心心念念的高中失之交臂,所以心有不甘。从开学开始,她多次出现周日返校迟到、上课注意力涣散、作业不按时完成的情况,成绩也明显下降,在与同学相处时,也出现了一些纠纷和矛盾。

彭某来自一个农村家庭,父母均在家务农,家中还有一名常年需要吃药的奶奶和正在读小学的弟弟。父母没有受过多少教育,文化水平低,对彭某的管教方式不当,非打即骂。爸爸有时候会温和一点,但是妈妈责骂时,他在旁边也插不上话。受农村传统观念的影响,彭某的父母有很深的重男轻女思想,偏心弟弟,彭某由此感觉妈妈只爱弟弟不爱她。

从小被父母责骂,彭某自卑心理很强,对自己没有信心,觉得自己没有用,什么事都做不好。而且妈妈不喜欢自己,只喜欢弟弟,弟弟在家什么都不用做,而自己不仅要做家务还要做农活。和弟弟产生矛盾时,父母从不认为弟弟有错,只一味责罚她,并叫她要让着弟弟。在家都没有多少时间学习,有一点没做好就会被责骂,成绩差了也会被骂,爸爸想帮自己也会被妈妈骂。高二以来成绩一直在下降,上课也提不起兴趣,注意力不集中,而且家中亲戚不和经常闹矛盾,这些她无法处理的事情困扰着她,十分影响学习。

针对以上案例情境,请结合所学知识分析原因并给出对应的解决策略。

单元三
学前儿童家庭教育的目标、内容和任务

内容导读

学前儿童家庭教育的目标是学前儿童家庭教育的出发点和归宿点。它制约着学前儿童家庭教育的内容与任务，影响着学前儿童家庭教育的过程和活动，对学前儿童家庭教育的质量与效果起关键的作用。学前儿童家庭教育的内容与任务承载着学前儿童家庭教育的目标，是学前儿童家庭教育目标得以实现的重要一环。总之，没有教育目标，学前儿童家庭教育的内容与任务就会杂乱无章；没有教育内容与任务，学前儿童家庭教育的目标就无法实现。

学习目标

1. 了解学前儿童家庭教育的目标及确立依据。
2. 掌握学前儿童家庭教育的内容。
3. 明确学前儿童家庭教育的任务。

思政点拨

本单元帮助学生了解家庭与国家之间的关系，融通"小家"与"大家"的内在联系，培养学生的家国情怀。千家万户的家庭幸福关系到整个社会、国家的安定团结。无数个小家组成了祖国这个大家庭。今日的儿童是家庭的希望，更是祖国的未来，家庭教育影响个体、家庭的幸福，关系到公民素质的整体提高，更关系到国家的前途和民族的兴衰。引导学生通过实际行动建设好家庭、指导好家庭教育，实现个人梦、家庭梦与中国梦。

学习导图

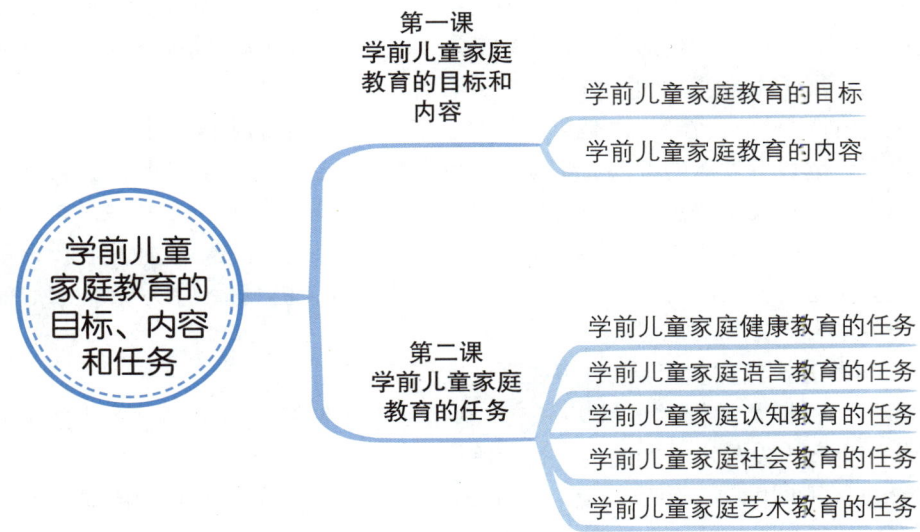

第一课 学前儿童家庭教育的目标和内容

案例导入

女儿朵朵还没出生,父母就开始规划她的未来。7个月起开始教她识字,把所有的家具都贴上汉字标签;从《三字经》《千字文》到唐诗,一字一句地教她背诵。朵朵的记忆力非常好,背得又快又准,这令父母骄傲不已。可等她到了3岁,问题却来了:她太安静了,同龄孩子都在外面玩,她却一个人在角落里看书。

【分析】很多家长非常关注孩子的学习成绩,即便是学前阶段,家长也十分关注孩子对知识的学习,对其他方面的教育少之又少。学前儿童家庭教育的目标是什么?学前儿童家庭教育的内容包含哪些?请带着这两个问题,学习本课内容。

基础知识

一、学前儿童家庭教育的目标

(一)学前儿童家庭教育的目标和意义

所谓教育目标,是指社会对教育所要造就的社会个体的质量规格总的设想或规定。家庭教育作为一种教育实践活动,和学校教育一样,是人们有意识的、自觉的、有目的

的教育活动。家庭教育的目标，指的是培养孩子的总的规格和目标，其实质是通过家庭教育活动和家庭教育全过程，把孩子培养成才。2021年10月23日颁布的《中华人民共和国家庭教育促进法》明确指出，家庭教育的目标是"培养德智体美劳全面发展的社会主义建设者和接班人"。在家庭培养人才的总目标之下，我国家庭教育的具体目标是教会子女做人，把子女教育成为有益于社会、有益于国家的人。

家庭教育既是终身教育，也是启蒙教育。家庭教育的目标指导着整个家庭教育的过程，决定着家庭教育发展的方向，是提高家庭教育水平的重要条件之一。是否有目的地进行家庭教育密切关系着孩子的命运和前途，孩子在家长身边接受最初的教育，若家长尽心尽责、有目的、有计划地引导和培养，无疑有助于孩子健康、迅速成长。孩子的健康、快速成长是家长的心愿，也是家庭幸福的重要内容，更关系到社会、国家的安定团结、发展进步。

(二) 学前儿童家庭教育目标的确立

家庭教育目标与学校教育目标一样，都是社会意识形态的反映，受社会政治、经济、文化和生产力发展水平的制约，很大程度上也受被教育者身心发展规律的影响。与学校教育目标不同的是，家庭教育目标的确立很大程度上取决于家庭特别是家长的意志，受家长的思想觉悟、文化素质、职业、经历、兴趣、爱好的影响。家长对孩子适度的期望、合理的目标定位，能够增强孩子的成就动机，调动孩子发展的积极性。相反，家长若无明确教育目标或盲目树立教育目标，则会阻碍孩子发展，造成不良后果。为此，在确立家庭教育目标时应考虑以下两个方面。

1. 符合社会的发展需求

一方面，家庭教育目标首先要符合社会政治经济发展的需要，必须以社会对人的发展和对教育的要求为导向。我国家庭教育的目标是根据社会政治、经济的需要，以工人阶级和全国人民为对象，培养德、智、体、美、劳全面发展的为社会主义服务的劳动者和各种专业人才。

另一方面，家庭教育目标要反映社会生产力和科学技术发展水平。在科学技术高度发达的今天，家长不仅要求孩子掌握现代科学知识，注重对其智力和才能的开发，而且要培养孩子的创造力、竞争力，帮助孩子懂得如何在社会中独立生活、在逆境中生存、在竞争中发展。

2. 考虑幼儿身心发展规律与个体的兴趣、爱好

首先，家庭教育目标的确立要遵循幼儿的身心发展规律。学前儿童家庭教育针对0～6岁幼儿，0～6岁幼儿身心处于不断发展的过程中，这一时期家庭教育目标的确立尤其要考虑幼儿的身心发展特点。如2～3岁是幼儿发展语言的关键期，也是幼儿自我意识萌芽发展的重要时期，家长必须要保护和发展其独立意识；且幼儿好模仿，学习方式以游戏为主，家长要制定适当的教育目标才能达到良好的教育效果。

其次，家庭教育目标的确立要考虑到幼儿的个体差异。每个孩子都是独特的个体，孩子的天资、学习基础、先天条件、特长等不尽相同，因此，家长制定家庭教育目标时要因人而异、有的放矢，善于发现孩子的优点与长处，根据孩子的实际情况制定切实可行的目标。

最后,家庭教育目标的确立还要考虑幼儿的个人兴趣与爱好。兴趣、爱好是最好的老师,家长在制定家庭教育目标时,要事先了解孩子的兴趣与爱好,针对孩子的兴趣、爱好,因势利导确定家庭教育目标。由于孩子处在发展过程中,兴趣、爱好不稳定或不合适、不健康,家长应帮助孩子明辨是非对错,也要切记勿把自己的愿望、爱好作为目标强加诸孩子。若不考虑幼儿的兴趣、爱好,一味地根据成人的主观愿望强迫幼儿学习某些内容,只会降低幼儿学习的积极性,导致事与愿违,不仅造成幼儿心理上的压力,也不利于幼儿的健康成长。只有遵循幼儿身心发展特点和个体差异,才能促进幼儿良好发展,达到家庭教育的目标。

目前我国家庭教育中,比较突出和普遍地存在着家长对子女定位过高的现象。要知道,过高的定位对孩子的发展往往适得其反。孩子不仅仅是家庭成员,更是社会、国家的组成成员,家长首先要树立"为国教子"的家庭教育观念,努力把孩子教育成有益于社会、有益于国家和人民的人,然后结合孩子的实际情况制定适当的家庭教育目标。

 知识链接

我国教育目标的沿革

1. 1957年

1957年,毛泽东同志在《关于正确处理人民内部矛盾的问题》中指出:"我们的教育方针,应该使受教育者在德育、智育、体育几方面都得到发展,成为有社会主义觉悟的有文化的劳动者。"毛泽东同志提出的教育方针,反映了社会主义发展对人才的要求,对我国教育工作产生了重大影响,一直是发展我国教育的重要方针。

2. 1981年

1981年,《中国共产党中央委员会关于建国以来党的若干历史问题的决议》提出:"加强和改善思想政治工作,用马克思主义世界观和共产主义道德教育人民和青年,坚持德智体全面发展、又红又专、知识分子与工人农民相结合、脑力劳动与体力劳动相结合的教育方针。"

3. 1982年

1982年,《中华人民共和国宪法》第四十六条规定我国现阶段教育目标是"国家培养青年、少年、儿童在品德、智力、体质等方面全面发展"。这是当代中国历史上第一个以法律形式出现的教育目标。

4. 1985年

1985年,《中共中央关于教育体制改革的决定》再次对教育方针进行了明确规定,指出:"教育体制改革的根本目的是提高民族素质,多出人才,出好人才。""所有这些人才都应该有理想、有道德、有文化、有纪律,热爱社会主义祖国和社会主义事业,具有为国家富强和人民富裕而艰苦奋斗的献身精神,都应该不断追求新知,具有实事求是、独立思考、勇于创造的科学精神。"这个教育方针可以归纳为"四有、两爱、两精神",既体现了德、智、体全面发展的一贯思想,又融入了时代发展对人才的新要求。

5. 1986年

1986年,第六次全国人民代表大会通过的《中华人民共和国义务教育法》提出:"义务教育必须贯彻国家的教育方针,努力提高教育质量,使儿童、少年在品德、智力、体质等方面全面发展,为提高全民族的素质,培养有道德、有文化、有纪律的社会主义建设人才奠定基础。"这是首次把提高全民族素质纳入教育目标。

6. 1990年

1990年,党的十三届七中全会通过的《中共中央关于制定国民经济和社会发展十年规划和"八五"计划的建议》指出,国家"继续贯彻教育必须为社会主义现代化服务,必须同生产劳动相结合,培养德、智、体全面发展的建设者和接班人的方针,进一步端正办学指导思想,把坚定正确的政治方向放在首位,全面提高教育者和被教育者的思想政治水平和业务素质"。

7. 1993年

1993年,中共中央和国务院印发的《中国教育改革和发展纲要》指出:"教育改革和发展的根本目的是提高民族素质,多出人才,快出人才。各级各类学校要认真贯彻'教育必须为社会主义现代化服务,必须与生产劳动相结合,培养德、智、体全面发展的建设者和接班人'的方针,努力使教育质量在90年代上一个新台阶。"

8. 1995年

1995年3月在《中华人民共和国教育法》指出:"教育必须为社会主义现代化建设服务,必须与生产劳动相结合,培养德、智、体等方面全面发展的社会主义事业的建设者和接班人。"在新提法中,对人才素质的培养要求仍然是"德、智、体等方面的全面发展";对人才培养的方向强调的是"社会主义事业的建设者和接班人"。这个教育目标已经成为全国必须遵行的法律要求。

9. 1999年

1999年,《中共中央关于深化教育改革全面推进素质教育的决定》中对我国教育目标的表述为:"全面贯彻党的教育方针,以提高国民素质为根本宗旨,以培养学生的创新精神和实践能力为重点,造就'有理想、有道德、有文化、有纪律'的,德智体美等全面发展的社会主义事业的建设者和接班人。"

10. 2001年

2001年,《国务院关于基础教育改革与发展的决定》提出:"坚持教育必须为社会主义现代化建设服务,为人民服务,必须与生产劳动和社会实践相结合,培养德、智、体、美等全面发展的社会主义建设者和接班人。"

11. 2021年

2021年，《中华人民共和国家庭教育促进法》提出："为了发扬中华民族重视家庭教育的优良传统，引导全社会注重家庭、家教、家风，增进家庭幸福与社会和谐，培养德智体美劳全面发展的社会主义建设者和接班人，制定本法。"

二、学前儿童家庭教育的内容

家庭教育的内容取决于家庭教育的目标，它是实现家庭教育目标的重要载体。家庭作为子女的第一所"学校"，其教育内容是多样的。中国千年的封建家庭教育，受封建制度的影响，形成了以"孝悌"为中心的伦理道德教育为主，以身体的养护与生活常规培养为辅的家庭教育内容，主要是培养为统治阶级服务的人才。教育家陈鹤琴先生在《家庭教育》一书中提出，家庭教育的内容包括家庭体育、家庭德育、家庭智育、家庭美育和家庭劳动教育。2021年10月23日发布的《中华人民共和国家庭教育促进法》明确指出，要培养德智体美劳全面发展的社会主义建设者和接班人。可以看出，无论是古代还是现代，人们都在追求人的和谐发展，追求德、智、体、美、劳和谐发展的教育。结合《幼儿园教育指导纲要（试行）》（以下简称《纲要》）提出的幼儿园教育内容可以划分为健康、社会、科学、语言和艺术五个领域，我们把学前儿童家庭教育的内容划分为学前儿童家庭健康教育、学前儿童家庭语言教育、学前儿童家庭认知教育、学前儿童家庭社会教育和学前儿童家庭艺术教育五个方面。

（一）学前儿童家庭健康教育的内容

学前儿童家庭健康教育是指家庭成员对幼儿实施的以身心健康为主要内容的教育活动。对于幼儿而言，家庭健康教育尤为重要，保护幼儿身心健康是进行其他一切教育活动的前提。家长应有意识地为孩子提供适宜的健康教育，提高孩子的健康水平，为孩子一生的发展打下坚实的基础。学前儿童健康教育的内容有以下两点。

1. 学前儿童家庭身体健康教育

学前儿童身体健康是在先天遗传与后天习得的基础上表现出来的机体功能和形态上的良好状态。身体健康是人发展的基本条件，学前儿童家庭教育应将健康教育摆在首位。学前儿童家庭身体健康教育内容包括以下两个方面：一是身体发展方面的教育。0～6岁正是幼儿身体飞速发展的时期，家长应考虑孩子生理上的需要，加强孩子的物质营养，科学合理地安排孩子的饮食结构。同时要注重孩子身体健康水平的提高，适当安排如跑步、跳绳、散步等增强孩子体质的锻炼活动，促进发育，增强免疫力。二是基本生存知识和生活知识的教育。基本生活知识和生存知识是人发展的前提，它包括许多内容，如基本生存能力教育、生活自理能力教育、良好生活习惯教育、良好饮食习惯教育、自我保护能力教育等。

2. 学前儿童家庭心理健康教育

心理健康是健康的重要组成部分。心理健康表现为一个人心理状态的平衡和心理活动同外部世界的协调,心理健康教育则是维护心理健康的措施和各种活动的总和。学前儿童家庭心理健康教育主要包括以下三个方面:一是自我意识教育。让幼儿正确地认识自己、了解自己,愉快地接纳自己,当自己的愿望和想法不能实现时,会调整自己的情绪,与他人、环境和谐相处。二是社会交往能力教育。人一出生便开始了他的社会生活,日益扩大与周围人的交往。3~4岁幼儿有了与伙伴交往的迫切需求,随着幼儿年龄增长,交往范围越来越广。在家庭教育中,家长要为孩子创造社会交往的条件,鼓励他们进行社会交往。三是独立个性与意志力教育。根据幼儿的个性特征和性情倾向,有针对性地培养幼儿的独立个性。同时注意加强幼儿的意志训练,帮助幼儿独立思考、克服困难,锻炼幼儿的毅力和刻苦精神。

(二)学前儿童家庭语言教育的内容

学前儿童家庭语言教育是以提高幼儿语言倾听、表述、欣赏、阅读能力为主要内容的教育活动。语言是学习的基础和前提,是思维的直接表现,是反映大脑发展状况和智力发展水平的重要标志。幼儿从出生到掌握语言,一般需要3~4年的时间,其中9~12个月是幼儿理解语言的关键期,2~4岁是幼儿语言表达的关键期。可见,学前儿童家庭语言教育对幼儿语言发展十分重要。结合《指南》中对幼儿语言发展作出的规定,可以将学前儿童家庭语言教育的主要内容概括为以下三个方面。

1. 培养幼儿的语言倾听能力

幼儿语言发展规律是先学会听,后学会说。家庭教育培养幼儿倾听能力的主要内容有:能倾听他人讲话,并能听懂日常对话及普通话;能倾听故事,理解故事大意;有良好的倾听习惯,倾听他人讲话时认真、有礼貌,不随意打断他人讲话。

2. 发展幼儿的语言表达能力

语言表达能力是在运用的过程中发展起来的,家长要为幼儿提供语言交流的机会和条件,语言表达能力培养的主要内容有:培养幼儿正确说普通话,发音正确、清晰;能逐渐有序、连贯、清楚地表达自己的想法或讲述一件事情;引导幼儿用正确的语言与他人沟通交流,能够使用礼貌用语,愿意和他人分享。

3. 培养幼儿对文学作品的欣赏与早期阅读能力

对文学作品的欣赏和早期阅读能力培养的主要内容有:教育幼儿爱护图书,引导幼儿对生活情景、图书中的文字符号感兴趣,并知道文字表示一定的意义;教导幼儿说出所阅读的幼儿文学作品的主要内容;引导幼儿体会作品所表达的情绪情感,初步感受文学语言的美;教会幼儿握笔,用正确的姿势写写画画,用图画和符号表现事物或故事。

关键期与危机期

关键期又称敏感期,是指某一特定的年龄时期,儿童对某种知识或行为十分敏感,学习起来非常轻松,容易理解,掌握得快。如果错过了这个关键期,学习起来就会困难，甚至影响日后的学习。从整个人生的发展来看，1~3岁是儿童口语学习的关键期，0~4岁是儿童形象视觉发展的关键期。在关键期内，儿童对某些事物表现出特别的关注和兴趣，容易理解，学习速度也快。过了这个时期，这种情况就会消失。虽然关键期对儿童心理的发展至关重要，但对于错过了某些心理能力发展关键期的儿童，只要通过适当的教育也可使其心理能力获得良好的发展。

危机期是指在某些年龄阶段，儿童心理常常发生紊乱，表现出各种否定和抗拒的行为，如常与人发生冲突、违抗成人的要求等。有人认为，3岁、7岁、11~12岁都是"危机年龄"。危机期一般处于两个发展阶段的过渡时期，心理变化急剧，特别是儿童的需要发生了很大的变化，而成人往往还用老眼光看待儿童、要求儿童，因而引起了儿童的否定性行为。比如，3岁儿童已具备了基本的生活与活动能力，希望独立做事，而妈妈总觉得他们还是个小孩，一百个不放心，于是母子之间也就出现了矛盾，"就不"成了孩子的口头禅。长此以往，孩子就会变得越来越执拗。如果妈妈能很快改变态度来适应儿童的变化，那么，危机期就会很快过去，随之而来的是一个心理发展后的新面貌。

（三）学前儿童家庭认知教育的内容

认知是人认识外界事物的过程。学前儿童家庭认知教育就是家庭成员根据幼儿的身心发展特点，运用多种方式丰富幼儿的知识经验，培养幼儿动手、动口和动脑能力，促进其认知能力发展的一种活动。美国心理学家杰罗姆·布鲁纳提出，如果把人17岁时所达到的智力水平看作是100%，那么幼儿从出生到4岁就获得了50%，4~8岁获得了30%，余下的20%则是在8~17岁获得的，可见幼儿时期的认知教育对人一生的发展十分重要。早期家庭认知教育应注意科学性与全面性相结合，既要传授知识，又要发展智力；既要发展智力因素，又要培养非智力因素。不能有任何的偏废，更不能片面地将认知教育等同于识字、算数。学前儿童家庭认知教育的主要内容有四个方面。

1. 发展幼儿各种感觉器官的能力

感官能力包括视觉能力（颜色辨别和视觉敏锐度）、听觉能力、口头表达能力等。

2. 扩大幼儿知识领域，丰富幼儿的感性知识

带幼儿接触大自然、社会，传授有关大自然、社会的基本知识，如认识常见的动植物，发现其生长变化规律，发现物体和材料的特征和用途，感知季节的变化和特点等，以增强幼儿对数、形状、空间方位的感知与认识。

3. 发展幼儿的智力才能

在日常生活中重点培养幼儿的观察力、记忆力、注意力、思维能力、想象力和创造力。

4. 培养幼儿的非智力因素和良好的品质

非智力因素包括兴趣、爱好、情感、意志和性格等方面。要培养幼儿的兴趣爱好、

乐观积极的性格、刻苦勤奋的精神、宽阔的胸怀、自尊心和自信心；培养幼儿对学习的兴趣，激发其对学习生活的向往；在幼儿入学前，做好入学思想、行为习惯的教育。

（四）学前儿童家庭社会教育的内容

学前儿童社会教育是幼儿从自然人向社会人转变的必经阶段，也是幼儿社会性不断完善并奠定健全人格基础的过程。学前儿童家庭社会教育是指家长进行的以发展幼儿的社会性为目标，以增强幼儿社会认知、激发幼儿社会情感、引导幼儿社会行为为主要内容的教育。具体包括三个方面。

1. 幼儿社会认知教育

幼儿社会认知教育主要包括关于人际关系的教育，即引导幼儿认识与长辈的关系、与同伴的关系、与老师的关系；关于社会环境的教育，即引导幼儿认识家庭、托儿所、幼儿园、社会机构、家乡、国家、民族等各种场所与环境；关于社会角色认知的教育，即帮助幼儿认识社会中的各种角色及不同角色的责任与义务；关于社会规范认知的教育，即引导幼儿了解并掌握一定的道德规范、交往规范、集体规范、安全健康规范。

2. 幼儿社会情感教育

幼儿社会情感教育包括：帮助幼儿在幼儿园、家庭和社会生活中，学会自知、自信、自我管理和自我尊重；使幼儿具有社会意识和人际关系管理技能，能理解与包容他人、对他人产生情感共鸣，建立积极、健康、和谐的人际关系；使幼儿形成良好的情感和道德品质，积极地面对成长过程中的挑战，促进身心的全面协调发展。

3. 幼儿社会性行为培养

幼儿社会性行为培养主要是培养幼儿积极的亲社会行为，指幼儿帮助或打算帮助他人或群体，做有益于他人或群体的事的行为和倾向，包括同情、关心、分享、合作、帮助、谦让等。

（五）学前儿童家庭艺术教育的内容

艺术教育是对人进行情感教育的重要途径，是陶冶人的情操，使人的道德、人格趋于完美的素质教育。学前儿童家庭艺术教育是指家庭成员对幼儿进行的以感受美、表现美、创造美、追求美为主要内容的教育。学前儿童艺术教育有助于幼儿情感的良好发展，对于提高幼儿的审美能力，促进幼儿想象力、创造力的发展有重要意义。

学前儿童家庭艺术教育的主要内容有：第一，指导幼儿欣赏音乐、美术、舞蹈、文学等艺术作品的美；第二，创造优雅的家庭生活环境，陶冶幼儿情操；第三，给幼儿穿着打扮应朴素、大方、美观；第四，引导幼儿参加音乐、美术、舞蹈、文学创作等实践活动；第五，引导幼儿接触大自然，感受大自然的美。

单元三 学前儿童家庭教育的目标、内容和任务

第二课 学前儿童家庭教育的任务

案例导入

对于即将升入小学的孩子来说,重要的是养成良好的学习习惯,但很多家长却过于重视知识和技能。家长不停问:"老师,今天你们学习了7的分解吧?怎么孩子回来就只会两种呢?我朋友的孩子都学到13的分解了,她是不是太笨了?上小学跟不上怎么办?今天教她认识钟表,教了很多次,她都不认识,我还拍了一个视频,您看看她的表现怎么是这个样子?"平时,这个小女孩在班里一遇到小小的困难就退缩:"老师,这个太难了,我不想参加。"生活在这样令人急迫、焦虑和充满否定的环境中,孩子能自信起来吗?

【分析】过于重视知识学习的结果或过早介入小学的教学内容,都是违背幼儿身心发展规律的教育,容易让孩子产生厌学情绪,给孩子造成无形的心理压力。在重知识轻能力的教育观念下,孩子的发展势必片面化,这些负面影响会伴随孩子一生。学习知识与开发智力等同吗?学前儿童家庭教育的任务只包括智力开发吗?请带着这两个问题,开启本课内容的学习。

基础知识

学前儿童家庭教育是我国家庭教育事业的有机组成部分。教育家陈鹤琴先生曾在《家庭教育》一书中提到:"小孩子实在是难教难养得很。但是我们做父母的是不是因为小孩子难以教养就不去教养他呢?我们知道幼稚期(自出生至7岁)是人生最重要的一个时期,什么习惯、语言、技能、思想、态度、情绪都要在此时期打一个基础,若此基础打得不稳固,那健全的人格就不容易形成了。"可见,学前儿童家庭教育是对孩子最初的启蒙教育,它直接关系着孩子今后的成长。孩子出生时,面对的是一个全新的世界,此时孩子好比一张白纸,学前儿童家庭教育正是这张白纸上涂抹的最初的色彩,肩负着重要且艰巨的育人任务。依据学前儿童家庭教育的目标和内容,我们将学前儿童家庭教育的任务划分为学前儿童家庭健康教育的任务、学前儿童家庭语言教育的任务、学前儿童家庭认知教育的任务、学前儿童家庭社会教育的任务、学前儿童家庭艺术教育的任务。

一、学前儿童家庭健康教育的任务

(一)增强幼儿体质,促进幼儿身体成长发育

良好的遗传素质是幼儿拥有健康体魄的前提,为此青年男女在选择配偶时就要重

视选择身体健康的异性，优化生育条件。孩子出生以后，应根据幼儿生理需要，加强幼儿物质营养的供应，科学安排幼儿的饮食结构，保证幼儿身体的正常发育和各器官机能的充分发展。对新生儿的教化培养，最基础的便是教会其吃奶、吃饭、喝水、走路、穿衣、如厕等，这些看似简单的技能说来简单，但是要做好却十分不容易，也要耗费家长大量的心血。

随着孩子身体的发育和成长，家长还应培养孩子对体育的兴趣，让孩子选择自己喜欢的体育项目，鼓励其参加户外活动，进行游戏、郊游和各种体育锻炼。为孩子安排的体育锻炼应合理、全面、循序渐进，量力而行，使孩子身体各部位器官、机能得到系统的锻炼和全面的发展，以增强其体质，促进其身体生长发育。

（二）培养幼儿良好的生活习惯，促进其生活自理能力的形成

第一，培养幼儿良好的饮食习惯。教会幼儿正确使用餐具，独立进餐，文明用餐；做到不挑食、不偏食，不乱食；能定时喝水；初步认识人体所需的各种营养，了解营养的来源，多吃富有营养价值的蔬菜、水果等。第二，培养幼儿良好的作息习惯。教导幼儿掌握正确的睡姿；能独立入睡；有规律地生活，能早睡早起；注意劳逸结合，不要过分疲劳。第三，培养幼儿良好的卫生习惯。培养幼儿每天洗脸、洗脚、刷牙的习惯；做到饭前便后和手脏时及时、正确洗手；知道保护眼睛，看电子产品能够适时。第四，促进幼儿生活自理能力形成。让幼儿在力所能及的范围内，自己的事情自己做，拒绝家长包办，如逐步学会自己系鞋带、扣纽扣，自己穿脱衣服、鞋袜，能逐渐学会自己正确洗手、洗脸、擦鼻涕。

（三）帮助幼儿掌握基本的安全知识和技能，具有初步的自我保护能力

为防止或避免伤害事故，保证幼儿的安全，要帮助幼儿掌握生活中最基本的安全知识与技能，具体包括以下四个方面。

第一，生活安全教育。教育幼儿牢记家长的姓名、电话、家庭住址，外出时提醒幼儿要紧跟成人，不远离成人的视线，不跟陌生人走，不吃陌生人给的东西，一旦走失，指导其向成人求助；教育幼儿远离高处，如阳台或窗台等危险的地方；教育幼儿不触碰热水瓶、药品、火、刀具等危险物品；引导幼儿认识常见的安全标志，能在提醒下注意安全，不做危险的事。

第二，食品卫生安全教育。教育幼儿不随意食用、饮用不明物质；进食热汤或热水时，需等待温度下降后再进食，以免烫伤；进餐时不言笑、不打闹，避免食物进入气管。

第三，交通安全教育。引导幼儿认识常用的交通标志，了解这些交通标志的意义；帮助幼儿了解并自觉遵守基本的交通规则，如马路上靠右行走，红灯停、绿灯行，过马路应走人行道；不在马路上嬉戏打闹。

第四，消防安全教育。教育幼儿不玩火；遇到火灾等紧急情况时，能尽快逃离现场，知道拨打119等求救电话；掌握简单的自救技能和方法。

（四）重视幼儿心理健康，培养幼儿愉悦、稳定的情绪

心理健康是幼儿人格完善的必要条件。家庭对幼儿心理发展影响巨大，幼儿的心理状态与家长行为密切相关，家长应注意促进幼儿的心理健康发展。学前家庭心理健康教

育的任务有：第一，创造和谐的家庭氛围，建立协调的亲子关系，使幼儿有安全感、依赖感，感到愉悦和满足。第二，家长应以身作则，为幼儿树立榜样，在压力之下处理好个人情绪，不把不良情绪转移给孩子；帮助并教会幼儿合理宣泄负面情绪，引导幼儿运用语言、游戏、运动等多种形式表达和调控自己的情绪。第三，引导幼儿正确认识自我、接纳自我、调节自我，让幼儿懂得自我欣赏，发现自身优点，不只是与同伴做横向比较。第四，鼓励幼儿积极参与同伴游戏或群体活动，养成幼儿活泼开朗、乐于交友的个性。

> **拓展阅读**
>
> **经常拥抱可以消除宝宝的恐惧**
>
> 　　小宝宝出生后，周围有许多因素可能使宝宝恐惧或焦虑，如强烈的噪声或光线及人体本身。世界是陌生的，宝宝需要一些时间来适应周围环境，如果能充分得到母亲的爱抚和帮助就会容易得多。因此，建议母亲敞开怀抱，用身体来亲近宝宝。
>
> 　　对于宝宝来说，没有比母爱更珍贵、更重要的精神营养了。这不仅仅因为宝宝生活环境的巨大变化，更重要的是宝宝已经是个懂得母爱，并能用哭声和微笑来呼唤母亲爱抚的具有初步智慧和情感的人了。宝宝尝过躺在妈妈怀里的滋味以后，就会体验到与母亲接触的舒适感和温暖。事实上，宝宝天生就喜欢与母亲接触，这不仅可以促进宝宝发育，而且还能使宝宝感到安全。宝宝最喜欢的是母亲温柔的声音和笑脸。当母亲轻轻呼唤宝宝的乳名时，宝宝就会转过脸来看她。因为还在子宫里时，宝宝就听惯了她的声音。出生第一天，宝宝觉醒时，就会紧盯着母亲的脸，特别是眼睛。宝宝经常会哭哭啼啼的，但被亲人轻轻抱起后，哭声便会渐渐停止，泪水也不再流了。这是因为亲人的体温仿佛把暖意传至他的心中。听来玄妙，但事实是，轻抱宝宝有利于其成长发育。宝宝哭泣时，如果母亲把他抱起来摇一摇或踱一踱步子，往往就能使他安静下来。但很多朋友却认为，宝宝哭时不要立刻就去抱他，而应当培养他的意志，否则宝宝就更要抱，会被惯坏。其实不然。出生后半年内的宝宝是不会因为他一哭就抱他而被惯坏的。相反，你要对他的哭闹及时反应，以满足他的需要。有时哭也是活泼型宝宝消耗充沛精力的一种需要。当我们抚摸宝宝的身体时，他就会踢腿、咯咯地笑，身体变得鼓鼓圆圆的。他会很兴奋，因为身体接触让他感到非常愉快。
>
> （资料来源：https://www.sohu.com/a/12668442_114871，有改动。）

二、学前儿童家庭语言教育的任务

（一）培养幼儿的倾听习惯，发展幼儿的语言理解能力

倾听是幼儿感知和理解语言的基础。只有善于倾听，才能真正理解语言的内容与形式。学前儿童家庭语言教育任务之一是培养幼儿对语音、语调、语义的理解。一方面，要培养幼儿专注倾听的良好习惯。要为幼儿创设有倾听习惯的家庭环境，家长要做到认真倾听他人讲话，不随意打断他人讲话，让幼儿耳濡目染养成倾听的习惯；安静的环境相比于嘈杂的环境更容易让幼儿专注倾听，因此应尽量保持幼儿在听的过程中不受外部干扰；要教会幼儿有礼貌地倾听，倾听他人讲话时，应放下手中的事认真倾听，并用积极的表情和话语给予讲述者回应。另一方面，要提高幼儿倾听的效果。当与幼儿连续交流时，应注意交流的语速与时长，确保幼儿能够听清、理解完整的信息；家长也可以通过讲幼儿喜欢的故事、与幼儿进行听说游戏、让幼儿按指令或任务行事等多种方式，专门训练幼儿的倾听能力，发展幼儿的语言理解能力，提高幼儿倾听的效果。

（二）为幼儿创造良好的语言环境，提高幼儿的语言表达能力

培养幼儿语言表达能力是学前儿童家庭语言教育的重要任务，0～6岁是幼儿语言发展的最佳时期，这一时期，家长应将幼儿语言表达能力培养的重点放在口语表达上。第一，要鼓励和引导幼儿乐于表达。幼儿的口语表达是由简到繁、由短到长循序渐进的过程，这时，家长要有耐心倾听，逐渐引导幼儿连贯地说、有逻辑地说、准确地说；同时，通过表情、动作、语言给予幼儿正向的鼓励和表扬。第二，帮助幼儿学说普通话，讲话礼貌。给幼儿提供普通话交流的环境，这一时期幼儿好模仿，家长要确保用规范的发音交流，给予幼儿正确的语言示范；还要教会幼儿讲话的基本礼仪，如讲话时应注视对方，音量适当，使用文明用语。第三，丰富幼儿的生活经验，积累幼儿语言表达素材。家长有意识地丰富幼儿的生活经验，能充实幼儿表达和交流的内容。为此，家长可带幼儿接触大自然、亲近大自然、观察大自然，还可以利用图书、故事、儿歌等形式帮助幼儿积累生活经验。第四，提供幼儿表达和交流的机会。家长应创设丰富的家庭语言环境，积极与幼儿进行语言交流，并抓住幼儿一日生活中各种可以表达的机会，鼓励幼儿表达自己的想法和感受；同时，提供幼儿与同伴交流、交往的机会。幼儿与同伴交往或游戏的过程中，更容易产生交流的意愿和需求，且幼儿之间的交流更为自然、轻松、平等，有利于发展幼儿的语言表达能力。

（三）引发幼儿对阅读书写的兴趣、习惯和能力

早期阅读对丰富幼儿词汇量、学习完整规范的语言、提高艺术审美想象力有重要价值。《指南》中明确提出，要培养幼儿喜欢听故事、看图书，使其具有初步的阅读理解能力和书面表达的愿望与初步技能。家长要注意在家庭中培养幼儿阅读书写的能力，为此家长应做到：第一，为幼儿提供良好的阅读环境，激发幼儿阅读兴趣。一方面，为幼儿创设科学的物理阅读环境，给予幼儿充足的阅读时间、空间，以及选择幼儿感兴趣、有价值的阅读材料。另一方面，创设良好的精神阅读环境，为幼儿的阅读树立良好榜样，营造良好的家庭阅读氛围，激发幼儿对阅读的兴趣，并对幼儿的阅读行为给予关注和及时的表扬、肯定，帮助幼儿保持阅读兴趣。第二，亲子阅读。亲子阅读可以从胎教开始，应安排固定的时间共同阅读。亲子阅读不需要家长每天投入过多的时间，关键在于能坚持下去。阅读时要注意丰富幼儿的想象力和词汇量，让幼儿爱上阅读，并帮助幼儿理解阅读的内容。同时可教会幼儿正确的阅读方法和良好的阅读习惯。第三，提高幼儿对幼儿文学作品的欣赏能力。幼儿文学作品作为文化传播的载体，承载着丰富和多

样的信息。一方面,家长要引导幼儿接触优秀的幼儿文学作品,加深幼儿对文学作品的体验和理解;另一方面,家长要善于挖掘文学作品中优美的语言及丰富的文化底蕴,使幼儿感受文学作品的美,并引导幼儿通过复述、表演、创编等多种形式展现文学作品。第四,激发幼儿书面表达的愿望,培养书面表达的初步技能。家长可通过串珠、剪纸等活动促进幼儿精细动作的发展,为书写做好准备,并教会幼儿正确的握笔姿势及书写姿势。同时鼓励幼儿将自己感兴趣的事情或故事以绘画或书写等书面表达的方式记录下来。

> **拓展阅读**
>
> **早期阅读能提高婴儿听说读能力**
>
> 艾琳出生后的4个月内,都是看一些软软厚厚的幼儿书,或者是用又厚又硬的纸板制成的童书,这些书除了看,还可以当玩具玩。艾琳4个月之后开始喜欢各类立体书,她每天看2~3次这样的书,而且每次长达45分钟。她也听我们唱歌或念诗,总是高兴得手舞足蹈。
>
> 到艾琳8个月时,她渐渐对立体书失去兴趣,开始到处爬来爬去,寻找能吸引她的新玩意儿。这期间,她很喜欢撕纸,所以我们给她一大堆杂志去玩,而这时给她看的书必须是很结实的。到她10个月大时,我决定将她放在儿童用餐的高脚椅上听我读故事书(这样才能防止她撕书),这么做效果很好。我读故事时,艾琳通常自己拿着小零食吃,我也会喂她一些婴儿食品,她的用餐时间通常都是趣味盎然而且有意义的。往往最后她还会用手指着书架,要求我读另一本书。到17个月大时,她会在听熟悉的故事时,主动说出其中的一些字,这使得原本已经很愉快的读故事时间变得更有趣了。当她21个月时,她就可以说出完整的句子;到了24个月时,她已经知道1000个词。这样的成就并没有借助任何识字卡片来完成。艾琳的父亲事实上也参与了读故事,我们有一些藏书被艾琳贴上了"爸爸的书"的标签,表示那些是爸爸读的书。
>
> (资料来源:吉姆·崔利斯著,沙永玲、麦奇美、麦倩宜译,
《朗读手册》,南海出版社2009年版,有改动。)

三、学前儿童家庭认知教育的任务

(一)激发幼儿的好奇心、求知欲,培养幼儿的学习兴趣

幼儿有与生俱来的好奇心,有强烈的好奇心才会产生旺盛的求知欲,这是幼儿学习的内驱力。一方面,家长要注意保护、激发幼儿的好奇心和求知欲。第一,幼儿爱动、好问,不要挫伤幼儿的积极性。幼儿对世间万物感兴趣,经常这儿摸摸、那儿看看,或是问出千奇百怪的问题,如:"天为什么会下雨?雨从哪里来?云从哪里来?"这是幼儿

对世界的认识逐渐由感知走向认知必经的"询问期"。家长不应对幼儿的问题或好动表现出不耐烦、敷衍了事的态度，或是因不知如何回答而盲目制止。家长可保持积极、肯定的态度，同时给予幼儿简单、准确的答案，或是不急于给出答案，采取反问式回答，启发幼儿进一步思考和学习。如遇到无法回答的问题，可如实告知幼儿自己不知道，与幼儿一同探索问题的答案。第二，给予幼儿适宜的环境刺激，激发幼儿的好奇心与求知欲。要给予幼儿一个宽松愉悦的环境，让幼儿敢于主动探索、发现问题；同时给予幼儿丰富的环境刺激，让幼儿充分接触大自然、提供知识性读物或创造性的玩具、利用图书馆等，激发幼儿探索的兴趣，满足幼儿的求知欲。另一方面，家长要保持幼儿的学习兴趣。第一，家长要以幼儿喜欢的方式教育幼儿，尽量以直观的、游戏的方式，让幼儿在做中学、玩中学。第二，家长要做好榜样示范，营造乐于探索、钻研的家庭氛围。第三，当幼儿分享探索的乐趣时，家长应给予正向的鼓励与支持，激发幼儿继续学习的兴趣和欲望。

（二）利用日常生活帮助幼儿获得粗浅的知识和概念，扩大幼儿的知识领域

知识获得的途径有两种：一种是直接经验，即受教育者通过与外界的直接接触、亲身感受获得知识；另一种是间接经验，即通过他人传授或阅读的方式获得知识。学前期的幼儿获取知识的方式以直接经验为主，间接经验为辅。因此，家长要注意结合日常生活，带幼儿接触大自然、社会，帮助幼儿学习粗浅的知识和概念，丰富幼儿的知识领域。幼儿需要获得的粗浅知识与概念主要包括两类：一类是有关大自然、社会的基本知识。如认识常见的动植物，发现其生长变化规律；发现物体和材料的特征和用途，及常见物体的结构与功能之间的关系；感知季节的变化和特点；等等。另一类是有关数的初步了解。如能感知和区分物体的大小、多少、高矮、粗细、长短、薄厚、轻重；随着幼儿年龄的增长，逐步理解数字所代表的含义与意义，学习10以内的数字，并能进行10以内的加减法运算；对形状、时间、空间方位有一定的感知与认识；等等。

家长在帮助幼儿获取粗浅的知识和概念时，应注意不要操之过急或拔苗助长。有些家长怕孩子输在起跑线上，违背幼儿学习发展规律，很早开始让孩子背古诗、认汉字、学算术，致使幼儿失去学习的兴趣与动力，不利于幼儿的长久学习与发展。幼儿的身心发展有一定的规律，对知识的掌握是循序渐进的。因此，家长应尽量以游戏或直接参与活动等形式帮助幼儿获取知识。

（三）引导幼儿运用各种感官发现并探究问题，发展幼儿的智力

第一，引导幼儿运用多种感官认识世界。一方面，人类与外部世界的交流接触离不开感官的支持。学前阶段是感知能力发展的重要时期，家长应注意发展幼儿的视觉、听觉、触觉、味觉、嗅觉能力等。其中视觉能力中的观察能力对认识世界尤为重要，家长在生活中应注意培养幼儿的观察力，主要包括：引导幼儿仔细、全面观察周围事物；教会幼儿有目的地观察；使幼儿形成喜欢观察的习惯；教会幼儿有序观察的方法（如从上至下观察、从左至右观察、从里到外观察、由近及远观察、先局部后整体或先整体后局部观察等）。另一方面，人对世界的认识是综合运用多种感官的结果。家长要引导幼儿调动各个感官，养成利用多种感官认识世界、发现并探究问题的习惯，帮助幼儿充

分、全面地了解外部世界，避免单一感官形成的对外部世界的片面认识。第二，发展幼儿智力。主要包括：培养幼儿全面、正确、深入、细致观察事物的能力；培养幼儿稳定持久的注意力；培养幼儿及时、准确、敏捷的记忆力；培养幼儿丰富联想、自由创造的能力；培养幼儿独立、灵活的逻辑思维能力；提高幼儿解决问题的能力。

（四）培养幼儿的非智力因素

非智力因素与智力因素同等重要，在认知过程中，非智力因素不直接承担对机体内外信息的加工与处理，但却直接制约认知的过程，表现为对认知过程的推动作用、定向作用、维持和调节作用，以及弥补作用。纵观科学发展史，不难发现，有造诣的科学家的学识、才能、成就和他们优良的心理品质是密不可分的。伟大的科学家居里夫人，为了实现科学造福人类的崇高理想，在研究和发现镭的过程中历尽艰辛，努力勤奋，终于登上了科学的高峰，两度获得诺贝尔奖。可见，家长要改变重智力教育轻非智力教育的观念，关注对幼儿非智力因素的培养。具体包括以下任务：第一，激发幼儿良好的学习动机，抓住幼儿好奇、爱探索的特点，重点激发幼儿学习的积极性和主动性。第二，培养幼儿的兴趣爱好，确保幼儿的兴趣爱好向正确的方向发展。第三，使幼儿保持愉快的情绪，利用幼儿感兴趣的游戏、活动，使幼儿愉快地进行学习。第四，培养幼儿勤奋好学的精神、宽阔的胸怀、自尊心和自信心。第五，在幼儿入学前，做好入学思想、行为习惯的教育。

四、学前儿童家庭社会教育的任务

（一）培养幼儿爱祖国、爱家乡、爱集体，爱父母长辈、老师、同伴的道德情感

道德情感在培养幼儿道德行为习惯中起着内部调控作用，家长要加强对幼儿的情感教育，树立与培养幼儿良好的道德情感，这是学前儿童家庭教育的重要任务。一方面，要特别注意从小培养幼儿热爱党、热爱祖国、热爱人民的情感和集体主义、助人为乐的精神。可以通过参观历史文化古迹和城市建设成就、游览祖国大好河山、参加节庆活动（建军节、劳动节、端午节等）、认识首都北京和各民族人民形象等多种形式，让幼儿更加了解和热爱党、热爱祖国、热爱家乡、热爱集体。另一方面，要让幼儿感恩父母长辈、热爱老师和同伴，让幼儿理解父母养育之恩、老师教诲之恩，以及同伴相助陪伴之情。家庭中切忌父母包办，让孩子衣来伸手，饭来张口。应适当让幼儿参与日常生活事务，帮助父母长辈、老师做一些力所能及的事情，并引导幼儿将感恩内化于人格之中。

（二）帮助幼儿理解并遵守日常生活中基本的社会行为规则

帮助幼儿了解基本的社会行为准则，并养成良好的行为习惯，为幼儿一生的发展打好基础。首先，家长要培养幼儿良好的生活卫生习惯，教育幼儿从小讲卫生：养成每天洗脸、洗脚、刷牙的习惯；做到饭前便后和手脏时及时、正确洗手。教育幼儿保持公共场所卫生：在公共场合要穿戴整齐、举止文明，不大声喧哗、不随地吐痰、不乱扔果皮和纸屑；爱护花草树木，不乱踩、乱折；不打扰他人做事。其次，要对幼儿进行文明礼仪教育。幼儿要遵循基本的文明礼仪：与人交往时，仪容、举止、语言、服饰、谈吐大方得体；学会基本的礼貌用语，如"请""谢谢""对不起""再见"等，同别人交

谈时，要认真倾听，眼睛看着对方，不随意打断对方讲话；未经他人允许，不乱翻、乱拿他人物品。最后，要让幼儿养成良好的道德品质。教会幼儿有爱心、同情心；诚实勇敢，敢于承认错误；勤俭节约，不浪费；保持谦虚谨慎；等等。

（三）引导幼儿正确认识自我和他人，乐于与人交往、合作和分享

幼儿与人交流和合作的能力对其今后的发展至关重要，家长要特别注重发展幼儿的社会交往能力。首先，引导幼儿形成正确的自我认识。让幼儿正确认识自己、接纳自我，懂得自我欣赏，发现自身优点，不只是与同伴做横向比较。其次，鼓励幼儿与他人交往，教给幼儿与他人正确交往的技能。例如，要有礼貌，主动微笑地和别人打招呼，积极参与交往，与他人交往时态度平和，使用礼貌用语，不用攻击性的态度、动作和语言。最后，创造幼儿与他人交往的机会，交往中引导幼儿与他人合作、分享。皮亚杰指出，0～6岁幼儿往往表现出以自我为中心的倾向，即从自己的经验和角度去认识、看待事物，这一时期，家长应帮助幼儿去自我中心化。为此，家长可尽量多地为幼儿创造与他人交流、沟通的机会，鼓励幼儿在交往中与他人分享想法、观点，与同伴合作完成某项任务或活动。

五、学前儿童家庭艺术教育的任务

（一）引导幼儿欣赏各种形式的美，培养幼儿初步的审美意识

法国著名雕塑家罗丹说过："生活中并不缺少美，而是缺少发现美的眼睛。"家长要善于引导幼儿发现、欣赏生活中的美。首先，要引导幼儿发现美，启发幼儿发现日常生活、大自然中的美。家长尤其要重视让幼儿自己用眼睛去发现美，用心灵去体会美。其次，要培养幼儿对审美对象外在形式因素（如声音、色彩、形态等）的感知能力，然后引导幼儿领悟审美对象的内在情感表达和象征意义。最后，要培养幼儿正确、健康的审美情趣。审美情趣是指审美主体理解和评价自然界和社会生活中各种事物的能力。家长要教育幼儿追求真、善、美，憎恶假、恶、丑，教会幼儿分辨艺术层次的高低、质量的优劣，引导幼儿有选择地欣赏、接受艺术作品，使幼儿具有高尚的道德情操、文明修养和热爱生活的美好品质。

（二）激发幼儿对艺术活动的兴趣，鼓励幼儿积极参与艺术活动

一方面，要为幼儿创造良好的艺术环境，激发幼儿对艺术活动的兴趣。家长可以通过创设良好的家庭艺术氛围、带领幼儿参加各种艺术活动，如指导幼儿了解文学名著，带幼儿看电影、看音乐剧，参观美术馆等形式，激发幼儿对艺术活动的兴趣。另一方面，要鼓励幼儿积极参与艺术实践。家长要有意识地组织各种艺术创作活动，带幼儿参加各种形式的艺术实践，引导幼儿尝试艺术创作，鼓励幼儿表现美、创造美。

（三）教授幼儿初步的艺术知识和技能，鼓励幼儿创造美

首先，要尊重幼儿的兴趣爱好。幼儿早期会初露才能，如绘画、书法、唱歌、舞蹈、演奏乐器等，家长要尊重幼儿的兴趣爱好和选择，对幼儿的兴趣爱好予以鼓励和支持。其次，要培养幼儿的兴趣爱好。可以创造条件并有目的、有步骤地对幼儿的兴趣爱好加以培养。但应注意，不过分强调幼儿技能技巧的完善和结果的达成，而是支持幼儿富有个性的创造和表达。最后，应鼓励幼儿进行艺术创造。幼儿无拘无束，思维活跃，

家长要解放幼儿的双手和大脑，让幼儿自己想象、自由创造，不将大人的意志强加于幼儿，限制幼儿的创造活动。

拓展阅读

我与幼女共同成长

"你能走多远，那么你的孩子就能走多远。"我认为要想让孩子怎么样，家长首先应该树立榜样。我有一个宝贝女儿叫明珠，她在上幼儿园的阶段，主要是生活在一个大家庭里的，家中有奶奶、姑姑、叔叔、爸爸、妈妈，家庭气氛和谐，这使得她性格活泼开朗，但由于她受到的宠爱过多，因而也有一些以自我为中心的倾向。

1. 让孩子受到一致的教育

在教育孩子的态度上，家庭成员之间必须保持一致，只有这样，才能有助于孩子形成良好的规则意识和行为习惯。为此，我首先统一家里人的看法，并且确定了"以我为主"的教育方式，对于我对女儿采取的各种教育措施，家庭其他成员可以事后提出意见，但不能当着孩子的面提出异议。

2. 让孩子学会反思

我在家里设立了"反思角"，给女儿一个独处的空间来反省错误。平日里家里人多，她表现得很活跃，经常跑来跑去，跟家人嬉闹，会把玩具弄得一团糟，还经常打碎碗碟、碰翻器具。每每出现这种状况，她又会察言观色，还没等我开口，她就先向奶奶、姑姑求救，用"哭"来争得同情，求得原谅，因为她知道这时候奶奶、姑姑都会最先忍不住而原谅她，并替她求情。后来我郑重其事地跟女儿谈："不论在什么时候，也不论是在什么情况下，哭都是没有用的，是解决不了问题的，也是改变不了事实的，犯了错误不要紧，但要知道错在哪里了，然后跟妈妈说说。"她瞪着眼睛，认真地听着，并点头。有一次，她又打翻了一只茶杯，她看着我，刚要哭，我就淡淡地告诉她："哭是没有用的，去找个地方想一想，再来跟妈妈说。"我和家人达成一致，各忙各的，谁也不理她。她刚走到墙根前，就立马跑回来说："妈妈，我想好了。"但接下来没词了。我说："没想好就继续去想。"一来二去，她每次犯了错误，自己都能主动去面壁思过，然后跑来跟我说错在哪里了，以后不再犯了。还有一次，女儿跟邻居家的小男孩闹翻了，把人家的脸给抓破了，爷爷领着孙子来找我，我安抚好祖孙俩以后，叫她先思考，这次她站在墙根前，咬着上嘴唇，忍着泪水，就是不过来认错，我们俩僵持着。这时我看到下班时从路边买来的一把小椅子，便有了主意。我告诉她："我猜你肯定不是故意抓破小朋友脸的，但事实已经是这样了，万一小朋友的脸上留下疤痕多难看啊，他家人多难过啊。如果以后你能跟小朋友好好玩，今天你可以坐在小椅子上思考。"她眼睛一亮，坐到小椅子上，想了一会儿，然后告诉我是怎么回事，并表示明天就拿着好吃的东西去跟他说对不起。于是我们就把这把小椅子叫作

"思考小椅子"。很多好习惯,比如自己叠衣服,把家人和自己的鞋子在鞋柜里放好,收拾玩具,与人分享等,都是女儿坐在小椅子上反思以后慢慢形成的。女儿上小学后我们搬家,看到已闲置多年的小椅子,我刚要扔掉它,却被女儿拦了下来,说是要留作纪念。

3. 让孩子学会敬重长辈

我们生活的大家庭正好有利于培养女儿尊敬长辈的品质。每次吃饭时,我们都等着家人到齐了以后一块吃,奶奶先动筷子,我们把好吃的菜都先夹到奶奶的碗里,而不是先给女儿。给家里的每个成员过生日,也是我们出去聚餐的好时机,我们先买蛋糕,送生日礼物,点蜡烛,然后唱生日祝福歌,敬酒,送祝福;切了蛋糕后,我让女儿挨个送到每个人的手里,每次都是先给奶奶、外公、外婆,然后给叔叔、姑姑、爸爸、妈妈,最后是给她自己;敬酒的时候,每次都是我们先示范,然后她再学样,这样,她就学会了祝福每个人生日快乐、健康长寿等话语。她自己的生日也是这样的流程,我们是想让她知道不能搞特殊化,自己的生日也要先祝福长辈。

4. 让孩子学会与人分享

女儿刚会吃东西的时候,大家都宠着她,有好吃的都先给她,这样就造成了她不愿意与人分享的坏毛病,问她为什么,她就说:她知道大人跟她要东西不是真的要,而是假装要的。后来我告诉家人,不论有什么好吃的东西,也不论有多少,大家都有份,都要分享一点,我们还放大了这种分享的欢乐。每次家人出差都要带回点特产,这也是女儿最高兴最期盼的时候。刚开始时,她实在不舍得分给大家,这时我们就说说笑笑,都不理她,她发觉一个人吃没有什么意思,后来就主动分给大家了。我们先向她表示感谢,然后大家一块儿吃,高高兴兴,有说有笑,还不停地夸赞她几句,她也就乐在其中了。

5. 让孩子的语言表达能力得到发展

从女儿出生的第一天起,我和她爸爸,包括其他家人,就一直很认真地和她对话,把她当成一个大孩子,对她诉说身边各种各样的事情,这使得女儿的语言表达能力发展得还不错。我每次在厨房做饭时,她都很好奇,都愿意"掺和",于是我就边做边把每个程序说给她听,还经常变换说的方式,有时候是歌曲改词的形式,有时候是快板的语调,有时是三句半的句式,比如:"加点盐,有点咸,再加水,正好!"这使女儿觉得做饭是一件很有意思的事情。我还让女儿帮助递递铲子,拿拿筷子和碗,这样,当饭菜端上桌的时候,她也就有了一种成就感。我每天送女儿去上幼儿园之前,都要叫她跟家里的每个人道别;每次接女儿回到家时,都要她跟家中的每个人问好,这样不仅帮助女儿形成了良好的行为习惯,而且还发展了女儿的语言表达能力。

(作者:赵瑜,淄博师范高等专科学校学前教育学院副教授、副书记,文字有改动。)

练习题

一、填空题

1. 学前儿童家庭教育目标的确立需要考虑_____、_____和_____。

2. _____是实现家庭教育目标的重要载体。

二、选择题

1. 关于学前儿童家庭语言教育的内容，下列说法不正确的是（　　）。
   A. 培养幼儿的语言倾听能力
   B. 培养幼儿对文学作品的欣赏与早期阅读能力
   C. 发展幼儿的语言表达能力
   D. 扩大幼儿知识领域，丰富幼儿的感性知识

2. 以下哪项不是学前儿童家庭健康教育的任务？（　　）
   A. 生活安全教育
   B. 交通安全教育
   C. 食品卫生安全教育
   D. 社会行为准则教育

3. （多选）学前儿童家庭艺术教育的主要任务有（　　）。
   A. 培养幼儿初步的审美意识
   B. 鼓励幼儿创造美
   C. 鼓励幼儿积极参与艺术活动
   D. 培养幼儿愉悦、稳定的情绪

三、简答题

1. 简述学前儿童家庭认知教育的主要内容。
2. 简述学前儿童家庭艺术教育的主要内容。

单元四
学前儿童家庭教育的原则和方法

 内容导读

学前儿童家庭教育是一门科学，要想教育富有成效，必须遵循正确的教育原则，运用科学的教育方法。学前儿童家庭教育的原则是指根据学前儿童家庭教育目标、内容和任务，遵循幼儿身心发展规律，在总结成功家庭经验的基础上提出的家庭教育必须遵循的基本要求和指导原理。而学前儿童家庭教育的方法是家长对孩子实施教育时所选择和运用的策略和措施。家长是否遵循学前儿童家庭教育的原则、采取正确的教育方法，影响家庭教育质量，甚至关系到家庭教育的成败。

学习目标

1. 掌握学前儿童家庭教育的基本原则。
2. 熟悉运用学前儿童家庭教育的方法。
3. 能运用科学的原则和方法有效指导学前儿童家庭教育。

思政点拨

很多父母虽然出生于普通家庭，但是却能够尽最大努力，给孩子创造最好的生活。因此，孩子对父母要怀有感恩之心，不要羡慕别人的家庭出身，平凡的家庭也能够培养出优秀人才。本单元旨在让学生与家庭建立起深厚感情，感恩父母，并掌握与家人沟通的技巧，尝试用不同的方法与父母沟通，积极为创设良好的家庭氛围作贡献。

单元四 学前儿童家庭教育的原则和方法

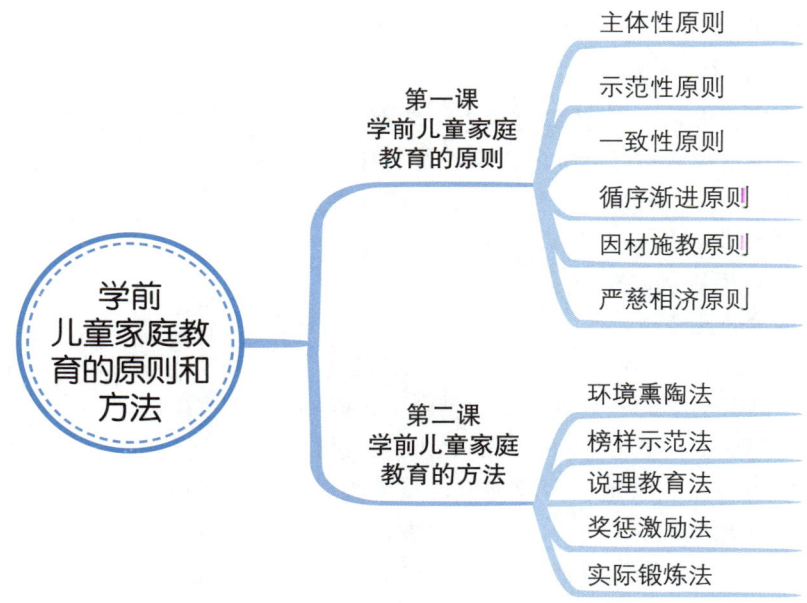

第一课 学前儿童家庭教育的原则

案例导入

父母对女儿芳芳百般宠爱,过分照顾,她年幼时父母处处顺着她。等到芳芳上学后,在学习上稍遇到一点困难就受不住,回家哭丧着脸,乱发脾气,令父母心痛。此后,父母代劳一切。每天的家庭作业不会做的,父母代笔完成;在学校受到一点委屈,父母出面交涉;遇到考试不及格时,父母找关系说情。

渐渐地,芳芳不仅情感上脆弱,而且学习缺乏毅力。上小学留一级,初中升不上,母亲通过"走后门"把她移到一所乡镇中学,混了个毕业证书。

【分析】家长对孩子过度宠爱的行为,到底是帮了孩子还是害了孩子?由案例可见,家长的教育若没有原则,只是一味地宠溺孩子,会导致孩子缺乏独立性,出现交友障碍,甚至无法适应社会生活,不利于孩子长远发展。那么,家庭教育都有哪些原则呢?对孩子进行家庭教育时应该注意哪些问题?让我们带着这两个问题开启本课内容的学习。

71

基础知识

一、主体性原则

（一）主体性原则的含义

主体性原则是指在家庭教育过程中，要尊重幼儿的主体地位，调动幼儿的主观积极性。幼儿虽小，却有自己独立的人格、尊严和价值，有自己的喜好、想法和特点。因此，家长首先要把孩子看成一个独立的、有能动性的、有潜能的个体，尊重孩子，让孩子成为发展的主体，这是一切教育开展的前提。

（二）主体性原则的实施要求

1. 树立科学的儿童观

所谓儿童观，是人们对儿童的根本看法或观点。科学的儿童观是改善家长教育行为的思想前提，没有科学的儿童观，就很难产生正确的教育行为。家长经常有各种不正确的儿童观，如把孩子当上帝，对孩子的大小事宜进行包办；把孩子作为炫耀的资本，要求孩子不停学习，出人头地，博取他人羡慕的眼光；完全按照自己的想法任意对待孩子；把孩子当成出气筒，将个人不良情绪发泄给孩子；等等。这些错误的儿童观会导致家长在家庭教育中走很多弯路、歧路，甚至毁掉孩子的一生。因此，家长应树立科学的儿童观。第一，把孩子看成独立的个体。孩子虽小却具有完整的人格，并非家长的附属品，家长不应把孩子当成自己炫耀的工具，也不应该让孩子成为自己的出气筒。孩子是独立的存在，所有的孩子终将独立生活，我们的教育应该着眼于孩子未来的发展，为其将来的生活做准备，因此家长要摒弃事事包办的做法，孩子力所能及的事情，要让孩子自己做。第二，孩子是发展中的人，其发展有自身的规律。家长要看到孩子的发展潜能，遵循其身心发展规律因势引导。不应按照自己的主观意愿强加不适合孩子学习的内容，违背幼儿身心发展规律的教育必然会失败。

2. 尊重并平等地对待孩子

孩子是一个独立的个体，有自己的思想、人格和尊严，也渴望从家长那里获得尊重和平等的对待。尊重并平等地对待孩子与树立家长权威形象并不矛盾，二者实质上是共生共存的关系。家长的权威应该是孩子出于对家长的尊重和信赖，进而聆听家长的教诲、领会家长的意图，而不是因为恐惧家长而听话。要达到这样的效果，家长就要先做到尊重并平等地对待孩子。孩子若因惧怕而服从家长，最后往往反抗和对抗，因此家长要尊重孩子的人格。一方面，家长不能居高临下控制孩子的一切，清除孩子必须服从父母的思想。日常生活中，家长如何要求孩子尊重长辈、礼貌对待他人，就要先做到礼貌待人、尊重他人。另一方面，家长的言行要体现出对孩子的尊重。家长在与孩子进行交流时，要用认真而亲切的态度，平视孩子（蹲下来与孩子平等对话）进行沟通，同时轻声细语地耐心沟通，而非大声训斥。当孩子犯错时，不在众多人面前训斥、责罚孩子。

3. 让孩子成为主动发展的人

幼儿是学习和发展的主体，是教育的主体而不是教育的结果。当前的学前儿童家庭教育中，幼儿主体性缺失的现象常常存在。如家长不倾听孩子心声，为孩子安排繁密的特长班；孩子生活活动被动消极，需要家长提醒才知道饮水、吃饭、如厕，环境适应能力差，缺乏独立性；思考或解决问题时，孩子盲目听话，常按家长常态化的思路或安排展开，刻板又缺乏创造性。在家庭中，要让孩子成为真正的发展主体。凡是孩子自己可以想到的事情，要给孩子时间和机会自己去思考；凡是孩子自己能够做到的事情，要让孩子自己去做；要变家长"包办代办"为孩子"独立自主"，变"幼儿被动"为"幼儿主动。"

二、示范性原则

（一）示范性原则的含义

示范性原则是指在家庭教育中，长辈用自己的模范言行给孩子作榜样，言传身教对孩子身心施加教育影响。模仿是学前儿童主要的学习手段，父母是孩子的第一任老师和被模仿的主要对象。父母作为孩子接触时间最久的陪伴者，其一言一行都会成为孩子模仿学习的内容。我国古代教育家孔子说过："其身正，不令而行；其身不正，虽令不从。""不能正其身，如正人何？"可见，父母能够以身作则、言传身教，是学前儿童家庭教育取得成功的重要保证。

（二）示范性原则的实施要求

1. 以身作则

父母是孩子的镜子，孩子是父母的影子。想要孩子成为什么样的人，父母首先就要成为什么样的人。想要提高家庭教育的效果，父母首先要规范自己的一举一动。如，父母想让孩子多阅读，少玩电子产品，作为父母也应减少自己玩手机的时间、增加阅读时间；想让孩子待人接物有礼貌，父母也要待人彬彬有礼；想让孩子讲卫生、守规范，父母也要自觉遵守伦理规范；想让孩子乐观向上，父母在生活中也应积极乐观。总之，凡是要求孩子做到的，父母首先要做到；凡是要求孩子遵守的行为规范，父母首先要遵守。父母要严于律己，给孩子树立一个好榜样，这是家庭教育最基本的准则。

2. 善于说理

孩子缺乏社会知识和生活经验，生活中时刻需要父母提点。给孩子讲清楚道理，让孩子明确什么是对、什么是错，应该做什么、不应该做什么，是非常必要的。一方面，给孩子讲道理要讲究方式、方法。0～6岁幼儿思维发展处在具体形象思维阶段，因此家长最好能结合实际情境进行说理教育，且说理时应做到深入浅出，循序渐进。借助情境，孩子才能对家长的话有所体会，尽量避免空谈、长篇大论。另一方面，在给孩子讲道理时要有耐心。家长在讲道理时，要考虑孩子的接受能力，给孩子多些理解和耐心，不能急躁和发火，否则会使说理无法产生良好的效果。

3. 言传身教相结合

没有身教的言传是没有说服力、不具体的，只有身教没有言传的教育也是不充分、不全面的。将言传和身教相结合，循循善诱，使从无意识的模仿过渡到有意识的模仿，才是最好的。因此，父母在日常生活中应该表里如一，言行一致，不能说一套、做一套，当面一套、背后一套。不论是父母还是其他长辈，都应该从自身做起，成为孩子效仿的楷模、学习的榜样。

>  **知识链接**
>
> 家长家庭教育基本行为规范（2020）
>
> 　　第一条　依法履行对未成年子女的监护职责，承担家庭教育主体责任，坚持立德树人，树牢"家庭是人生的第一个课堂，父母是孩子的第一任老师"理念。
>
> 　　第二条　注重家庭、注重家教、注重家风，构建平等民主和谐的家庭关系，营造相亲相爱的家庭氛围，弘扬向上向善的家庭美德，为子女健康成长创造良好家庭环境。
>
> 　　第三条　保护子女合法权利，尊重子女独立人格，注重倾听子女诉求和意见，不溺爱，不偏爱，杜绝任何形式的家庭暴力，根据子女年龄特征和个性特点实施家庭教育。
>
> 　　第四条　注重子女品德教育，引导子女爱党、爱国、爱人民、爱社会主义，形成尊老爱幼、明礼诚信、友善助人等良好道德品质，遵守社会公德，增强法律意识和社会责任感，养成好思想、好品行、好习惯。
>
> 　　第五条　教育引导子女养成良好学习习惯，提升自主学习能力，保护子女的好奇心和学习兴趣，理性帮助子女确定成长目标，不盲目攀比，不增加子女过重课外负担，用德智体美劳全面发展的眼光评价子女。
>
> 　　第六条　促进子女身心健康发展，保证子女营养均衡，科学运动，睡眠充足，身心愉悦，帮助子女形成阳光心态、磨炼坚强意志、锻炼强健体魄，保持良好生活习惯，有针对性进行性健康和青春期教育，增强孩子自我保护的意识和能力。
>
> 　　第七条　培养子女健康的审美情趣和审美能力，引导和鼓励子女亲近大自然，参加社会实践和公益活动，善于发现美、欣赏美、创造美，陶冶高尚情操，提升文明素质。
>
> 　　第八条　教育引导子女树立正确的劳动观念，参加力所能及的劳动，在出力流汗中体会劳动创造美好生活，提高生活自理能力，养成良好劳动习惯。
>
> 　　第九条　注重自身言行，在日常生活中做到爱岗敬业，诚信友善，孝老爱亲，遵纪守法，为子女树立良好的榜样，与子女共同成长进步。
>
> 　　第十条　积极参与家校合作和社区活动，尊重教师和社区工作者，理性表达合理诉求，用好各类教育资源，在家庭、学校、社会协同育人中发挥作用。

三、一致性原则

（一）一致性原则的含义

　　一致性原则是指学前儿童家庭教育应当有目的、有计划地把对幼儿的各方面教育影响加以协调，使家庭成员的教育价值观、教育目标、教育手段和教育要求一致，前后贯通，促进幼儿健康发展。一致性包含两个方面：一方面是指在家庭教育中，长辈对教育的目标、任务、内容、原则和方法的认识应当是一致的；另一方面是指家庭教育与幼儿园教育、社会教育协同一致，相互补充、相互促进。

（二）一致性原则的实施要求

1. 家庭成员之间保持教育一致

一方面，家长教育孩子应保持思想统一、言行一致。当孩子犯了错误，需要批评教育时，家庭成员在认识、要求和态度上的不一致，必然会使不同的情绪、不同的做法、不同的态度暴露在孩子面前，孩子当然喜欢偏袒自己的一方，会记恨批评自己的一方，这不利于家庭和睦。尤其是隔代教养容易出现父母严管而祖辈包庇的情况。家长事先要有一致的态度，统一教育要求和方法手段，达成教育共识。为此，家庭成员之间要做到信息互通，提前协调好教育孩子的方法，形成教育合力。当然，很多时候家长的教育观念会出现分歧，但应尽量不把矛盾暴露在孩子面前。可先由一方做出让步，事后再统一认识。如果教育的要求、态度不同，家长持对立的观点，会使孩子难辨是非、无所适从，进而使家长在孩子心中的威信降低。同时在子女众多的家庭，家长对待孩子要一视同仁，若有偏爱，得不到偏袒的孩子会感到痛苦、压抑，长此以往造成兄弟姐妹之间的隔阂，也不利于孩子健康成长。

2. 家庭教育与幼儿园教育保持一致

我国著名教育学家陈鹤琴曾说过："幼儿教育是一种复杂的事情，不是家庭一方面可以单独胜任的，也不是幼儿园一方面能单独胜任的，必定要两方面共同努力才能收到充分的功效。"《纲要》指出："家庭是幼儿园最重要的合作伙伴。"可见，学前儿童教育需要家庭、幼儿园通力合作。家长要积极主动与幼儿园取得联系，主动配合幼儿园的教育。良好的家园共育，能形成强有力的教育影响空间，促进幼儿全方位发展。

家长要定期与教师沟通，可通过面谈、电话、网络沟通等多种方式，了解幼儿园短期或长期的教育目标以及孩子的表现，以此为依据调整家庭教育的内容及方法。

四、循序渐进原则

（一）循序渐进原则的含义

循序渐进原则是指在进行学前儿童家庭教育时，要遵循幼儿身心发展规律和科学知识本身的发展顺序，由浅入深，由易到难，有次序、有步骤地进行教育。这一原则是幼儿身心发展规律在家庭中的反映，也是由幼儿成长的年龄阶段决定的。

（二）循序渐进原则的实施要求

1. 按照幼儿身心发展规律，循序渐进地教育幼儿

学前儿童家庭教育中，往往出现两种违背幼儿身心发展规律的表现：一种是教育落后于幼儿身心发展水平，导致错过了幼儿某些方面发展的关键期；另一种是超越幼儿的身心发展水平。很多家长为了不让孩子输在起跑线上，不顾孩子的年龄、接受能力，给孩子报大量课外班，让孩子长时间、超负荷学习。在学前教育阶段，最典型的莫过于让孩子学习小学的内容，如背古诗、学算术，这种做法严重违背了幼儿心理发展规律，不

但收不到应有的效果，还会使孩子对学习产生厌倦情绪。后一种倾向在家庭中较为普遍。幼儿的机体和神经系统都还比较弱；如果长时间地集中注意力，大脑容易疲劳，会造成对神经系统的伤害，并引起心理上的变化。过早、过多的规范性学习可能还会导致幼儿近视、驼背、消瘦等身体不良症状产生。另外，过早地对幼儿实施小学教育超越了幼儿心理发展水平。幼儿心理发展不完善，还不具备系统学习的能力，如果此时强迫幼儿像小学生那样学习和做许多功课，他们的智力水平是跟不上的，如果学习过于吃力，幼儿会对学习产生厌倦、畏惧情绪，从而扼杀幼儿的学习积极性。因此，家长要按照幼儿身心发展规律及自身特点，循序渐进地教育幼儿。

一方面，家长要遵循不同年龄阶段幼儿身心发展的特点和规律，循序渐进地教育幼儿。人的身心发展是一个渐进的过程，不同年龄阶段的幼儿在生理和心理上都会表现出区别于其他年龄阶段的一般的、典型的特征，不能单凭主观意志人为地增加幼儿学习的内容，否则学习就会变成幼儿的一种负担，最终使幼儿厌学、弃学。另一方面，家长要抓住幼儿发展的关键期。关键期是指个体身心某一方面机能和技能最适宜形成的时期，在关键期某些行为习得比较容易，家长抓住关键期及时进行适当的教育，能收到事半功倍的效果。

2. 按照知识本身的逻辑顺序教育幼儿

每一门科学文化知识都有它自己由浅到深、由易到难的逻辑顺序，而且有一定的连贯性。向幼儿传授知识时，要按知识的先后逻辑顺序进行教授。注意巩固已经学过的旧知识，启发幼儿学习新知识。既要增强知识的系统性，也要注意新旧知识的联系，不要过于急切地教授新内容。

五、因材施教原则

（一）因材施教原则的含义

因材施教始于我国古代大教育家孔子。因材施教原则是指家长对幼儿进行教育时，根据幼儿的年龄特征和个性差异，有的放矢地进行有差别的教育。每个孩子都有各自不同的特点，这就要求家长要根据孩子的实际情况进行教育，切不可照搬教条，看书上怎么说或者看他人怎么做就怎么做。

（二）因材施教原则的实施要求

1. 从幼儿的实际情况出发，因材施教

由于先天遗传素质、后天环境和教育的影响不同，每个孩子在身心发展的可能性、方向和水平上都存在着差异，这就使每个孩子都有其特质。所以，要获得好的教育效果，家长要进行有针对性的教育。家长对自己的孩子最为了解，更能从孩子的具体情况出发进行教育，这也是家庭教育的优势所在。

家长要发现幼儿的特质，针对幼儿的特长施加教育影响。如果孩子很小就表现出对某些技艺或技能极大的兴趣，家长必须重视，并因势利导，帮助孩子成才。这里家长要注意，发展孩子的特长没有错，但究竟发展哪方面的特长，家长可根据孩子的兴趣和个人选择去培养其特长。要把孩子打造成专门人才，兴趣是最好的老师，而非家长主观意愿。孩子若不感兴趣，家长即便强制培养也是很难成功的。家长可以在孩子幼年期，大力支持孩子参加各种兴趣活动，使他们的兴趣得到充分发展。随着年龄的增长，孩子会逐步对某方面的活动产生较为稳定的兴趣爱好。

2. 兼顾幼儿的全面发展

全面发展是个性发展的前提，家长要兼顾幼儿的全面发展。要发展孩子的个性，发现孩子的特长，造就专门人才，必须以孩子的全面发展为基础，全面发展与个性发展并非对立的关系。人的全面发展是指人的各种基本素质和能力得到尽可能多方面的发展。个性发展是个体在需要、生活习惯、性格、能力、爱好、兴趣等方面形成的不同于他人的稳定特殊性。从教育内容上看，家长要注重孩子在德、智、体、美、劳等方面的相对完整性和和谐性。同时，要因材施教，发展孩子的个性。

案例分析

女儿桐桐2岁时，我通过看书认识到她应该多交朋友，所以总是特别热情地拉着她跟小朋友打招呼。可桐桐偏偏不爱说话，急性子的我就替她说，不想玩游戏我就替她参加，桐桐总是默默地跟在后面。后来，我发现桐桐一个人的时候，竟然不知道自己玩什么，而且特别在乎别人是否把她当朋友。上幼儿园之后，她经常说不想去幼儿园，因为没有好朋友。我开始意识到我强迫孩子交往已经给她带来了深深的焦虑和不安。

我再也不强迫桐桐了，而是开始带她出去，慢慢引导她自己玩。我的转变也带来了孩子的转变，她变得越来越自信，跟小朋友打招呼也很自然，朋友逐渐多起来。这件事让我深深感到：每个孩子有独特的个性，需要按照自己的节奏成长，父母只要适宜呵护就好，而不是去干涉甚至包办孩子的人生。

【分析】每个孩子都是独特的个体，有自己的想法和思考，我们应当尊重孩子的想法和行为，强迫孩子做他不愿做的事情，往往只会事与愿违。教育并没有统一的标准，我们应当根据孩子自身的特点，因材施教，发展孩子的个性。家长应当掌握不同的教育方法，根据孩子的个性、年龄阶段、面临的情景，采取不同的教育方法。

六、严慈相济原则

（一）严慈相济原则的含义

严慈相济原则指在教育孩子的过程中家长相互配合，且家长的任何一方都要做到严格要求与慈爱关怀相互配合。当前，我国家长在对孩子的教育要求方面，存在过严和过宽两种倾向。

（二）严慈相济原则的实施要求

1. 施加理智的爱

对孩子的爱应以有利于孩子身心健康发展为前提。关爱孩子是家长的天性，在教育孩子时，家长也是充满爱心的。孩子得到家长真挚的爱，会产生积极的情感，从而乐于接受家长的教诲。爱的教育是孩子健康发展的催化剂。但爱孩子如果失去控制，就会变成溺爱，阻碍孩子健康发展。所以，家长对孩子的爱应该是理智的。家长应该着眼于孩子长远的利益和幸福来爱孩子。有时，家长的行为乍一看是爱孩子，可从长远看却是不利的，如父母包办一切，孩子想干什么就干什么，在当下看孩子无忧无虑，可这会逐渐养成孩子好逸恶劳、懒惰的生活习惯；而有时，在当下看是苛求孩子，可从长远看却是有益的，如让孩子参加劳动或磨炼孩子意志力，这对孩子成年以后独立生活有重要帮助。

2. 做到严慈相济，张弛有度

严格教育和尊重爱护相结合，对孩子施加正确、适当、明确的教育。首先，对于不良行为家长要严格对待。当孩子发生严重不良行为时，如打骂人、欺负人、偷拿他人物品等，家长要严管，给孩子一次冲击和教训，遏制不良行为的发生。给孩子深刻教育时，不应该在众人面前教训孩子，应保护孩子的自尊心与人格，以免孩子产生逆反情绪或伤到孩子自尊心。其次，认真教育和严格要求孩子时，家长必须坚定不动摇。不要怕孩子哭闹，孩子哭闹时可不予理睬。再者，家长可以充分运用表情的力量，严格教育孩子。教育者的话不在多，不要侮辱、讽刺、挖苦、打骂孩子，也不能在孩子面前流露出没有办法、无可奈何的情绪，更不能说泄气的话。家长的表情必须是严肃认真的，必要时可表现出愤怒。最后，孩子改正错误后不要马上表扬，或短时间内马上恢复热闹嬉戏的氛围，为引起孩子对问题的重视，要保持相对沉默。可对孩子改正错误的行为进行鼓励，如："我们相信你是好孩子，会改正错误的。"

 拓展阅读

吉诺特模式

吉诺特（H. Ginott）是美国二十世纪五六十年代极力提倡亲职教育的临床心理学家、教师、儿童治疗学家、亲职教育及咨商专家。他深信父母不称职大都是因为缺乏经验、缺乏正确的管教知识与能力或缺乏良好的学习楷模，并非全然由于人格上的缺失所致。因此，吉诺特以子女的问题为主进行亲职教育，同时强调父母的需要及个别条件有很大的差异，必须先行评估，才能提供合适的技巧。

吉诺特的主要论点有二：尊重孩子和重视孩子的情绪。他强调与孩子相处的最好方法是让孩子知道父母了解他们的感受，同时也尊重他们的感受。下面是三条重要原则。

1. 和孩子说话的基本原则

（1）尊重孩子的话语及其弦外之音。

（2）重视亲子对话的沟通效果。

（3）教孩子接纳自己的情绪，并学会如何表达。

2. 教导的基本原则

单元四　学前儿童家庭教育的原则和方法

（1）称赞孩子的原则：针对其行为或其付出的努力与成果进行称赞。

（2）批评孩子的原则：提出建设性意见，避免引起亲子间的战争，避免恶言羞辱孩子。

3. 允许孩子说话及选择

对孩子能力可及的事情，应该允许他们自己做决定与选择，如饮食、作息等。可设定一个大的范围，在此范围之内，由孩子自己做决定。对孩子力所不及的事情，虽不能够由他们自己做主，但是至少应该允许他们表达意见。

（资料来源：曾端真著，《亲职教育模式与方案》，有改动。）

第二课　学前儿童家庭教育的方法

案例导入

明明最初入园时非常懂礼貌，对待他人友善，可最近明明发生了非常大的转变。有一次，明明因玩具分配问题与其他幼儿出现了争执，他随口甩出一句脏话，并将其他小朋友推倒。在老师的追问下，明明理直气壮地说："谁让他不听我的，我就要玩那个玩具，不给我就打他。"老师对明明的转变非常诧异。

后来，老师在与明明家长沟通时发现，明明父母最近经常吵架，严重时甚至互相动手，明明把一切看在眼里。明明父母表示最近忽视了对明明的教育问题，并没有发现明明的情绪行为有如此大的变化。

【分析】小孩子说脏话，常常是出于无意识的模仿行为。由于父母长期争吵，明明潜移默化地学会了说脏话，模仿父母处理问题的方式。明明的故事说明了家庭环境、家长的言行对幼儿的身心发展具有重要的影响。父母应当创造怎样的家庭环境、有怎样的言行才能更好地促进孩子发展呢？还有哪些家庭教育的方法？这些方法如何运用？带着这些问题，我们开启本课内容的学习。

基础知识

一、环境熏陶法

（一）环境熏陶法的含义

环境熏陶法是指家长有意识地为幼儿创设良好的家庭氛围，使幼儿置身于良好的家庭氛围中，通过环境熏陶感染幼儿，让幼儿在耳濡目染中潜移默化地获得良好的生活习

惯和思想品德的方法。家庭环境对孩子的品德和行为习惯的形成有着不可估量的作用，家长应该为孩子创造一个良好的家庭教育环境，让孩子在和睦、文明的家庭环境中接受教育，健康成长。

（二）环境熏陶法的运用

1. 利用良好的家庭环境对幼儿施加影响

首先，美化家庭生活的物理环境。第一，美化居住环境。家庭是孩子生活时间最长的场所，风格幽雅、整洁美观、舒适宜人的家庭生活环境，有利于陶冶情操。布置家庭环境，特别是布置孩子房间时，要参考孩子的意见、考虑孩子的喜好，并让孩子动手参与。可以为孩子专门设置一个单独的活动空间，供孩子阅读、游戏、做手工、绘画等。第二，建立健康的生活方式。家长要安排合理的生活作息制度，做到早睡早起、按时吃饭、定时洗澡等；健康饮食，合理搭配膳食；组织适当的身体锻炼活动；有健康的兴趣爱好，如读书、健身、下棋、养花等文体活动，切忌染上不良的恶习，如赌博、酗酒等。第三，合理安排家庭经济生活。不同家庭收入不同，家长可以合理安排家庭经济生活。一方面要善于持家，不铺张浪费；另一方面可合理分配经济收入，应当把"智力投资"放在适当的位置。

其次，创设良好的家庭氛围。一方面，要创设良好的家庭人际环境。人际环境对孩子性格形成有关键作用，孩子在健康、和谐、融洽的家庭人际环境中，才能感受到快乐和积极向上。模仿是孩子学习的重要方式，家长解决问题的方式，对待长辈、亲朋好友的态度都会潜移默化地影响孩子。因此，家长要创设良好的人际环境，在家庭生活中，如果有意见分歧，要心平气和地坐下来沟通，不要大吵大闹，互相指责，对待长辈亲友要友爱懂礼。这样孩子日后与他人有不同意见时，就更倾向于采取妥当的方式解决问题，更容易学会待人接物。另一方面，要创设和谐的心理氛围。如果家长情绪暴躁、性情犹豫、经常冷战吵架，家庭的氛围就会变得紧张和不愉快，易导致孩子产生恐惧与负面情绪，影响孩子身心健康发展。家庭生活中，家长要相互尊重、互相信任、平等待人、和睦相处，遇到事情时处变不惊、沉着冷静，给孩子创造一个民主宽松、轻松愉悦、和睦相处的家庭氛围。在这样的家庭氛围中生活的孩子，一般性格开朗大方、心地善良、富有同情心、朝气蓬勃、积极向上，具有优良的道德品质。

最后，提高家庭成员的文化道德素养，追求高尚的精神情趣。家庭成员的文化道德素养及其所决定的精神情趣，不仅是家长教育孩子的必要条件，也是形成良好的家庭道德环境和智力环境的基本前提。家长的道德修养、情操和文化品位，对孩子的学习、生活和精神追求具有直接、明显的导向作用。生活在精神生活丰富、情趣高雅、知识领域广阔的家庭的孩子，也将不知不觉中受到陶冶，生活情趣更加丰富多彩。需要注意的是，不论家长的文化程度高低、贫穷与否，都不影响家长去丰富孩子的精神生活，正如美国教育家阿贝·鲍梅尔说的："优教的关键不在于你家有多少书，家长懂得多少知识同样无关紧要。重要的在于家长对待学习和生活的态度。"家长以积极的态度、高尚的情操对待学习和生活才是至关重要的。

2. 利用良好的自然环境和社会环境对幼儿施加影响

人无法脱离自然与社会生存，我们不可忽视自然环境和社会环境对家庭成员的影响。

我国著名教育家陈鹤琴先生在《活教育》中说过："大自然、大社会就是活教材。"一方面，幼儿喜欢到自然、社会中去探索；另一方面，社会与自然中蕴含丰富的教育资源。家长要时常带领孩子接触大自然，让孩子认识花草树木，感受造物的神奇魅力；也要带领孩子走入社会，认识不同的社会角色及其工作内容，了解基本的社会规范与准则等。

家长要注意提高孩子对不良环境的"免疫力"。不论是自然环境还是社会环境，都存在好与不好两个方面，孩子不可避免地会接触到一些消极因素。当孩子接触到消极因素时，家长要及时、主动进行引导，帮助幼儿辨别"美"与"丑"，孩子自然会对假恶丑产生抵触。

二、榜样示范法

（一）榜样示范法的含义

榜样示范法是指家长以自己和他人的好思想、好言语、好行为影响孩子的方法。英国教育家洛克说过："没有什么事情能像榜样那样能够温和地打进人们的心里。"家庭教育要注重利用榜样的力量教育孩子。

（二）榜样示范法的运用

1. 发挥不同榜样的作用，对幼儿施加教育影响

第一，家长要重视榜样示范的作用，引导孩子向不同榜样学习。家长应率先成为孩子的榜样，这也是最重要的榜样。首先，父母是孩子最直接、最经常模仿的对象，家长的言行举止对孩子的发展都有重要的影响。其次，可以利用杰出历史人物、正面文学形象、积极卡通形象影响孩子。家长平时可以通过讲故事的方式，把历史英雄模范事迹、优秀文学作品中的经典形象传递给孩子；也可以带孩子观看有积极形象的动画片或影视剧。最后，还要教育孩子向身边的人，如老师、同伴、朋友、社会各行各业的杰出人物学习。孩子身边的人身上有好思想、好品德、好作风，也可以是孩子学习的对象，特别是同伴朋友，是孩子最熟悉、最亲切、易接受的学习榜样，家长可以引导孩子学习同伴的礼貌行为、学习行为等。

第二，所树立的榜样必须真实可信。任何榜样都不可能尽善尽美，不能人为夸大榜样人物的事迹。可以引导孩子全面、客观地观察分析榜样，引导孩子向榜样虚心学习，共同进步。另外，家长应该注意，树立榜样并非将孩子与他人做横向比较，不要拿他人的长处与孩子的短处相比较。比如同样是弹琴，家长可以说："你看看她弹得真好，妈妈觉得你努力一下也可以弹得和她一样好，我们一起试试吧。"但不能说："你看看人家弹得多好，再看看你，你太让人失望了。"这样的横向比较往往容易引起孩子反感，久而久之，也会打击孩子的上进心和自尊心，使孩子丧失学习动力，或者变得自卑怯懦。

2. 帮助幼儿缩短与榜样之间的距离

榜样不能作为凌驾于常人之上的、外在的力量来规范人的行为。用榜样的力量影响幼儿，就要不断缩短幼儿与榜样之间的距离。榜样也是现实生活中的人，不能把榜样与幼儿人为地隔离开来。家长要善于找到榜样与孩子之间的连接点，拉近孩子与榜样之间的距离。另外，家长要引导孩子学习榜样的根本精神，而不是单纯从形式上模仿其具体言行，或是让孩子像榜样一样达到某种高度。家长可以经常与孩子讨论，通过讨论、评

议，辅助孩子了解榜样的言行思想及其社会意义和价值，加深孩子对榜样的认识理解，帮助孩子找到努力的方向和方式，从而达到自我教育、自我提高。

班杜拉的波波玩偶实验

阿尔伯特·班杜拉（Albert Bandura），美国当代著名心理学家，曾任斯坦福大学心理学系约丹讲座教授。他是新行为主义的主要代表人物之一，社会学习理论的创始人。1961年，班杜拉进行了一项关于攻击性暴力行为研究的实验。

班杜拉将3～6岁的儿童分成三组，先让他们观看一个成年男子（榜样人物）对一个像成人一般大小的充气娃娃做出种种攻击性行为，如大声吼叫和拳打脚踢。然后，让一组儿童看到这个"榜样人物"受到另一成年人的表扬和奖励（果汁与糖果）；让另一组儿童看到这个"榜样人物"受到另一成年人的责打（打一耳光）和训斥（斥之为暴徒）；第三组为控制组，只看到"榜样人物"的攻击性行为。再把这些儿童一个个单独领到一个房间里去。房间里放着各种玩具，其中包括洋娃娃。在十分钟里，观察并记录他们的行为。

结果表明，在玩洋娃娃时，看到"榜样人物"攻击性行为受惩罚的一组儿童，同控制组儿童相比，攻击性行为显著减少。反之，看到"榜样人物"攻击性行为受到奖励的一组儿童，在玩洋娃娃时模仿攻击性行为的现象相当严重。

该实验证明了幼儿通过观察和模仿来学习特定的行为，基于此班杜拉提出了观察学习理论。所谓观察学习，又称无尝试学习或替代性学习。班杜拉认为，因为人可以通过语言和非语言形式获得信息以及自我调节的能力，所以个体可以通过观察榜样的行为及其结果，不必事事亲身体验，就能学到复杂的行为反应，这样就减少了不必要的尝试错误。班杜拉在研究观察学习时，发现三种不同维度的类型。

（1）直接的观察学习：它是对示范行为的简单模仿，即直接模仿榜样的外显行为，如幼儿的大部分模仿行为。

（2）抽象性观察学习：它是指观察者从对他人行为的观察中获得一定的行为规则或原理，从而根据这些规则或原理表现出某种类似的行为。如：坐公交车时，幼儿看到有人给老人让座，习得了应"尊敬老人"的原理，于是下车后，幼儿会主动扶老人过马路。

（3）创造性观察：指观察者通过对各个不同榜样的行为特点进行新的组合，从而形成一种全新的行为方式。如幼儿在成长的过程中从父母、姐妹、同学和朋友那里获得了不同的行为特点，最终形成了自己独特的行为风格。

（资料来源：陈琦、刘儒德主编，《当代教育心理学》，北京师范大学出版社2007年版，有改动。）

三、说理教育法

（一）说理教育法的含义

说理教育法是指通过摆事实、讲道理，用语言使幼儿提高认知能力、明辨是非、形成正确观点的教育方法。说理教育是最常用的教育方法，贵在启发诱导，引起受教育者思想上的触动，接收新的思想观念和知识，培养他们良好的道德品质，形成正确的行为规范。

（二）说理教育法的运用

说理教育的方式可以分为两大类。

第一类，运用语言文字进行说理教育。具体包括三种方式：一是讲述或讲解，通过向幼儿叙述、描绘有关实事的经验、发展过程，以提高幼儿的认知能力。这种方式比较形象，富于感染力。二是谈话，即家长与幼儿就某一问题交换意见，并对幼儿进行教育。三是讨论，当幼儿对某些问题产生模糊的、片面的认识，或与家长的观点产生分歧对立时，采用语言讨论的方式沟通思想、增进了解、明辨是非。

第二类，运用事实进行说理教育。具体包括三种方式：一是参观，根据幼儿需要以及家庭实际情况，同幼儿实地进行观察和研究，如参观农场、博物馆、艺术展览馆等。二是访问，结合一项具体任务，走访有关的典型对象来丰富幼儿的感性认识和情感体验。三是调查，有目的、有计划地获取足以说明某些问题的第一手资料，以验证和加深思想认识。

说理教育的方式多种多样，家长应结合不同的情境、不同的内容，综合采用不同的方式方法。在运用说理教育时应注意以下问题：第一，要给孩子讲清道理，深入浅出，寓教于喻。先说清楚原因，再提出要求，让孩子知道为什么、怎么做。因此，家长的发言应简洁、具体、明确，有理有据，说理透彻。第二，说理教育要有感染力。说理教育要能激发孩子的积极情感，因此选用的内容、表达的方式要生动有趣，使他们喜闻乐见，留下深刻印象。如果能把道理融入某些类似特点的事件和事物中，就会更易于孩子理解，提高教育效果。第三，家长要注意措辞和语气，避免无休止唠叨、威胁和命令。家长应做到以理服人，而非以力压人。首先，家长讲话时应少一些命令，多一些商量，减轻孩子的抵触情绪。其次，家长不要对孩子的错误行为进行威胁和恐吓。家长发现幼儿的不良行为时，要尽可能地保持冷静和克制，尽量用温和的态度来表明自己的想法和感受。最后，家长要避免长篇大论和唠叨。

> **拓展阅读**
>
> **父母不该对孩子说的10句话**
>
> 1.我们是不行了，孩子，就看你的了！
> 把孩子的发展当成自己唯一的指望，是一种丧失自我的表现。它并不是一种

健康的心理，这种心理会给孩子造成负面影响。

2. 你看看人家！

这是孩子们最讨厌的一句话。这种比较对孩子价值观的确立是一种极大的干扰，对于孩子的自我评价系统也是一种破坏。

3. 没时间管你，不挣钱怎么过日子啊？

抽时间和孩子相处是教育最大的前提。

4. 宝宝，爸爸不听话，打他！

父母不应该随便利用孩子开玩笑，在这些无聊的玩笑中，孩子会养成不良的习惯，滋生不良的价值取向。

5. 进了前三名，妈妈给你……

提供物质奖励看似是一种增强孩子学习动力的方法，其实弊大于利。

6. 没有原因，我说不行就不行！

这是典型的"暴君式"教育方式，源于家长头脑中"棍棒底下出孝子"的传统观念。这不仅会导致亲子关系对立，更会破坏和妨碍孩子公正心和民主意识的培养，使其缺乏协商能力，甚至还会滋生暴力倾向。

7. 你爱怎么着就怎么着吧，谁管得了你啊？

此种句式前两次用或许会让孩子感到愧疚。但是用多了就会引起孩子的逆反心理，索性将错就错。

8. 等你爸回来收拾你！

这样的话久而久之只会造成孩子与父亲之间的紧张关系，并打击母亲的教育权威。

9. 你怎么这么笨？

反复的言语否定，无异于毁灭孩子的自信，让孩子否定自我，并且在面对同一件事时越来越恐惧。

10. 如果爸爸妈妈离婚，你要爸爸还是要妈妈？

如果是真离婚就另当别论，如果仅仅是开个玩笑，那这样说就太愚蠢了。孩子会因此产生恐惧心理，他也一定会考虑自己将要跟谁，但结果更糟，因为他可能会发现跟谁都很痛苦。如此周而复始地焦虑不安，很可能产生抑郁情绪。

（资料来源：郑益乐主编，《学前儿童家庭教育》，西安交通大学出版社2016版，有改动。）

四、奖惩激励法

（一）奖惩激励法的含义

奖惩激励法是指家长要激发孩子的积极性，使孩子明确并发扬自己的优点和长处，认识并克服自己的缺点和不足，从而主动按照正确的行为准则行动的教育方法。奖惩激励法包括表扬、奖励和批评、惩罚两个方面。

（二）奖惩激励法的运用

1. 正确进行表扬和奖励

表扬、奖励是家长对孩子的优良品行、长处和进步，给予积极的肯定和评价，激发其荣誉感和上进心的教育方法。表扬包含行为赞许和语言表扬两种形式。行为赞许是家长对孩子表示称赞和欣赏，常以点头、微笑等表示；语言表扬是对孩子进行口头夸奖或书面夸奖。奖励是对孩子突出的品行作出较高的评价，可分为精神奖励和物质奖励。

（1）表扬要适度、及时且具体

及时发现并肯定孩子的进步是巩固良好习惯的重要手段。首先，表扬要适度，不可滥用。家长对孩子的任何事都进行表扬，孩子就会习以为常，对表扬持无所谓的态度，起不到激励的作用。其次，表扬要及时。表扬不及时，时过境迁，孩子会忘记自己为什么得到表扬。而且没有及时肯定与表扬，会削弱孩子追求上进的积极性，也不利于孩子对良好行为的巩固。最后，表扬要具体。家长的表扬不可泛泛而谈，要实事求是，恰如其分。要让孩子弄清楚为什么受到表扬、哪些行为是好的，为孩子找准努力方向。

（2）物质奖励与精神奖励相结合

家庭教育中应该以精神奖励为主，物质奖励为辅。过多的物质奖励容易使孩子把学习和进步的目的从行为本身转移到物质利益上。所以家长要注重对孩子的精神奖励，可以对孩子的良好行为给予较高的评价；奖励孩子旅游、看电影、打篮球等，满足孩子的文娱爱好。在物质奖励方面，可购置图书、文娱作品、玩具等，不提倡使用金钱奖励。

案例分析

美美是在父母的夸赞下长大的孩子。对于美美的很多行为，父母都会不假思索地夸赞她："你真棒！"美美偶尔露出微笑，父母就会夸赞她："美美真漂亮！"甚至她发脾气时父母也不忘夸赞："美美真有个性！"久而久之，美美沉浸在盲目的肯定与赞赏中，无法接受他人的批评或挫折，甚至出现沮丧、愤怒的情绪和敌对等行为。

【分析】美美的父母本想用表扬的方式激励美美成长，不承想一味夸赞与表扬竟然让美美变得自以为是，无法接受批评与挫折。表扬对孩子的发展有鼓励作用，但过度的表扬就无法起到其应有的作用，甚至导致孩子无法接受他人的批评。家长的表扬不可泛泛而谈，要实事求是，恰如其分。

2. 慎用批评和惩罚

批评、惩罚是对幼儿的不良品行给予否定的评价，促使幼儿认识错误，明辨是非，从而吸取教训，以达到抑制、纠正幼儿不良品行的教育方法。批评用在一般性的缺点、错误和过失上，惩罚用在性质和后果较为严重的缺点和过失上。值得注意的是，批评与惩罚，尤其是惩罚会带给幼儿痛苦的体验，所以要慎用。同时也要注意，惩罚不同于体罚或变相体罚，也不是对幼儿打骂，更不是对幼儿人身权利的侵犯。

首先，发现孩子的不良行为时，家长要保持冷静。孩子年龄较小，很多时候并非真心犯错，所以家长要分析孩子犯错的动机。若孩子因好奇心和求知欲而犯错，家长的批评与惩罚会扼杀孩子的好奇心与求知欲，得不偿失。如果孩子真的出现实质性的、明知故犯的错误，家长可以对其进行批评或惩罚。

其次，批评或惩罚孩子时要恰如其分。太轻，可能起不到效果；太重，容易引起孩子逆反的心理。批评与惩罚要注意时间和场合，批评应该选择双方都心平气和的时候，孩子在哭泣伤心时很难听进去建议，容易产生逆反心理；也要尽量做到不在亲朋好友面前批评孩子，一般来讲，人前表扬，人后批评，这样可以维护孩子的自尊心。

最后，惩罚不等于体罚。对孩子来讲，体罚是百害而无一利的。一方面，体罚一般在家长非常愤怒、情绪不佳时发生，出手不慎会弄伤孩子；另一方面，体罚会导致孩子撒谎。很多时候孩子为了避免受皮肉之苦，会以撒谎的方式进行自我保护。且体罚会伤害亲子之间的感情，让孩子变得顽劣，失去上进心。

> **拓展阅读**
>
> 心理学家赫洛克的实验
>
> 赫洛克（E. B. Hunlock）把106名四五年级的学生分为四个组（每个组的能力相当），在四种不同的情况下进行难度相等的加法练习，每天15分钟，练习5天。控制组单独练习，不进行成绩评定，而且与其他三个组隔离；受表扬组、受训斥组和静听组在一起练习，每次练习后，不管成绩如何，受表扬组始终受到表扬和鼓励，受训斥组始终受到批评和指责，静听组则不给予任何评价。实验结果显示：三个实验组的成绩都优于控制组，而静听组受到间接的评定，对动机的唤醒程度较低，平均成绩还是低于受训斥组。受表扬组的成绩最优，而且一直不断上升。
>
> 赫洛克的实验表明，对学习结果进行评价可以激发学生的学习动机，对学习具有促进作用，且适当表扬的效果优于批评的效果。
>
> （资料来源：陈琦、刘儒德主编，《当代教育心理学》，北京师范大学出版社2007年版，有改动。）

五、实际锻炼法

（一）实际锻炼法的含义

实际锻炼法是指根据幼儿自身的发展和社会的需要，有意识地引导幼儿参加力所能及的实践活动，以便让幼儿学会某种技能技巧、增长实际才干、培养优良品德、养成良好的生活习惯和行为习惯的方法。

不经过亲身实践，单凭摆事实、讲道理，是难以学会任何简单的技能技巧和养成良好的品德与习惯的，因此，注重通过实际锻炼培养幼儿是十分必要的。陶行知先生提出："行是知之始，知是行之成。"陶行知批评传统教育历来把读书、听讲当成"知之始"，并以之为知识的唯一来源，习之既久，就"不肯行、不敢行、终于不能行，也就一无所知"。英国教育家洛克也曾论述过家庭教育中规范要求与行为实践的关系："儿童不是用规则教育可以教好的，规则总是被他们忘掉。你认为什么是他们必须做的，你便应该利用一切时机，甚至在可能的时候创造时机，给他们一种不可缺少的练习，使它们在他们身上固定起来。这样就可以使他们养成一种习惯，这种习惯一旦被养成后，便不用借助记忆，很容易、很自然地发生作用了。"(《教育漫话》)积极引导、支持并放手让幼儿进行各方面的实际锻炼，是家庭教育的重要方法。

(二)实际锻炼法的运用

1. 调动幼儿自觉锻炼的积极性

实际锻炼是幼儿通过一定的活动实现知行转化和知能转化的过程，在这一过程中，如果只有家长的要求，而无幼儿的积极性，往往很容易让幼儿产生抵触情绪和逆反心理。因此，一方面，家长应对实际锻炼的意义有正确的认识，肯定实际锻炼在孩子身心发展中的价值，把实际锻炼与说理教育相结合，在家庭中注重引导孩子参加实际锻炼；另一方面，家长要把握孩子好奇心强、爱玩游戏这一特点，积极鼓励孩子参与实际锻炼，并在实际锻炼中加入游戏性、趣味性，激发孩子参与实际锻炼的内部动机，变被动参与为主动参与，促使孩子兴致勃勃地主动参与实际锻炼。

2. 统筹幼儿生活的各个方面，合理安排实践活动

首先，家长要指导幼儿安排日常生活秩序，应当全面考虑，学习、娱乐、休息、体育锻炼、社会交往等都要安排好，不能只考虑学习而不顾其他活动。要坚持科学的生活作息，家长要从孩子年幼时就严格要求，让其形成有规律的生活。比如按时吃饭、睡觉、起床、上幼儿园、游戏，不偏食、挑食，不暴饮暴食；注意个人卫生、家庭卫生，逐渐自理生活，讲究文明礼貌等，养成良好习惯。其次，实际锻炼的内容是多种多样的，家长应根据家庭教育的任务和幼儿所处的年龄阶段选择锻炼内容。例如，从孩子三个月起，就要让他自己用手扶着奶瓶吃奶，尽早让孩子自己吃饭、穿衣、系鞋带，父母不能包办代替，同时还要鼓励孩子参加幼儿园的集体活动和集体劳动，让他们从小在动手中养成良好习惯，使动手和动脑配合，开发大脑活动。最后，家长对幼儿的实际锻炼既要严格要求，但又不可操之过急。家长要随着孩子年龄的不断增长，逐渐学会放手，让孩子自己锻炼，管得过多过细，不利于孩子独立生活和自理能力的培养。

3. 鼓励幼儿克服困难，持之以恒

幼儿往往缺乏毅力，不太能坚持，因此，在他们参加实际活动和训练时，家长要有意识地帮助孩子，克服生理的和心理的各种障碍，鼓励他们克服实际锻炼中遇到的各种困难。孩子在实际锻炼中遇到困难和挫折时，家长要少埋怨、多鼓励；对孩子锻炼中取得的进步、获得的成绩，家长要及时表扬，以增强他们接受锻炼的信心和取得成功的动力。此外，良好行为习惯的养成并非一日之功，需要反复训练，持之以恒，家长应以适当的方式，鼓励孩子维持已形成的良好习惯，巩固已掌握的技能技巧。

4. 正确对待幼儿实践锻炼中出现的失误

在实际锻炼中，由于孩子缺乏实践经验和能力，实践过程难免会出现各种问题。家长要正确对待幼儿实践锻炼中出现的失误。当孩子出现失误时，家长不应一味责怪和埋怨孩子"笨""有意破坏""不想干"，或因担心出现问题而禁止孩子参加实际锻炼。任何技能技巧的掌握、行为习惯的养成，都是从不会到会、从不熟练到熟练的过程。家长应该帮助孩子分析出现问题的原因，总结经验教训，积极鼓励孩子再次实践。

 拓展阅读

父母效能训练的基本理念

父母效能训练创始于1962年，创始人为托马斯·戈登博士（Tomas Gordon）。父母效能训练初创时，主要是用来协助父母改善不良的亲子关系。

（一）父母效能训练的基本理念

1. 改变父母的管教方式，就可以改变亲子关系。

2. 理想的父母并非天生的。

3. 父母是人，不是神。

（1）父母必须对孩子一律平等看待。

（2）父母在孩子面前必须言行一致。

（3）父母必须慈祥和善，实施爱的教育。

（4）尊重孩子的个性，但可以纠正孩子的行为。

（二）父母效能训练运用的亲子互动技巧

1. 对孩子表示接受态度，以使孩子吐露心声

父母效能训练课程中最重要的就是训练表示"接受"的方式，运用这种方式，可以使孩子愿意和父母谈心，亲子关系就有了轻松自在的良好开始。人类传达信息及沟通的方法有两种：一为语言，二为肢体语言。

（1）用语言表示接受态度

在良好的亲子沟通中，语言绝对是必要的，因为双方不可能永远沉默相对。戈登甚至强调：能否成为良好的父母，全系于父母的说话方式。每当父母和孩子说一句话，就好像正拿着一块砖堆砌他们之间的关系，每一句话都在表达对孩子的看法。久而久之，孩子自然能了解自己在父母心中的模样。

在父母效能训练课程中，教父母如何说话之前，必须先教他们避免使用某些说话方式。以下为应该加以避免的四种沟通"绊脚石"。

命令：给孩子一个指示命令，规定他们该怎么做。

恐吓：警告孩子，如果敢做某事的话将会招致什么后果。

教诲：告诉孩子应该怎么做才对。

建议：给孩子提供建议或忠告，告诉他们如何解决问题。

晓以大义：试着用一些事实、见闻或个人意见来影响孩子。

责备：否定孩子。

赞同：肯定孩子，并加以赞许。

嘲笑：让孩子觉得自己非常愚蠢。

分析：分析孩子的动机。

安慰：同情支持，企图使孩子心情好些而不再沮丧。

提出问题：问一些问题，企图找出原因。

说笑解忧：转移话题，分散孩子的注意力。

若父母用这些方式与孩子沟通，孩子会有以下的感受或反应：会防卫、保护自己，并加以反抗；会觉得沮丧；会觉得自己不行、差劲，觉得对方不相信自己有办法解决困难；会和对方辩论，并反驳他的话；会有罪恶感，并认为自己坏透了；觉得对方不了解自己真正的想法；觉得自己是不懂事的孩子；觉得被干涉；觉得自己似乎在接受审判。

父母效能训练建议父母采用敞开心胸的谈话方式，以便使孩子有效地吐露心声，亦即：

其一，不代表价值判断的简单回答，例如："原来如此""嗯哼""很有意思"；其二，较清楚地表示接受态度的回答，例如："告诉我吧""我对你的看法很感兴趣，你愿意说吗""我们谈谈这件事好吗"。

（2）用肢体语言表示接受的态度

肢体语言传达信息的力量并不亚于语言。父母在有些情境下使用肢体语言比只使用语言的影响力更大。例如，安慰孩子的时候，拥抱往往比说话来得有效。

父母效能训练建议父母使用"默默倾听"的方式。父母静听能使孩子叙述事实，说明原因，最后自己下结论。父母的接受态度允许孩子表达，使孩子能思考并获得成长。另一个建议是"不干涉"，父母不干涉即表示接受。然而多数父母觉得袖手旁观而不介入会纵容孩子，所以会任意插手孩子正在做的事。戈登认为这是父母无法把孩子视为独立的个体，以及本身的恐惧与不安所致（恐惧失去权威或失去在孩子心目中的地位）。

利用非语言技巧（默默倾听、不干涉）及语言技巧（敞开心胸、鼓励别人说话），可以促使孩子勇于表达，并继续往下说。在此过程中，父母不应加入个人意见或感受，孩子则会因为父母敞开心胸而与之亲近，并吐露心声。

2. 主动倾听

主动倾听是父母效能训练课程的重心所在，也是更有效的沟通方法。主动倾听时，听者必须试着了解对方的感受，然后用自己的话向对方求证，听者不可加入自己的意见、评价或劝告等。当父母解读出孩子想表达的信息时，就能促使孩子表达更多自己的想法，进而寻出解决问题之道。例如：

儿：小华今天不和我玩了！我以后再也不和他玩了。

母：小华不跟你玩，所以你很生气。

儿：对呀！我要跟他一刀两断！

母：你气得不想再见到他。

儿：对，但是我失去这个朋友就没有人和我玩了。

母：你讨厌自己一个人玩。

儿：对的，我想我必须用别的方式来和小华相处。

父母效能训练的经验显示：即使父母没有受过心理训练，只要有心又有适宜的态度，学习主动倾听的成效往往令人大为惊喜，反之则否。

3.运用"我……"的信息来表达父母的感受

当孩子向父母发出讯号时，扮演"接收器"的父母最好使用主动倾听的方式来做反应。许多父母的反应句常以"你……"来开头，例如："不准你用这种态度跟我说话！""你如果不想上学的话，以后打算做什么？"这种说话方式常在传达"贬损"的信息（例如嘲笑、责备、教训），要不就是传达"解决办法"的信息（例如建议、命令、恐吓）。这些信息有意无意地告诉孩子：你是不优秀的，父母一定比你行。因此，常受到贬损的孩子，其日后往往自卑或患有其他心理障碍。

（资料来源：戈登著，宋苗译，《父母效能训练手册：让你和孩子更贴心》，天津社会科学院出版社2009版，有改动。）

练习题

一、填空题

1.学前儿童家庭教育的方法是家长对学前儿童实施教育时所选择和运用的_____和_____。

2.当前，我国家长在对孩子的教育要求方面，存在_____和_____两种倾向。

二、选择题

1.关于学前儿童家庭教育中主体性原则的说法，下列不正确的是（   ）。

A. 树立科学的儿童观

B. 尊重并平等地对待孩子

C. 让孩子成为主动发展的人

D. 家长要以身作则

2.孩子最直接、最经常的模仿对象是（   ）。

A. 家长（或父母）

B. 杰出历史人物

C. 卡通动画形象
D. 老师和同伴

三、简答题

1. 简述学前儿童家庭教育中的严慈相济原则。
2. 论述学前儿童家庭教育中的奖惩激励法。

单元五
各年龄阶段学前儿童的家庭教育

内容导读

联合国儿童基金会（United Nations International Children's Emergency Fund, UNICEF）将儿童的年龄定为0～18岁。我国根据实际生活条件和教育情况，一般把从出生到成熟之间（0～18岁）的发育过程分为胎儿期、新生儿期（0～1岁）、婴儿期（1～3岁）、幼儿期（3～6岁）、学龄期（7～12岁）和青年期（13～18岁）六个阶段。儿童的发展具有阶段性和连续性的特点，每个年龄阶段的特点各不相同，但又互相联系，既有明显的差别，又不能截然分开。因此，学前儿童家庭教育应根据儿童不同年龄阶段的特点开展。我国对不同年龄阶段学前儿童的家庭教育指导有具体的指导纲要，例如为深入贯彻习近平总书记关于家庭教育的重要指示，落实全国教育大会精神，进一步深化家庭教育指导服务，提高全国家庭教育总体水平，促进儿童全面健康成长，2019年5月14日，全国妇联、教育部等九部门联合印发《全国家庭教育指导大纲（修订）》；为了提升儿童健康水平，促进儿童早期更好发展，加强婴幼儿养育照护指导，2022年11月19日，国家卫生健康委印发《3岁以下婴幼儿健康养育照护指南（试行）》。本单元主要参考以上两个文件，对胎儿期、0～1岁、2～3岁、4～6岁及幼小衔接期儿童的养护与家庭教育进行总结阐述。

学习目标

1. 了解不同年龄阶段学前儿童身心发展特点。
2. 掌握不同年龄阶段学前儿童教育的特点和家庭教育重点任务。
3. 能够针对不同年龄阶段学前儿童发展的特点，分析家庭教育的问题，并提供针对性的家庭教育指导。

单元五 各年龄阶段学前儿童的家庭教育

本单元的主要思政点是爱。爱的范围很大,包罗万象,包括爱自己、爱专业、爱孩子、爱家人、爱家庭、爱社会。第一,要懂得爱是基于亲情血缘和传统文化的家庭和睦与家庭责任担当,包括对孩子的哺育教养责任。第二,要懂得父母对子女的爱是无私且伟大的,从而学会爱与包容,营造和谐的家庭氛围,加强家庭家风建设,弘扬中华优秀传统美德。

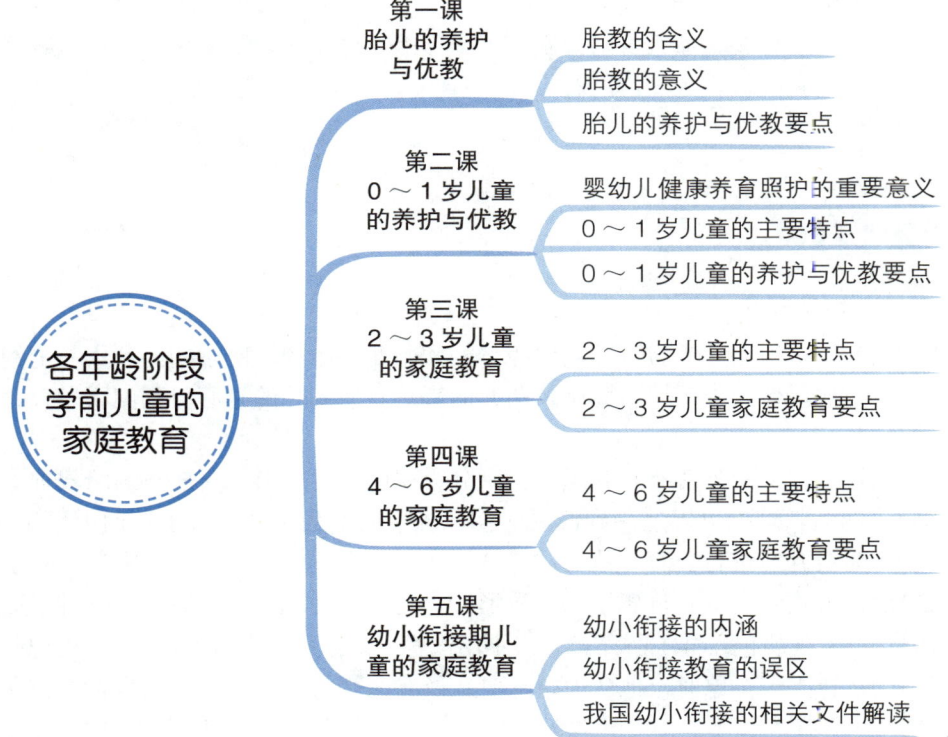

第一课 胎儿的养护与优教

案例导入

美国一对普通的夫妇培养了四个天才儿童:大女儿五岁时,便从幼儿园一下

93

子升到高中一年级，10岁便成为当时美国最年轻的大学生，其他三个女儿也同样优秀。四个孩子的智商值都在160以上，四人都被列入仅占美国5%的高智商者行列。因此，一时之间，这对夫妇的胎教方法成为人们关注的话题。后来人们用这对夫妇的名字把这种胎教法命名为"斯瑟蒂克胎教法"。斯瑟蒂克夫妇一直坚信"每个胎儿都是天才"，正是在这种观念下，他们从怀孕开始就坚持和胎儿说话，还利用卡片教授胎儿文字和数字。除此以外，他们还会听音乐和浏览图书，以及将准爸爸和准妈妈的生活趣事用非常自然的语调说给胎儿听。斯瑟蒂克胎教法的中心思想是：只要以准爸爸准妈妈对胎儿的爱为基础制订完整的胎教计划，并积极地将其付诸实践，无论是谁都可以生下聪明伶俐的宝宝。

【分析】胎教具有重要意义，但需注意的是，天才儿童是良好的先天遗传和后天教育综合影响的结果，胎教虽然能在一定程度上促进胎儿大脑发育，但单凭胎教是不能塑造出神童的。

基础知识

一、胎教的含义

所谓胎教，是对胎儿的教育，是保障孕妇和胎儿健康的一门学问。利用一定的手段和方法控制孕妇母体内外环境对胚胎及胎儿的影响，使胎儿的身心得到健康发育，即为优生的原则。

胎教之说，古今中外皆有。我国古代十分重视胎教，并形成了成熟的胎教理论与方法。我国早期胎教理论可以追溯到西周时期，统治阶层为了"使太子正而天下定"，当太子在胎中时就开始进行教育，认为"故妊子之时，必慎所感，感于善则善，感于恶则恶。人生而肖万物者，皆其母感于物，故形音肖之""太任之性，端一诚庄，惟德之行。及其有娠，目不视恶色，耳不听淫声，口不出敖言，能以胎教"。而汉代贾谊更把胎教的时间提前到选择婚娶对象时，他认为婚嫁要选择有道德的人："必择孝悌世世有行义者。如是，则其子孙慈孝，不敢淫暴，党无不善，三族辅之。"在《颜氏家训》中，颜之推也充分论述了胎教方法："古者，圣王有胎教之法：怀子三月，出居别宫，目不斜视，耳不妄听，音色滋味，以礼节之。"又如《列女传》中有这样的记载："妇人妊子，寝不侧，坐不边，立不跸，不食邪味，割不正不食，席不正不坐，目不视邪色，耳不听淫声，夜则令瞽诵诗，道正事。如此则生子形容端正，才过人矣。"以上论述是从道德方面告诫孕妇应该怎样生活，同时教育孕妇在妊娠中要努力进行精神涵养，让每一天都过得安稳和充实。我国古代胎教理论后与医学结合，形成了较为完备的胎教理论。

二、胎教的意义

胎儿是具有一定的意识和情绪变化，有原始学习能力的小生命。美国的索尔克生物研究所对胎儿开展研究，结果显示：母亲的心搏声给胎儿留下了感觉印象，重复听到习惯了的声音，胎儿会产生安全感。美国医学专家托马斯的研究结果表明，胎儿在6个月时，大脑细胞的数目已接近成人，各种感觉器官已趋于完善，对母体内外的刺激能做出一定的反应。这就给胎教的实施提供了有力的科学依据。

（一）有利于胎儿大脑健康发育

胎教的内容通常是情感化、艺术化的，融形象和声音于一体，可以促进胎儿右脑的发育，使胎儿出生后知觉和空间感灵敏，更容易具有音乐、绘画、空间鉴别等方面的能力，并能够使胎儿出生后情感丰富，形象思维活跃，直觉判断正确。同时，胎教可引起胎儿的触觉刺激，以促进胎儿感觉神经及大脑的发育，有利于胎儿大脑潜能的全面开发。因为胎教重视情感化和形象化，所以胎儿出生后对语言和数字等知识的学习变得容易，这样就调动了左脑的功能，使胎儿出生后大脑潜能得以更好地发挥和利用。

（二）有利于胎儿的心理健康

胎教带给胎儿的心理影响是积极的、能动的。胎教不仅有利于胎儿感知能力的培养，而且有利于胎儿情感接受能力的培养，使胎儿在出生之前就容易在感知、情感等方面和父母进行互动。为胎儿播放音乐或唱歌时，胎儿会变得很安宁，这都是胎儿感知能力和情感接受能力的体现。胎儿出生后就能更好地接受审美教育，从而拥有良好的想象、领悟能力，并具有积极的情感体验，心理得到健全发展。

（三）有利于完善胎儿的人格

胎教对胎儿的影响是整体性的，胎儿学习的结果也具有整体性。胎教有助于胎儿出生后人格的完善。人格的形成与人的早期经验有很大关系，如果一个人能够在人生初期就受到良好的审美教育，那么这种教育会对一个人的心灵产生长远的、深刻的影响，最终使这个人的人格趋向完善，并使这个人成为一个真诚、善良、美丽的人。

科学的胎教可以为胎儿创造适宜的生长环境，通过适宜的听觉、触觉等方面的刺激，促进胎儿感知能力的发展，进而促进大脑神经细胞增殖和大脑的健康发展。但须注意，胎教不是万能的，也不是所有人都能把胎儿培养成天才，胎教的真谛在于激发胎儿的潜力，促进其出生后在人生道路上的发展。

三、胎儿的养护与优教要点

目前，流行的胎教方法有很多，包括营养胎教、音乐胎教、抚摸胎教、运动胎教、情绪胎教、语言胎教等。胎教是一项系统工程，绝不能单纯理解为使用胎教仪即可。胎教的本质是为胎儿营造健康的生长环境，而母体是胎儿赖以生存的环境，因此母亲的身心状态对胎儿的生长发育至关重要。

（一）保持良好情绪

孕妇的情绪对胎儿的发育起着很重要的作用，孕妇的情绪变化会通过神经系统影响内分泌系统，并通过胎盘血液影响胎儿的发育。6个月的胎儿能够感受母亲的情绪变化，因此保持健康而愉快的心情是关键。美国心理学家欧西格和西蒙斯在对大量调查材料研究后发现，妇女在孕期若有严重的焦虑和高度紧张的情绪，则孩子的情绪常不稳定，易激动，更易出现人格或情绪障碍。因此，孕妇应在整个孕期保持心情舒畅、乐观，满怀对孩子健康出生的美好期望，避免剧烈的情绪波动，积极进行心理调适。

（二）注重孕期保健

首先，要进行孕期筛查和产前诊断。孕妇及其家人要掌握优生优育知识，配合医院进行孕期筛查和产前诊断，做到早发现、早干预。可以通过血液、心电图、尿液检测来判断准妈妈的健康状况。而对于胎儿的健康检查，往往采用B超（B型超声）检测。B超是一种无损伤无痛苦的检测方法，可呈现出人体实质脏器的疾患，同样也可以清楚地显示胎儿的情况。除了孕期检查以外，还需特别注意孕前体检。有生育计划的夫妇要在孕前进行体检，从而排除某些遗传疾病的可能性，并对某些生理问题采取必要的干预。对于大龄孕妇、有致畸因素接触史的孕妇、怀孕后有疾病的孕妇，以及有其他不利优生情况的孕妇，应督促其做好产前医学健康咨询及诊断。

其次，孕期要避免接触有害物质，以免影响胎儿的健康发育。不仅要避免烟酒、农药、化肥、辐射、毒品等化学、物理致畸因素，还要预防病毒、寄生虫等生物致畸因素的影响。尤其要避免吸烟，因为香烟中含有大量的尼古丁。研究证明，孕妇吸烟会对胎儿的产前和产后发育造成不利影响，甚至会增加胎儿死亡的危险性，部分儿童和青少年的认知缺陷和行为问题均可追溯到他们出生前与尼古丁的接触。此外，若孕妇是过敏体质，则需要及早找出致敏物质，尤其要避免接触会引发过敏的食物，必要时，可以到医院进行一系列相关检测，找出致敏物，避免危险。

最后，要科学增加营养。通常，孕前需要多食用含有铁、钙、碘、锌、叶酸等的食物。以叶酸为例，它是胎儿生长发育中不可缺少的营养素，若不注意孕前和孕期的叶酸摄取，则可能会影响胎儿大脑和神经的发育，严重的甚至会导致脊柱裂或无脑畸形胎儿。常见的含叶酸的水果有葡萄、橘子、猕猴桃、樱桃、桃子、李子、杏子、杨梅、石榴、草莓等。另外，孕前还需要避免过量食用辛辣和高糖食物。女性孕期饮食健康至关重要，研究表明，母亲营养不良与低体重儿的出生率之间存在正相关，低体重儿往往是母体营养不足造成的，所以要科学地增加营养，尤其要注重铁、钙、蛋白质、维生素的补充，还要配合合理作息，适度运动，促进胎儿健康发育。

第二课　0～1岁儿童的养护与优教

案例导入

外面下着大雪，豆豆和妈妈一起被护士推回母婴同室病房，病房里有暖气，非常暖和。可是，妈妈发现豆豆总是大哭，母乳也不吃，有时候喝一点儿水，有时候不喝还是大哭，打开纸尿裤也没有臭臭。妈妈很疑惑，把宝宝抱到护士站去，护士一看宝宝就说："衣服穿多了，新生儿不怕冷怕热，不能裹得太厚。"说着把豆豆身上的衣服都扒掉了，剩下一件小薄衫。只一会儿，豆豆就不哭了，安静地睡着了。

【分析】热疹是当孩子身体温度过高时，皮肤上出现淡红色皮疹的一种症状，在孩子肌肤凉爽后不久就会消失。热疹一般出现在孩子的颜面、颈部、肩部、肘窝、腹股沟、腋窝等部位。婴幼儿之所以会患热疹，是因为他们的汗腺功能尚未发育成熟，当周围环境的温度过高时，皮肤通过汗腺分泌调节身体的温度，但是调节功能不全就会引起热疹。新生儿抵抗力弱，缺乏自理能力，要给予新生儿正确的照料，穿衣服一定要适量，为其提供舒适的生活环境。

基础知识

一、婴幼儿健康养育照护的重要意义

婴幼儿时期是儿童生长发育的关键时期。为婴幼儿提供良好的养育照护和健康管理，有助于儿童在生理、心理和社会能力等方面得到全面发展，为儿童未来的健康成长奠定基础，并有助于预防成年期心脑血管病、糖尿病、抑郁症等多种疾病的发生。

儿童早期是生命全周期中人力资本投入产出比最高的时期，儿童早期的发展不仅决定了个体的健康状况与发展，而且深刻影响着国家人力资源和社会经济发展。美国高瞻教育研究基金会（The High Scope Educational Research Foundation）组织的实验研究项目结果表明：在考虑通货膨胀因素的情况下，接受过早期教育的儿童被试在27岁时，对其早期教育每投入1美元能够获得7.16美元的收益；在40岁时，对其早期教育每投入1美元就可获得17.07美元的收益，早期教育的投入回报率大幅增长，其中4.17美元是对个体成长的回报，12.90美元是对社会的回报，体现在社会福利、补偿教育、预防犯罪方面投入的降低以及纳税的增加。大量关于教育投入与回报的研究证实，早期教育是投资获益最高的阶段，能够产生巨大的社会经济效益。早期教育的投入可以为国家日后节省大量的社会教育费和社会福利费。对婴幼儿进行良好的养育照护和健康管理是实现儿童早期发展的重要举措。父母是婴幼儿养育照护和健康管理的第一责任人，儿童保健人员要强化对养育人养育照护的咨询指导。

二、0～1岁儿童的主要特点

婴幼儿不同于成人，是正在不断生长发育的个体。生长指婴幼儿整体和各器官的生长，是可以测量的，属于量的增长；发育指细胞、组织、器官功能的演进与成熟，属于质的改变。生长与发育二者密切相关，不能截然分开，亦可统称为生长发育。可以说，生长发育是指个体从有生命开始，受遗传、环境、学习等因素影响，进行有顺序的、连续的、渐进的、有方向的、由分化到完整的生理及心理变化的过程。

（一）身体生长发育及动作发展迅速

婴幼儿的生长发育是一个连续的过程，但具有阶段性，各阶段发育速度不同，婴幼

儿期和青春期发育最快，其他时期速度一般。尤其是从出生到1周岁的婴儿期是人体生长发育最为迅速的时期，表现为体重从出生时的平均3 kg增至1岁时的9 kg以上，身高从平均50 cm增至75 cm，头围从平均34 cm增至46 cm，上臂围从平均11 cm增至16 cm等。

0～1岁的婴幼儿动作发展非常迅速。婴幼儿生长发育及运动机能的发展遵循从头到脚、从中心到四周、由单一到整体、由简单到复杂、由粗大动作到精细动作、由低级到高级的发展规律。前阶段的发展为后阶段的生长发育创造条件，不会越级发展。具体表现为：婴幼儿最早协调的是头部的动作，如吸吮反射、眼及头随物体的转动，之后是躯干的动作，如翻身、坐、爬行，最后是腿和脚的动作，即站立和行走；先出现肩腰部的动作，之后才出现肘、腕、膝、踝等部分的动作；先出现粗大动作，之后精细动作才慢慢发展，如婴幼儿看到物体时，开始是移动肩肘，用整个手臂接触物体，之后才会用手腕和手指接触并抓取物体，手指更加灵活。

（二）语言能力发展迅速

婴儿期是语言能力发展的关键期，在婴幼儿出生的第一年，其语言能力发展一般要经过"哭叫—'咕咕'叫—咿呀作语—规范化语音"四个阶段。1～2个月的婴儿会辨别照顾者的声音；3个月的婴儿能够笑出声、会叫，能应答性发声，并能以不同的哭声表达不同的需求；4～6个月的婴儿会大声笑，会发出"o""a"等声音，喜欢别人跟他讲话，能区分别人说话的口气，受到批评会哭；7～9个月的婴儿能发出"ma""ba"等音，能听懂大人的一些话，比如听到"爸爸"这个词时能把头转向爸爸；10个月的婴幼儿懂得语词含义，如能按照"拍手"和"再见"口令做出动作；1岁的婴幼儿不但能发出连续的音节，音调也接近真正的语音音调，模仿和重复增多，某些音节与实物发生联系，词语开始出现。

三、0～1岁儿童的养护与优教要点

（一）提倡母乳喂养

孕妇要加强乳房保健，在产后尽早用正确的方法哺乳。母乳含有丰富的营养素、免疫活性物质和水分，能够满足0～6个月婴儿生长发育所需的全部营养，有助于婴儿大脑发育，降低婴儿患感冒、肺炎、腹泻等疾病的风险，减少成年后肥胖、糖尿病、心脑血管疾病等慢性病的发生。对于6个月内的婴儿提倡纯母乳喂养，不需要添加水和其他食物。要做到母婴同室、按需哺乳，每日8～10次以上，使婴儿摄入足量乳汁。在母乳不充分的阶段采取科学的混合喂养，为婴儿安排科学饮食，增加营养，适时添加辅食。

 拓展阅读

全国母乳喂养宣传日

1990年5月10日，原国家卫生部在北京举行了母乳喂养新闻发布会，确定每年的5月20日为"全国母乳喂养宣传日"（图5-1）。这是国家为保护、促进和支

持母乳喂养而设立的一项重要活动，也是献给所有哺乳母亲与她们孩子的节日。全国母乳喂养宣传日旨在呼吁全社会关注和支持"母乳喂养"的观念，让母亲和宝宝建立更紧密的关系，以强化人们的母乳喂养意识，从而更好地实行优生优育。母乳是婴儿最适宜最理想的营养食品，是最适合6个月以内婴儿生长发育需要的天然营养品。世界卫生组织提倡母乳喂养24个月。产妇应在生产后30分钟内早开奶，让婴儿早吸吮，这是提高母乳喂养率的关键。母乳喂养是最经济、最安全、最营养的，对新生儿成长发育也最有益。世界卫生组织驻华代表处高级官员蒂克·哈森用一句中国古话提醒中国家长："金水、银水不如妈妈的奶水。"

图5-1　全国母乳喂养宣传日海报

（二）提供自然睡眠的条件

保持婴儿房间空气清新，室内温度在20～25℃为宜，光线柔和，洁净温馨。白天不必过度遮蔽光线，夜晚睡后熄灯。卧室不宜放置电视等电子产品。保证婴儿的充足睡眠，婴儿期每天总睡眠时间平均应为12～17小时，夜间睡眠时间应达到8小时以上。逐步培养婴儿自主入睡的习惯，敏感识别婴儿睡眠信号，及时让其独立入睡，避免养成抱睡、摇睡、含乳头睡等不良入睡习惯。

（三）注重日常护理

要注重婴儿的日常护理，为婴儿提供舒适、干净、安全的衣物。穿衣或换尿布时，注意观察婴儿的反应，可以通过表情、语言、动作等给予回应和互动，逐步引导婴儿学会主动配合穿衣。要为婴儿勤洗澡、勤换衣裤和尿布，保持其皮肤清洁和干燥。要细心看护，经常观察婴儿的皮肤、眼睛、脐部、大小便情况等，如有问题及时就医。

（四）预防伤害

第一，要加强看护。看护婴儿时，不应长时间使用手机等电子设备，不应从事其他非必要活动。多人与婴儿一起时，应明确一人负责照护；要近距离看护，与婴儿保持较近的距离。婴儿在水中或水边、高处或在身边有动物等情况下，要与婴儿保持伸手可及的距离；不让婴儿处在无人看护的状态下，不与婴儿做不安全的游戏，不让未成年人看护婴儿，确保婴儿的人身安全。

第二，营造安全环境。首先，要清除隐患，随时排查和清除婴儿活动区域内的尖锐物品，可放入口、鼻、耳的小件物品或食物，破损玩具，不安全的运动娱乐设备和电器、药物、化学品等。其次，要隔离危险，楼梯、窗户、水池、沟渠应安装防护栏，水桶、水盆、井等要加盖；将药物、日用化学品、发热物体、刀具、电源、电器等危险物放置在婴儿无法接触到的固定位置。最后，要使用安全产品，选择有质量安全认证的、适合的玩具和儿童用品；使用儿童安全座椅、家具防撞角、窗户锁等安全产品。

(五)善用多种方式加强亲子交流

第一,身体接触。通过抚摸、拥抱等身体的亲密接触进行亲子交流,让婴儿感受到养育人的关爱,建立依恋关系,培养亲情。

第二,肢体语言。通过眼神、表情、肢体动作等方式,表达对婴儿的关注、喜爱和鼓励,从而进一步增进亲子感情,促进亲子交流互动。

第三,语言交流。尽早使用语言同婴儿进行交流,从简单的语音开始,逐渐到单词、短语,再到完整的语句。向婴儿描述周围的人、日常用品、活动和事物等,帮助婴儿练习听和说,培养理解和表达能力;随着婴儿语言能力的提高,要经常为婴儿讲故事、读绘本、唱儿歌,为婴儿提供丰富的语言环境。

(六)主动学习婴儿日常养育和照料的科学知识与方法

家长应让婴儿多看、多听、多运动、多抚触,带领婴儿开展适当的运动、游戏,增强婴儿体质。家长应按时为婴儿接种疫苗,培养婴儿健康的卫生习惯,注意科学的饮食搭配;配合医疗部门完成相关疾病筛查,做好婴儿生长发育监测,学会观察婴儿,及时发现婴儿发育中的异常表现,及早进行干预;了解婴儿常见病的发病征兆及应对方法,掌握病后护理常识;了解婴儿成长的特点和表现,学会倾听、分辨和理解婴儿的多种表达方式。

拓展阅读

辅食添加

1. 添加时间

婴儿6个月起应添加辅食,在合理添加辅食的基础上,可继续母乳喂养至2岁及以上。早产儿在校正胎龄4~6月时应添加辅食。

2. 添加原则

每次只添加一种新的食物,由少量到多量、由一种到多种,引导婴儿逐步适应。从一种富含铁的泥糊状食物开始,逐渐增加食物种类,逐渐过渡到半固体或固体食物。每引入一种新的食物,适应2~3天后再添加新的食物。

3. 辅食种类

制作辅食的食物包括谷薯类、豆类及坚果类、动物性食物(鱼、禽、肉及内脏)、蛋、含维生素A丰富的蔬果、其他蔬果、奶类及奶制品7类。添加辅食种类每日不少于4种,并且至少应包括一种动物性食物、一种蔬菜和一种谷薯类食物。6~12月龄阶段的辅食添加对婴儿生长发育尤为重要,要特别注意添加的频次和种类。婴幼儿辅食添加频次、种类不足,将明显影响生长发育,导致贫血、低体重、生长迟缓、智力发育落后等健康问题。6~9月龄婴儿,每天需要添加辅食1~2次。9~12月龄婴儿,每天添加辅食增至2~3次。

4. 合理制作

婴幼儿辅食应单独制作,选用新鲜、优质、无污染的食材和清洁的水制作。烹调宜用蒸、煮、炖、煨等方式,食材要完全去除硬皮、骨、刺、核等,豆类或坚果要充分磨碎。1岁以内婴儿辅食应保持原味，不加盐、糖和调味品，1岁以后辅食要少盐、少糖。鼓励幼儿尝试多样化食物，避免食用经过腌制、卤制、烧烤的食物，以及重油、甜腻、辛辣刺激的重口味食物。

6～24月龄婴幼儿辅食添加要点详见表5-1。

表5-1　6～24月龄婴幼儿辅食添加要点

月　龄	频次（每天）	母乳之外食物每餐平均进食量	食物质地（稠度/浓度）	食　物　种　类
6个月之后（6月龄）开始添加辅食	继续母乳喂养 + 从1次开始添加泥糊状食物逐渐推进到2次	从尝一尝开始逐渐增加到2～3小勺	稠粥/肉泥/菜泥	辅食主要包括以下7类： 1. 谷薯/主食类（稠粥、软饭、面条、土豆等） 2. 动物性食物（鱼、禽、肉及内脏） 3. 蛋类 4. 奶类和奶制品（以动物乳、酸奶、奶为主要原料的食物等） 5. 豆类和坚果制品（豆浆、豆腐、芝麻酱、花生酱等） 6. 富含维生素A的蔬菜和水果（南瓜、红心红薯、芒果等） 7. 其他蔬菜和水果（白菜、西蓝花、苹果、梨等） * 添加辅食种类每日不少于4种，并且至少应包括一种动物性食物、一种蔬菜和一种谷薯类食物
6～9月龄	继续母乳喂养 + 逐渐推进（半）固体食物摄入到1～2次	每餐2～3勺逐渐增加到1/2碗（250 mL的碗）	稠粥/糊糊/捣烂、煮烂的家庭食物	
9～12月龄	逐渐推进（半）固体食物摄入到2～3次 + 继续母乳喂养	1/2碗（250 mL的碗）	细细切碎的家庭食物/手指食物/条状食物	
12～24月龄	3次家庭食物进餐 + 2次加餐 + 继续母乳喂养	3/4碗到1整碗（250 mL的碗）	软烂的家庭食物	

（资料来源：《国家卫生健康委办公厅关于印发3岁以下婴幼儿健康养护照护指南（试行）的通知》，https://www.gov.cn/zhengceku/2022-11/29/content_5729421.htm。）

第三课　2～3岁儿童的家庭教育

> **案例导入**
>
> 　　1920年在印度加尔各答附近的丛林中,发现了两个和狼生活在一起的孩子,年长的估计8岁,年幼的1岁半,这就是轰动一时的"狼孩"事件。两人被发现带回人类世界后,分别取名为卡玛拉与阿玛拉。她们的生活习性和狼相似,言语、动作姿势、情绪反应等方面都能看出很明显的狼的生活痕迹。她们不会人类语言,不会和人一样走路,而是四肢着地,像松鼠般机灵地四处跑动;她们不吃素食而要吃肉,不用手拿,而是放在地上像狼一样用牙齿撕咬吃。她们老是撕掉身上的衣服,害怕光亮,白天萎靡不振,每到午夜后狼似的引颈长嚎。回到人类社会的第2年时妹妹阿玛拉就去世了。卡玛拉因为从小就远离人类社会,在狼群中生活了有7年之久,被发现的时候,心智就如6个月婴儿一样。卡玛拉经过7年的教育,才掌握四五个词,勉强地学几句话,开始朝人的生活习性迈进。她死时估计已有16岁左右,但其智力只相当于三四岁的孩子。
>
> 　　此外,人们还发现过"熊孩""豹孩""猴孩""羊孩"等。他们也和"狼孩"一样,具有抚育过他们的野兽的生活习性。
>
> 　　【分析】"狼孩"的事例说明了儿童时期对人身心发育的重要性。人的一生中,儿童时期在生理上和心理上都是一个迅速发展的时期。正是在儿童时期,人们逐步学会了直立和说话,学会用脑思考,为以后智力和才能的发展打下了基础。"狼孩"由于在动物中长大,错过了这种社会实践的机会,就使她们的智力水平远远比不上同年龄的正常儿童。

基础知识

一、2～3岁儿童的主要特点

(一)身体及动作发展迅速

　　该阶段的儿童处于大肌肉运动能力发展阶段,而小肌肉运动能力较弱,喜欢重复做搭积木类游戏。2～3岁儿童已能完成坐、立、行、爬、钻等基本动作,并能扶着栏杆上下楼梯。手眼协调的能力也有了较快的发展,可以同时一手捧碗一手拿汤匙。可以说,此年龄段儿童的动作进入了一个快速发展的关键期,但受动作能力发展的制约,做事动作迟缓,身体控制力较差,缺乏自我保护的意识和能力,尚需要成人的帮助。同时,2～3岁儿童在日常生活中开始表现出独立的倾向。他们尝试着自己洗手,用汤匙进食,自己穿脱衣服、鞋袜等。在如厕方面懂得表达自己的需要,并能在成人帮助下如厕。

（二）自我意识逐渐增强

2～3岁儿童自我意识逐渐增强，并逐步理解"我""他（她）"的概念，自我意识形成最主要的标志是儿童掌握人称代词"我"，并逐渐区分哪些东西是自己的，哪些东西是别人的。该阶段儿童不再把自己当成客体看待，而是作为一个主体，要求自己探索周围环境，开始摆脱过去的依赖状态，产生了自主的欲求，许多事情都想自己动手，不愿别人干预，如想自己穿衣、吃饭、行走、如厕等。但此时的儿童还不可以脱离父母独立生活。但他们情绪变化很大，还不能很好地控制自己的情绪，表现出更多的反抗行为。

（三）思维具有直觉行动性

2～3岁儿童心智机能已基本形成，但他们不是"缩小的成人"，其心智机能具有自身的特点。他们的思维活动具有一定的直觉行动性，在直接感知中进行，还需要依赖直观的事物和情境。如儿童抱着小兔子才会玩小兔子大灰狼的游戏，小兔子和大灰狼不见了，游戏也就自然停止了。此阶段儿童的思维活动是在实际行动中进行的，离不开儿童自己的具体活动，因此，他们往往先做后想、边做边想，做事常常事先没有目的。如在画画之前往往说不出自己要画什么，而在画出某种形象之后才会说画的是"房子""香蕉"等。

（四）口头语言迅速发展

许多研究表明，2～3岁是儿童口语发展的关键时期，该时期内儿童对语言表达有巨大的学习兴趣，表现出与成人进行语言交流的强烈欲望，并且学习语言的能力非常强，若拥有良好的语言学习环境，儿童在这一时期的语言能力会得到迅速发展。2岁以后，儿童能够基本理解常用的简单句型，能用完整的简单句来表达自己的需要和愿望，这时儿童和成人的交流已用语言伴随动作和表情进行，并慢慢出现复合句，儿童说出的句子日趋完整、复杂。此外，此时期的儿童学习语言的积极性非常高，变得特别喜欢说话，几乎每天都能掌握新的词汇，词汇量迅速增加。到3岁时，儿童掌握的词汇量在1 000个词左右。

二、2～3岁儿童家庭教育要点

（一）加强亲子陪伴，培养儿童良好的情绪

家长要认识到陪伴对于孩子成长的重要性，学会建立良好的亲子依恋关系，积极发挥父母在家庭教育中的作用。不要用电子产品代替家长陪伴孩子，避免家长出现"人在心不在"的情况，多与孩子一起进行亲子游戏和亲子阅读。家长要学习亲子沟通的技巧，与孩子建立开放、平等的沟通模式，在与孩子沟通时，家长注意要尽量蹲下身子与孩子保持在一个水平线上，平视孩子的眼睛，认真倾听，以民主、平等的姿态与孩子沟通。要关注、尊重、理解孩子的情绪，合理对待孩子过度情绪化的行为，有针对性地实施适合孩子个性的教养策略，培育孩子良好情绪。对于多子女的家庭，要处理好与不同子女的亲子关系、子女间的关系，让每个孩子都得到健康发展。

（二）创设良好环境，丰富儿童感知经验

2～3岁儿童探索欲望非常强烈，好奇周围的一切事物。家长要重视孩子感知发展

的关键期，为孩子创设能够充分活动的空间与条件，充分利用日常生活环境中的真实物品和自然现象，让孩子在爬行、观察、听闻、触摸等多种活动过程中获得触觉、视觉、听觉等各种感官经验，促进孩子感官的发展，进而促进孩子认知能力的发展。

（三）提供言语示范，促进儿童语言发展

2～3岁是儿童口头语言发展的关键期。因此，家长要抓住孩子语言发展的关键期，为孩子创设宽松愉快的语言交往环境，通过表情、肢体、语言等多种方式与孩子交流。家长要提高自身语言表达素养，为孩子提供良好的言语示范，用正面示范的方式纠正孩子的不良语言表达习惯。还可以为孩子的语言学习提供丰富的机会，运用多种方法鼓励孩子表达；积极回应孩子，鼓励孩子之间的模仿和交流。如在日常生活中，可以随时随地向孩子描述家里的人物、家具和生活用品，介绍小区的环境等，帮助孩子练习听和说，培养理解和表达能力；可以经常为孩子创造和其他儿童交流、玩耍的机会，尤其可鼓励孩子与年龄稍大或语言能力较强的儿童交往，发挥同伴学习的作用；还可以和孩子一起进行语言类的亲子游戏、亲子阅读，为孩子唱儿歌、讲故事等，让孩子多听多说，为孩子提供丰富的语言环境。

（四）帮助儿童做好入园准备

家长要帮助孩子做好入园准备。入园前，家长要有意识地培养孩子一定的生活自理能力，如能独立进餐、喝水、如厕、睡眠、盥洗等，在日常生活中，家长要相信孩子的能力，放手让孩子反复练习，不催促，不指责，让孩子在独立尝试的过程中逐步增强生活自理能力。培养孩子对简单规则的理解能力，能听懂成人的指令做事，能理解简单的游戏规则等。入园后，家长要与幼儿园教师积极沟通，关注孩子在园表现，保持家庭与幼儿园的生活作息和规则一致，形成家园合作，共同帮助孩子适应幼儿园环境，平稳度过入园分离焦虑期。

婴幼儿健康养育照护

指导养育人应使用0～3岁儿童生长发育监测图进行家庭自我监测，如图5-2所示。若儿童体重、身长（身高）等体格生长水平低于第3百分位或高于第97百分位，或者出现生长速度平缓或下降或突增，应及时就诊。

单元五 各年龄阶段学前儿童的家庭教育

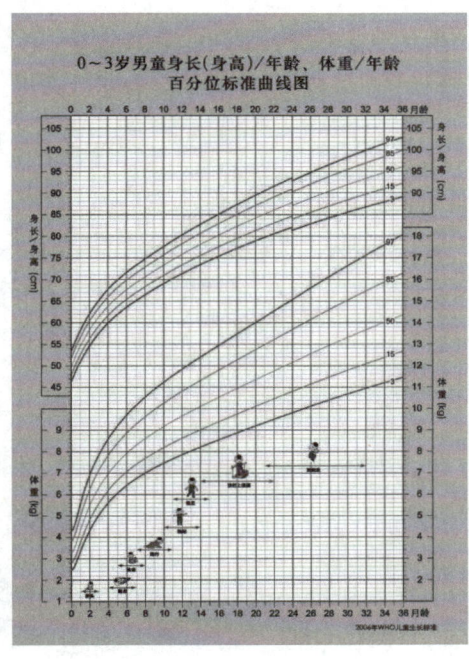
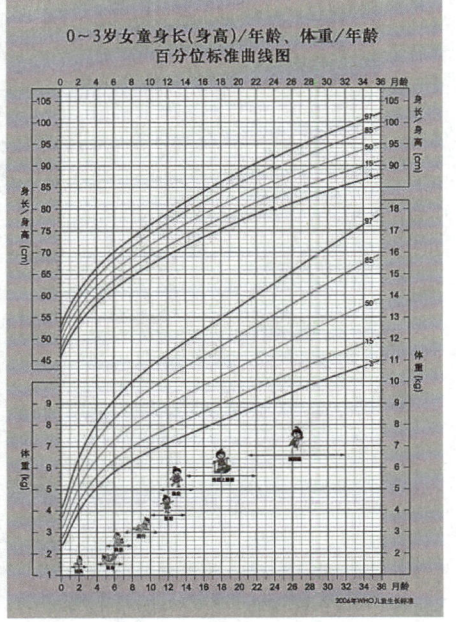

图5-2 0～3岁儿童生长发育监测图

婴幼儿亲子交流与玩耍要点见表5-2。

表5-2 婴幼儿亲子交流与玩耍要点

0～1月龄	1～3月龄	3～6月龄
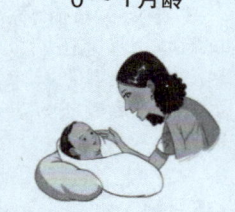		
交流：注视新生儿的眼睛，温柔地与他（她）说话，尤其是哺乳、照护时，让新生儿看养育人的脸，听养育人的声音。	交流：在喂奶时或孩子清醒时，对着他（她）笑，模仿他（她）的声音和他（她）说话交流。	交流：经常和孩子说话、逗笑，通过模仿他（她）的声音、表情和动作与他（她）交流。
	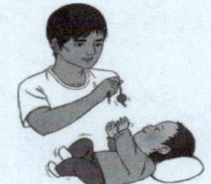	

105

玩耍：让新生儿看、听，接触养育人，自由地活动四肢；轻轻地抚摸和怀抱他（她），与他（她）亲密皮肤接触会更好。

玩耍：让孩子看、听、接触养育人，自由地活动四肢；在床上、炕上帮助婴儿俯卧、抬头；慢慢移动彩色玩具或物品让他（她）看、触摸，可用红球、绳子串起的圆环做玩具。

玩耍：多让孩子俯卧、抬头，帮助他（她）翻身，让孩子伸手去够、抓握玩具，可用不同质地的，如布或塑料瓶做的玩具。

6～9月龄

9～12月龄

12～18月龄

交流：对孩子的声音和兴趣给予回应，叫他（她）名字观察反应，用布遮住脸玩"躲猫猫"，和他（她）说看到的人或物品。

交流：教孩子认家中物品、人及身体部位，和孩子说话、唱歌、结合场景边说边做手势，如拍手"欢迎"、挥手"再见"。可用具有五官的娃娃作玩具。

交流：问孩子简单的问题，回应他（她）说的话。用简单的指令调动他（她）的活动，如"把杯子给我"；鼓励他（她）称呼周围的人，看物品和图片，说出名称。

玩耍：让孩子练习坐，在床上、炕上翻滚，给他（她）提供一些干净、安全的家庭物品，让他（她）抓握、传递、敲打，可用杯子、勺子作玩具。

玩耍：鼓励孩子爬行、站立和扶走，让他（她）练习用拇指、食指捏小物品。把玩具放在布下面与孩子玩"藏猫猫"。

玩耍：鼓励孩子独自行走、蹲下和站起，握笔涂画，用套叠杯、碗、饮料瓶玩堆叠游戏，或把物品放进容器再拿出来。

18～24月龄

24～36月龄

交流：与孩子多说话，问他（她）问题并耐心等待他（她）的回答，用清晰、正确的发音回应他（她）说的话。带他（她）边看大自然、图画书和物品，边和他（她）交谈。

交流：与孩子一起看图画书，讲故事、念儿歌，尝试和他（她）讨论图画书的内容；教他（她）说自己的姓名、性别，教他（她）认识物品的形状、颜色、用途。

玩耍：多户外活动，鼓励孩子扶着支撑物上下台阶，玩扔球、踢球，练习翻书、拧开瓶盖。引导他（她）玩给娃娃喂饭等模仿性游戏。

玩耍：让孩子练习单脚站立、双脚蹦跳、踢球等，培养他（她）自己洗手、吃饭、扣扣子、穿鞋等生活自理能力；鼓励他（她）与小朋友玩"开火车""骑竹竿"等游戏。

（资料来源：《国家卫生健康委办公厅关于印发3岁以下婴幼儿健康养育照护指南（试行）的通知》，https://www.gov.cn/zhengce/zhengceku/2022-11/29/content_5729421.htm。）

第四课　4～6岁儿童的家庭教育

案例导入

5岁的宇轩是班级里的"小霸王"，动不动就爱发脾气，显得很霸道。一天天气晴朗，小朋友们都在沙坑里玩沙子，宇轩一眼看上秋秋的新铲子，二话不说冲过去就抢在手里。秋秋来夺，宇轩一把把他推倒，二人厮打起来。别的小朋友不愿意和宇轩玩，因为他稍不顺心就发脾气。有一次他喜爱的小汽车因为没电了怎么也不动，他举起来就摔，老师看到此情形上前询问他，但宇轩情绪格外激动，甚至踢人。老师无奈只能与家长沟通，却发现家长也是脾气暴躁的人，爸爸妈妈经常吵架，不能有效解决问题，甚至有时会大打出手。

【分析】孩子是父母的影子，为了培养孩子的品德，父母亲的行为要自慎，应成为孩子的表率，孩子好的或坏的行为都是父母教育、影响的结果。宇轩从小在一个充满暴力的家庭环境中成长，父母没有为孩子树立正确的学习榜样，孩子所学会的解决事情的方法也只能是暴力，这与家长的行为有直接的关系。因此，家庭在塑造幼儿的过程中起到重要的作用，要重视家庭对于幼儿的早期教育。

基础知识

一、4~6岁儿童的主要特点

（一）语言表达能力逐渐增强

在4~6岁，由于独立性的发展，儿童常常离开成人进行各项活动，需要像成人一样表达所获得的一些经验、印象和体会，因此独白语言逐渐形成。儿童的语言能力逐渐在自言自语的基础上形成，语言对行为的调节功能逐步发展起来。随着语言能力的发展，儿童思维中形象和词语的相互关系也逐渐发生变化，儿童对词语的使用能力加强，语言连贯性增强，能逐步摆脱表象、形象的束缚。渐渐地，儿童能较清楚、连贯有序甚至有表情地描述事物，并且描述得活灵活现、生动形象。该阶段儿童的语言表达能力明显提高，能较好地用语言与同伴、成人进行沟通交流，能自信地表达个人的观点和主张。4岁儿童基本上能掌握本民族全部语音，到6岁时，儿童已经能够辨别绝大部分母语中的发音，也基本能发准母语的绝大部分语音。儿童开始对文字符号产生兴趣，会创造自己想象的文字，能比较独立地、专业地阅读图书，理解能力不断增强。

（二）具有强烈的好奇心和求知欲

4~6岁儿童具有强烈的好奇心和求知欲，好奇、好问、好模仿是此阶段儿童非常明显的特点，他们对周围的一切事物都格外地感兴趣。这种好奇会逐渐变成强烈的求知欲和认识兴趣，他们对知识充满渴望，乐于思考，积极回答成人提出的问题，并且喜欢追求新的想法和不同的答案。如在幼儿园户外活动时，天上飞过一架飞机，出现了"飞机拉线"的现象，儿童立刻发现了这一神奇的现象，并热烈讨论飞机后面到底是什么，有儿童说"是飞机飞过以后形成的云"，有儿童说"是飞机产生的垃圾"，有儿童说"是有人在天上滑雪"。儿童的热烈讨论表现出他们对于新鲜事物的兴趣和求知欲。

（三）个性开始形成

个性是人比较稳定的具有一定倾向的心理活动的总和。4~6岁是儿童个性形成和发展的重要时期，因为此时期个性的各种心理结构成分开始发展，主要表现在兴趣、自我意识、性格、能力等方面。首先，该时期的儿童出现了相对稳定的兴趣。在自由游戏时，有的儿童喜欢玩球，有的儿童喜欢玩"娃娃家"，有的儿童喜欢读绘本、讲故事，有的儿童喜欢大型的建构游戏，等等。其次，这一阶段儿童的自我认识、自我体验和自我控制等自我意识快速发展。一方面表现为儿童的自尊、自信、荣誉感、羞耻感、嫉妒心、好胜心等都比以前更强；另一方面，儿童自我意识的发展还体现在自我评价的能力上，儿童的自我评价从依从性评价向独立性评价发展，他们不再轻信成人的评价，当成人的评价与儿童的自我评价不一致时，儿童会提出申辩。同时，儿童的自我评价开始从个别性评价向多面性评价发展，例如，该阶段儿童在评价自己时会说："我会唱歌跳舞，但画画不行。"再次，随着儿童年龄的增加，其个性差异更加明显，并且个性的稳定性越来越强。此阶段儿童的性格特征已有明显差异，他们已开始表现出顺从、冲动、好表现、依赖、内向、外向等各种不同的性格特征。但与其他高年龄阶段儿童相比，此时期儿童的性格更易受情境制约，性格具有一定的可塑性。最后，在能力方面，无论是智力，还是一般能力、特殊能力等，由于先天的遗传和后天的环境教育等因素的综合作用，儿童到5岁时能力差别已经很明显。这种能力方面的特征就构成了儿童的个性差别。

（四）自理能力和劳动能力明显增强

随着年龄的增长，儿童生活自理能力明显增强，变得更加独立，他们可以选择自己喜欢的衣服，能用筷子吃饭、夹菜，也能做到不影响别人入睡。4～6岁儿童已经逐渐能将劳动与游戏分开。他们对劳动的态度极其认真，更加关心劳动结果，同时能初步理解劳动的社会意义。他们喜欢参与成人的劳动，比如，他们在家里会扫地、擦桌子、摆放碗筷、整理自己的用品等，在幼儿园里也能做一些力所能及的事情，如值日生劳动等，并且在劳动中表现出一定的责任感。

（五）合作意识逐渐增强

4～6岁儿童在相互交往中开始形成合作意识。他们会选择自己喜欢的玩伴，也能与同伴一起开展合作性游戏。他们逐渐明白公平的原则和个人需要服从集体约定的规则，也能向其他伙伴介绍、解释游戏规则。例如，在大型建构游戏中，儿童能通过讨论确定搭建的造型、使用的材料、简单的分工等，他们能通过语言、动作等进行表现。在游戏中有分工、有合作，体现了他们一定的合作能力。

（六）规则意识逐渐形成

4～6岁儿童的规则意识逐渐形成，他们开始学着控制自己的情绪和行为，遵守集体的共同规则。例如，玩完玩具之后要把玩具整理好放回原处，发言要先举手，户外活动要遵守秩序等。同时，这一阶段的儿童特别喜欢有规则的游戏，如棋类游戏、体育游戏等。对在活动中违背规则的行为，他们常常会"群起而攻之"，捍卫游戏的规则。但这一时期的儿童对于规则的认识还没有达到自律水平，规则对他们来说还只是外在的，因此，儿童在规则的实践方面还会表现出以自我为中心的倾向。

二、4～6岁儿童家庭教育要点

（一）加强儿童营养保健和体育锻炼

4～6岁儿童仍处于身体快速生长发育的时期，需为其提供营养膳食，以保障身体发育所需的各种营养元素。家长要学习关于儿童营养的科学知识，并根据孩子的自身特点，寻找科学又能被孩子接受的膳食，合理搭配孩子饮食，做到营养均衡、比例适当、饮食定量、调配得当。家长应与孩子协商制订合理的家庭生活作息制度，培养孩子良好的生活和卫生习惯，保障身体的健康发展。此外，要科学管理孩子的体重，积极带领孩子开展各项体育活动、体育游戏，增强孩子的心肺功能，强壮筋骨，进而增强体质。

（二）制订生活规则，培养儿童良好生活习惯

家长应了解学前儿童成长规律及特点，掌握科学的日常养育方法，并据此制订一日生活流程和日常生活规则，按照规则指导孩子的行为。采用鼓励、表扬、示范等正面教育的方法，培养孩子养成良好的生活行为习惯，主要包括以下四个方面：第一，卫生习惯。例如，饭前便后要洗手，早晚刷牙和饭后漱口，正确洗头、洗脚和洗澡，定期修

剪指甲，保持衣服整洁，不随地吐痰、大小便，不乱扔纸屑、瓜果皮等。第二，饮食习惯。例如，按时进餐，定量饮食，不独占食物，荤素搭配，不挑食不偏食，吃饭时坐姿正确、不看电视、细嚼慢咽，不用零食替代正餐，爱惜粮食，注意进餐礼节等。第三，睡眠习惯。例如，独自上床，按时睡觉、起床，不熬夜不赖床，学会正确的睡眠姿势，不蒙被子睡觉等。第四，劳动及自理习惯。树立"劳动光荣"的观念，自己的事情自己做，做一些力所能及的家务，例如，擦桌子、摆碗筷、收拾玩具、整理书架、穿脱鞋袜衣服、系鞋带等。

（三）注重游戏的独特价值，丰富儿童经验

儿童的学习特点是以直接经验为基础，在游戏和日常生活中进行学习。游戏是儿童最基本的活动，也是儿童最自然、最适宜的学习途径。《指南》中明确提出要遵循儿童的发展规律和学习特点。珍视儿童生活和游戏的独特价值，充分尊重和保护其好奇心和学习兴趣，创设丰富的教育环境，合理安排一日生活，最大限度地支持和满足儿童通过直接感知、实际操作和亲身体验获取经验的需要。因此，家长应引导孩子关注日常生活、周围环境及自然现象，多带领孩子参加亲子游戏及户外活动，亲近自然，体验生活，以满足孩子的兴趣和发展需要，丰富孩子的感性经验。

（四）培养儿童良好的学习品质

4～6岁是培养儿童学习品质的重要时期，儿童在活动过程中表现出的积极态度和良好行为倾向是终身学习与发展所必需的宝贵品质。家长要充分尊重和保护孩子的好奇心和学习兴趣，帮助孩子逐步养成积极主动、认真专注、不怕困难、敢于探究和尝试、乐于想象和创造等良好学习品质。严禁"拔苗助长"式的超前教育和强化训练。家长要清楚地认识到忽视孩子学习品质的培养，单纯追求知识技能学习的做法是短视而有害的。

（五）培养儿童的规则意识，提高社会适应能力

人的本质属性是社会性。儿童是生活在社会中的个体，必须要为适应社会生活做准备，具有一定的社会适应能力，而社会性就是为适应社会生活所表现出的心理和行为特征。家长在日常生活中要结合实际情况为孩子制订日常生活行为规范、游戏规范，教导孩子遵守家庭基本礼节，学习社会要求的各项规范；为孩子设置力所能及的任务，培养孩子的责任感和认真负责的态度；带领孩子进行各项社会实践，鼓励孩子体验不同生活，利用角色扮演游戏让孩子了解社会分工及不同职业的工作特点；等等。

（六）培养儿童人际交往能力

进入幼儿园后，儿童的活动范围扩大，从原来单一的亲子关系扩展到师幼关系和幼幼关系，多种复杂的关系并存，难免会使儿童感到手足无措，难以应对。家长要认识到培养孩子人际交往能力的重要性，教导孩子尊重长辈，关爱同伴，讲礼貌，懂礼节；教导孩子学会接纳差异，尊重他人的想法，理解他人情绪；关注孩子日常交往态度和交往行为，并以合适的方式及时地给予引导和帮助。例如在日常生活中可以经常给孩子讲故事、读绘本，教给孩子正确的交往态度和交往技巧；创造人际交往的机会，带孩子去亲朋好友家做客，让其多与年龄相仿的儿童交往；等等。

单元五　各年龄阶段学前儿童的家庭教育

> **拓展阅读**
>
> ### 婴幼儿心理行为发育监测
>
> 儿童心理行为发育问题预警征象见表5-3。
>
> 表5-3　儿童心理行为发育问题预警征象筛查表
>
> | 年龄 | 预警征象 | 年龄 | 预警征象 |
> |---|---|---|---|
> | 3月 | 1 对很大的声音没有反应 □
2 逗引时不发音或不会微笑 □
3 不注视人脸，不追视移动的人或物品 □
4 俯卧时不会抬头 □ | 6月 | 1 发音少，不会笑出声 □
2 不会伸手抓物 □
3 紧握拳松不开 □
4 不能扶坐 □ |
> | 8月 | 1 听到声音无应答 □
2 不会区分生人和熟人 □
3 双手间不会传递玩具 □
4 不会独坐 □ | 12月 | 1 呼唤名字无反应 □
2 不会模仿"再见"或"欢迎"动作 □
3 不会用拇食指对捏小物品 □
4 不会扶物站立 □ |
> | 18月 | 1 不会有意识叫"爸爸"或"妈妈" □
2 不会按要求指人或物 □
3 与人无目光交流 □
4 不会独走 □ | 24月 | 1 不会说3个物品的名称 □
2 不会按吩咐做简单事情 □
3 不会用勺吃饭 □
4 不会扶栏上楼梯/台阶 □ |
> | 30月 | 1 不会说2～3个字的短语 □
2 兴趣单一、刻板 □
3 不会示意大小便 □
4 不会跑 □ | 36月 | 1 不会说自己的名字 □
2 不会玩"拿棍当马骑"等假想游戏 □
3 不会模仿画圆 □
4 不会双脚跳 □ |
> | 4岁 | 1 不会说带形容词的句子 □
2 不能按要求等待或轮流 □
3 不会独立穿衣 □
4 不会单脚站立 □ | 5岁 | 1 不能简单叙说事情经过 □
2 不知道自己的性别 □
3 不会用筷子吃饭 □
4 不会单脚跳 □ |
> | 6岁 | 1 不会表达自己的感受或想法 □
2 不会玩角色扮演的集体游戏 □
3 不会画方形 □
4 不会奔跑 □ | | |
>
> 注：适用于0~6岁儿童。检查有无相应月龄的预警征象，发现相应情况在"□"内打"√"。该年龄段任何一条预警征象阳性，提示有发育偏异的可能。
>
> ［资料来源：《国家卫生健康委办公厅关于印发3岁以下婴幼儿健康养育照护指南（试行）的通知》，https://www.gov.cn/zhengce/zhengceku/2022-11/29/content_5729421.htm。］

第五课　幼小衔接期儿童的家庭教育

案例导入

在大部分一年级新生还在适应新环境、新老师、新伙伴的时候，小伟的表现显得非常老到。语文课上，老师刚刚揭示学习内容，小伟就在下面背诵起来，并且很得意地告诉同桌："这本书上所有的课文我都会背了。"数学课上，小伟最期盼的就是做题，因为他做得又快又好，常常能拿满分。同学们向他投来羡慕的眼光，这让小伟很有成就感。

在小伟看来，老师讲的东西他全都会了，所以课堂上听讲很不专注，而且还常影响同桌。随着同学们逐渐适应小学环境和逐步养成良好习惯，小伟"我都会了"的优越感和自豪感渐渐不再凸显，而且作业也常常会出现卡壳。每当这时，小伟就会觉得特别委屈，有时甚至会哭着怪奶奶之前怎么没有教过……

【分析】小学阶段令家长最为头疼的就是孩子进入小学不适应的问题。孩子在不同的成长阶段有不同的核心发展目标，学前期是培养良好习惯、激发学习兴趣的最佳时期，常用的方式是玩中学、学中玩。而一些家长望子成龙心切，怕孩子输在起跑线上，就过早剥夺了孩子游戏、玩耍的时间，让其大量认字、写字、做算术题。让孩子提前学习小学内容，孩子看似做好了入学准备，但没有养成良好的学习习惯、自理能力等，并不利于其入学适应。能否顺利实现从幼儿园向小学生活的过渡，对儿童的成长具有重要意义，教师和家长要把握好入学准备的重点，帮助儿童做好入学准备工作。

基础知识

一、幼小衔接的内涵

幼小衔接，指的是学前教育和小学教育之间的衔接，是儿童从学前教育阶段向小学教育阶段的转变过程，也是儿童在其发展过程中面临的一个重大的转折期。在这个阶段，儿童从幼儿园中的生活、游戏和学习进入更加正式的小学教育。幼小衔接是为了让儿童更顺利地适应新的教学方法、学科内容、作息时间和行为规范，帮助他们更好地适应小学生活和学习，同时也便于监测儿童的学习成绩和发展情况。

处于幼儿园与小学阶段的儿童具有不尽相同的身心发展特征，如果进行适宜的幼小衔接工作，这个适应过程会更加顺利。促进幼儿园和小学科学衔接，全面做好入学准备和入学适应教育工作，确保儿童顺利完成从幼儿园向小学生活过渡，对于促进儿童身心健康、终身可持续发展及提高教育质量都具有重要意义。幼小衔接是一个动态的、连续的、发展的、综合的概念，涉及政策、家庭、社区和学校的相互衔接，绝不是一方主体可以独立完成的，需要多主体通力合作。《纲要》明确指出：幼儿园与家庭、社区密切合作，与小学相互衔接，综合利用各种教育资源，共同为幼儿的发展创造良好的条件。因此研究幼小衔接问题，做好衔接工作是十分重要的。

二、幼小衔接教育的误区

幼升小是教育过程中的转折期，科学的幼小衔接可以为以后的教育奠定坚实的基础。我国的幼小衔接工作已取得了一些成果，但仍然存在很多问题。

（一）重视智力发展，忽视儿童全面发展

个体的发展是全面的、相互联系的，实施全面发展教育是实现人全面发展的途径，教育要重视个体德智体美劳全面发展。幼小衔接可以做如下努力：入园前的准备、学校的选择、入学后的适应等。但在具体实施幼小衔接时可能会出现一些不当的行为，主要有以下三个方面：一是认为幼小衔接主要是指拼音、识字、计算等文化知识方面的衔接，于是在幼儿园阶段让儿童花大量时间学习小学的内容；二是盲目满足"名校"的考核要求，不顾儿童的身心健康一味施加压力，不惜一切代价为儿童进入"名校"而努力；三是入学后过分关注儿童的学习成绩，而忽略儿童情绪情感、社会性等方面的适应。超前的智力教育忽视了儿童的综合素质提升和兴趣培养，阻碍了儿童的全面发展，很容易导致幼小衔接走向片面化和单一化。

（二）重视灌输式教学，忽视儿童主体性

《纲要》明确指出游戏是儿童学习过程中最基本的活动。然而，部分家长在日常教育儿童时仍然以传统的教学方法为主，淡化儿童喜欢的游戏活动。儿童年龄较小，注意力还不够集中，自控力较差，在乏味的讲授式教育中常常东张西望。另外，部分家长忽略了游戏教学中儿童的主体地位，对儿童的干预过多，导致其难以发挥主动性和创造性。在儿童行为规范的管理上，部分家长为了让儿童尽快适应小学的学习生活，要求儿童以规范的上课姿势听课，如上课时端正坐好、双手要放在桌面上等。在幼儿园教室环境设计上，部分幼儿园教师会用字母表、九九乘法表等装饰教室，忽视环境的趣味性和启蒙性。科学的幼小衔接要求减轻儿童的学习压力，注重对儿童自主能力和自律能力的培养，而灌输式的教育模式会扼杀儿童自主性的发展。

（三）重视结果评价，忽视过程评价

对儿童的评价应当从结果性评价走向过程性、多元性评价，实现从"分数本位"向"素养本位"的转型。有研究者与大班儿童家长进行沟通交流后发现，几乎一半的家长把孩子学到知识性或者技能性的知识作为评价幼儿园教育成果的标准。"双减"政策倡导多元化的评价方式，以促进学生的全面发展为目的。幼儿教师应针对儿童的学习兴趣、学习习惯和人际交往特点等关系儿童进入小学所需要的核心素质，进行多维度评价。然而，部分教师和家长对儿童的评价不够深入，较为重视结果性评价及评价的甄别功能，如用等级评价（优、良、差）的方式评价儿童在某个方面的发展水平，忽视评价本身只是一种手段，并非最终目的。

（四）家长表面重视，实际缺乏教育的参与度

一些家长虽然非常重视幼小衔接，但是他们所做的仅限于提供物质上的支持，花钱把孩子送去各种幼小衔接班学习，或者要求幼儿园按他们的要求去做幼小衔接，但家长自身则以工作忙、不懂教育等各种理由推脱，幼小衔接教育参与度低。有的家长虽然认为身体健康也是幼小衔接的一部分，但他们却把这个责任完全推给幼儿园或各种足球、跆拳道等课外兴趣班，在家从来不陪孩子锻炼，有时间就玩手机、平板电脑、计算机等各种电子产品。有的家长认为阅读习惯很重要，但很少或从不陪孩子阅读。

三、我国幼小衔接的相关文件解读

根据中华人民共和国成立至今有关幼小衔接政策文本中规定的责任主体，我国幼小衔接政策发展划分为以下三个时期[①]。

第一个时期是1949—1988年的幼儿园单向责任主体时期。这一时期的幼儿园和学前班承担着实现儿童从幼儿园向小学顺利过渡的全部责任，即幼小衔接的实施主体，或称唯一实施主体是幼儿园和学前班。

第二个时期是1989—2009年的幼儿园和小学双向责任主体时期。1989年6月，原国家教育委员会在颁布的《幼儿园工作规程（试行）》中首次明确规定，"幼儿园和小学应密切联系，互相配合，注意两个阶段教育的相互衔接"。由此，幼小衔接不再是幼儿园单方面向小学教育的迎合，而是转向幼儿园和小学的双向对接，这也奠定了此后我国幼小衔接实施主体的基本面貌，即由幼儿园和小学共同承担实现儿童从幼儿园向小学顺利过渡的责任。

第三个时期是2010年至今的多元利益相关者责任主体时期。2010年至今，中央和地方政府颁布了一系列幼小衔接政策，进一步夯实了幼儿园和小学作为幼小衔接实施主体的地位，这一时期颁布的其他相关政策文件，如2012年2月教育部发布的《关于建立中小学幼儿园家长委员会的指导意见》、2016年3月教育部办公厅发布的《关于开展2016年全国学前教育宣传月活动的通知》等，则对学校、家庭（家长）、社会等不同利益相关者作为幼小衔接的实施主体提出了明确规范，从而为我国幼小衔接进入多元利益相关者主体时期奠定了政策基础。

（一）《关于大力推进幼儿园与小学科学衔接的指导意见》

为深入贯彻党的十九届五中全会"建设高质量教育体系"的要求，落实党中央、国务院《关于学前教育深化改革规范发展的若干意见》和《关于深化教育教学改革全面提高义务教育质量的意见》，推进幼儿园与小学科学有效衔接，2021年3月30日，教育部发布《关于大力推进幼儿园与小学科学衔接的指导意见》（以下简称《指导意见》），这是关于幼儿园与小学科学衔接的指导文件。

《指导意见》对幼儿园与小学科学衔接作了系统的阐述，包括总体要求、重点任务、主要举措、进度安排、组织实施五方面内容。

---

① 刘源：张志勇：《我国幼小衔接政策的历和方向性的历史演进与展望》，《教育科学》2021年第37卷第1期，第83～89页。

第一部分是总体要求。《指导意见》强调要以习近平新时代中国特色社会主义思想为指导，遵循儿童身心发展规律和教育规律，提出了坚持儿童为本、坚持双向衔接、坚持系统推进、坚持规范管理四项基本原则，确保幼小衔接工作沿着科学方向推进，帮助儿童顺利实现从幼儿园到小学的过渡。

第二部分是重点任务。《指导意见》立足于建设高质量教育体系，大力推进基础教育育人体系一体化。幼儿园和小学同步行动，不仅要转变观念，还要推动实践落实，切切实实把衔接的"陡坡"变成"缓坡"，着力实现三个"改变"：一是改变衔接意识薄弱，小学和幼儿园教育分离的状况，推动双向衔接；二是改变过度重视知识准备，超标教学、超前学习的状况，做好科学衔接；三是改变衔接机制不健全的状况，实现有效衔接。

第三部分是主要举措。《指导意见》强调要强化衔接合力，提出五条主要举措：一是针对幼儿园，要求帮助儿童做好生活、社会和学习等多方面的准备。二是针对小学，要求将一年级上学期设置为入学适应期，改革一年级教育教学方式，强化与幼儿园教育之间的衔接。三是针对教研部门，要求建立幼小联合教研制度，指导小学和幼儿园教师加强儿童发展、课程、教学、管理等方面的合作交流与研究。四是针对家园校合作，要求幼儿园和小学建立家园校协同沟通机制，帮助家长认识过度强化知识准备、提前学习小学课程内容的危害，积极配合做好衔接。五是针对教育部门，要求整合各方资源，统筹推进衔接工作，进一步加强对校外培训机构违反教育规律行为的持续治理。

第四部分是进度安排。《指导意见》要求各省（区、市）要以县（区）为单位，确立一批幼小衔接实验区，遴选确定一批实验区和试点园（校），先行试点，分层推进。2021年秋季学期启动幼小衔接试点，2022年秋季学期全面铺开。要推动幼儿园和小学深度合作，加强业务指导，及时研究解决教师在幼小衔接实践中的困惑问题，2023年年底前完成。

第五部分是组织实施。《指导意见》强调，幼小衔接是一项系统工程，各级教育部门要充分认识做好幼小衔接工作的重要意义，研究制订本地幼小科学衔接具体实施方案，切实把幼小衔接工作纳入基础教育课程改革的重要内容，统筹各方资源，提供经费支持，确保幼小衔接工作取得实效。要设立幼小衔接实验区，省级教育行政部门要成立省级专家组，指导县级教育行政部门做好具体试点方案，对试点幼儿园和小学提供专业指导。要建立工作推进机制。健全科学的评价机制，将入学准备和入学适应纳入幼儿园和义务教育质量评估的重要内容。要加强宣传引导，引导家长自觉抵制违背儿童身心发展规律的行为，支持和参与幼小衔接工作，形成良好的社会氛围。

《指导意见》的出台不仅是贯彻党中央国务院决策部署的重要举措，也是建设高质量教育体系的迫切需要。《指导意见》的实施有利于全面推进幼儿园和小学实施入学准备和入学适应教育，转变幼儿园和小学教师及家长的教育观念与教育行为，帮助儿童顺利实现从幼儿园到小学的过渡，确保儿童身心健康成长。

（二）《关于大力推进幼儿园与小学科学衔接的指导意见》附件

《指导意见》中包括《幼儿园入学准备教育指导要点》（以下简称《幼儿园指导要点》）和《小学入学适应教育指导要点》（以下简称《小学指导要点》）两个附属文件，分别对幼儿园的入学准备教育和小学的入学适应教育提出了具体、可操作的指导。

1.《幼儿园指导要点》

3～6岁是为幼儿后继学习和终身发展奠基的重要阶段，也是为幼儿做好入学准备的关键阶段。帮助幼儿科学做好入学准备教育，是幼儿园教育的重要内容。幼儿园应深入贯彻落实《指南》和《纲要》，充分尊重幼儿身心发展规律和特点，实施科学的保育教育，同时将入学准备教育有机渗透于幼儿园三年保育教育工作的全过程，帮助幼儿做好身心各方面准备，实现从幼儿园到小学的顺利过渡。

针对幼儿园的入学准备教育，《幼儿园指导要点》突出问题导向，在实施过程中要把握好以下三个方面。

（1）全面准备。幼儿入学准备教育要以促进幼儿身心全面和谐发展为目标，注重身心准备、生活准备、社会准备和学习准备四方面的有机融合和渗透，不应片面追求某一方面或几方面的准备，更不应用小学知识技能的提前学习和强化训练替代全面准备。

（2）把握重点。入学准备教育是一个循序渐进的过程，幼儿园应从小班开始逐步培养幼儿健康的体魄、积极的态度和良好的习惯等身心基本素质。同时，应根据大班幼儿即将进入小学的特殊需要，围绕社会交往、自我调控、规则意识、专注坚持等进入小学所需的关键素质，提出科学有效的途径和方法，实施有针对性的入学准备教育。

（3）尊重规律。幼儿园应充分理解和尊重幼儿学习方式和特点，把入学准备教育目标和内容要求融入幼儿园游戏活动和一日生活，支持幼儿通过直接感知、实际操作和亲身体验等方式积累经验，逐步做好身心各方面的准备。

《幼儿园指导要点》以促进幼儿身心全面准备为目标，围绕幼儿入学所需的关键素质，提出身心准备、生活准备、社会准备和学习准备四个方面的内容，每个方面由发展目标、具体表现和教育建议三部分组成。发展目标部分明确了与幼儿入学准备关系最密切的关键方面；具体表现部分提出了对幼儿实现入学准备的合理期望；教育建议部分明确了发展目标的价值，列举了有效帮助幼儿做好入学准备的一些教育途径和方法。

第一方面是身心准备。包括向往入学、情绪良好、喜欢运动、动作协调四个发展目标以及初步了解小学，对小学生活充满期待等7个具体表现，并提出了建立积极的入学期待等7条主要教育建议，见表5-4。

表5-4 身心准备

发展目标	具体表现	教 育 建 议
1. 向往入学	1. 初步了解小学，对小学生活充满期待 2. 希望成为一名小学生，愿意为入学做准备	对小学生活充满向往，有上小学的愿望，是幼儿开启小学学习生活的情感动力，也是重要的入学心理准备。 1. **建立积极的入学期待**。发现每个幼儿对小学学习生活的兴趣点，多从正面引导，减少幼儿对小学学习生活的压力和负面感受。如：组织幼儿讨论、分享对小学的认识、期待和担心，通过同伴的交流和老师的针对性引导，强化入学期待，缓解入学焦虑。 2. **帮助幼儿初步了解小学生活**。大班下学期，通过参观小学，与小学生面对面交流、体验小学课堂等方式，帮助幼儿初步了解小学的学习生活

续 表

发展目标	具体表现	教育建议
2.情绪良好	1. 能经常保持积极、稳定的情绪 2. 遇到困难和不开心的事情，不乱发脾气，不迁怒于他人	保持良好的情绪状态，具备一定的情绪调控能力，有助于幼儿积极适应小学新的环境和人际关系。 1. **帮助幼儿获得积极的情绪体验**。成人经常保持良好的情绪状态，感染和影响幼儿。以欣赏、接纳的态度对待幼儿，对幼儿的合理需求给予及时、有效的回应。避免因成人的不当做法给幼儿带来负面情绪，如：在集体面前比较幼儿之间的长处和不足、大声呵斥幼儿、总是表扬别的孩子已经学会了什么等。 2. **帮助幼儿学会恰当表达和调控情绪**。成人用适宜的方式表达情绪，以平和的心态处理不愉快的事情，为幼儿作出榜样。选择能给幼儿带来情绪情感体验的故事、角色扮演活动等，引导幼儿恰当表达消极情绪，学习积极应对和化解的方法。如：发现幼儿不高兴时接纳他的消极情绪，在他平静后主动、耐心地听他讲述不开心的事情和原因
3.喜欢运动	1. 积极参加多种形式的户外活动 2. 能连续参加体育活动半小时以上	喜欢运动，初步养成良好的运动习惯有利于幼儿增强体质，保持充沛精力和良好情绪，少生病、少缺勤。 1. **鼓励幼儿积极参加户外活动**。充分保证幼儿每天的户外游戏和体育活动时间。提供方便、灵活多样的体育活动材料。开展多种形式的游戏和体育活动。鼓励、支持幼儿选择自己喜欢的活动。 2. **发展大肌肉动作**。根据大班幼儿运动能力发展特点和个体差异，适当增加运动量和运动强度，提高动作的协调性和灵活性，增强力量和提高耐力。鼓励幼儿坚持锻炼，不叫苦、不怕累。 3. **锻炼精细动作**。在日常生活和游戏中鼓励幼儿学会正确、熟练地扣扣子、系鞋带、使用筷子；提供画笔、剪刀、小型积塑等工具和材料，支持幼儿进行画、剪、折、撕、粘、拼等各种活动，锻炼手部小肌肉动作
4.动作协调	手部动作协调，能使用简单的工具和材料	

第二方面是生活准备。包括生活习惯、生活自理、安全防护、参与劳动四个发展目标以及保持规律作息，坚持早睡早起、睡眠充足等9个具体表现，并提出了逐步调整一日作息等10条主要教育建议。

第三方面是社会准备。包括交往合作、诚实守规、任务意识、热爱集体四个发展目标以及能和同伴友好相处，乐于结交新朋友等10个具体表现，并提出了扩展儿童的交往范围等9条主要教育建议。

第四方面是学习准备。包括好奇好问、学习习惯、学习兴趣、学习能力四个发展目标以及对身边的新事物感兴趣，有好奇心和探究欲等16个具体表现，并提出了保护儿童的好奇心和主动性等11条主要教育建议。

2.《小学指导要点》

从幼儿园进入小学是儿童早期成长过程中一次重要的转折。儿童初入学能否适应，一定程度上决定着其今后对学校生活的态度和情感，并影响将来的学业成绩和社会成就。帮助新生顺利适应小学生活是小学一年级重要的教育任务，针对入学适应教育，

《小学指导要点》从教育观念到课程实施，对小学提出了系统性的改革要求，小学应尊重儿童的年龄特点和学习发展规律，主动加强与幼儿园教育的衔接，积极探索实施入学适应教育，着力转变让儿童被动适应学校的观念做法，帮助儿童逐步适应小学生活。为此，学校应主要把握好四个方面：学校为儿童适应做好准备、关注个体差异、设置入学适应期和坚持深化改革。

《小学指导要点》以促进儿童身心全面适应为目标，围绕儿童进入小学所需的关键素质，提出身心适应、生活适应、社会适应和学习适应四个方面的内容，每个内容由发展目标、具体表现和教育建议三部分组成。发展目标部分明确了与儿童入学适应关系最密切的关键方面；具体表现部分提出了对儿童实现入学适应的合理期望；教育建议部分明确了发展目标的价值，列举了有效帮助儿童做好入学适应的一些教育途径和方法。

第一方面是身心适应。包括喜欢上学、快乐向上、积极锻炼、动作灵活四个发展目标以及能记住校名和班级，知道自己是一名小学生等7个具体表现，并提出了创设与幼儿园衔接的学校环境等7条主要教育建议，见表5-5。

表5-5 身心适应

发展目标	具体表现	教育建议
1. 喜欢上学	1. 能记住校名和班级，知道自己是一名小学生 2. 愿意了解校园环境，积极参与学校和班级的活动	喜欢上学，是儿童入学适应的起点，积极的入学体验有助于儿童顺利开启小学生活。 1. **创设与幼儿园衔接的学校环境。** 入学初期，创设与幼儿园相近的班级环境，如：允许儿童适当携带自己喜欢的图书、玩具，增强心理安全感，缓解入学焦虑；根据需要灵活摆放课桌椅，支持教师以游戏和活动的方式开展教育教学；在一年级的户外活动区域提供适宜的体育器材和游戏材料；张贴温馨的图文提示，帮助儿童熟悉校园环境。 2. **帮助儿童逐步融入学校生活。** 了解和接纳每个儿童的发展差异和入学准备程度的不同。入学初期，应确保每个班级都有教师全程关注儿童在生活和学习中的需求，帮助儿童逐步熟悉环境，认识老师和新同学，适应小学的学习和生活
2. 快乐向上	1. 能保持积极快乐的情绪 2. 对学习、生活中遇到的困难，愿意尝试自己解决问题	积极向上的情绪有助于儿童适应小学生活，面对新环境不紧张、不焦虑。 1. **注重观察了解儿童。** 观察每个儿童在校生活中的行为表现和情绪状态，及时了解他们在入学适应方面的需求和问题，用正面、积极的方式引导儿童排解不良情绪。要特别关注有特殊需求儿童的情绪情感变化，给予充分的关爱和帮助。 2. **营造关爱融洽的班级氛围。** 教师要保持乐观向上的状态，以多种形式的活动调动儿童的积极情绪，让儿童感受快乐向上的氛围。 3. **引导儿童调节控制情绪。** 理解并接纳儿童的情绪变化，引导儿童正确认识自己的情绪，学会控制情绪并用恰当的方式表达。如：给予儿童缓解情绪的时间和空间，鼓励儿童主动向成人和同伴表达不开心的事情等

续 表

发展目标	具体表现	教育建议
3. 积极锻炼	1. 喜欢参与多种形式的体育活动 2. 养成坚持参加体育锻炼的习惯	良好的运动习惯可以促进儿童的神经系统发育，有助于儿童精力充沛地应对小学学习与生活。 1. **激发儿童的运动兴趣**。创造条件为新入学儿童提供相对独立的活动场地，提供与幼儿园相近的运动器材和设备，确保儿童充足的体育活动时间，让儿童感受体育运动的乐趣。 2. **培养儿童体育锻炼的习惯**。建立体育锻炼制度，确保儿童每天坚持锻炼时间不少于1小时。因地制宜安排多种形式的体育游戏和活动，如：拍球、跳绳、踢毽子、跳皮筋、抽陀螺、滚铁环等，促进动作协调灵活，锻炼力量和耐力。家校配合，强化锻炼意识，养成坚持锻炼的习惯。
4. 动作灵活	精细动作发展协调灵活，能熟练使用常用工具	3. **促进精细动作发展**。手眼协调、手部精细动作的灵活发展，是儿童正确书写的重要生理基础。开展编织、剪纸等多种形式的活动，发展儿童精细动作的灵活性和协调性，提高握笔和运笔的控制能力

第二方面是生活适应。包括生活习惯、自理能力、安全自护和热爱劳动四个发展目标以及养成早睡早起的好习惯，能够逐步适应从幼儿园到小学的作息转变等9个具体表现，并提出了合理安排作息时间等9条主要教育建议。

第三方面是社会适应。包括融入集体、人际交往、遵规守纪和品德养成四个发展目标以及知道自己是班级的一员，能逐步融入班集体等10个具体表现，并提出了帮助儿童逐步融入新班级等9条主要教育建议。

第四方面是学习适应。包括乐学好问、学习习惯、学习兴趣和学习能力四个发展目标以及在观察、阅读、互动讨论等情境中，能发现问题、提出问题等13个具体表现，并提出了创设敢问想问的氛围等9条主要教育建议。

 拓展阅读

全国学前教育宣传月

全国学前教育宣传月是教育部举行的面向公众宣传学前教育的活动。为提高幼儿园保教质量和家长的科学育儿能力，从2012年起，教育部决定将每年5月20日至6月20日定为"全国学前教育宣传月"，面向全社会普及科学育儿知识。这一举措旨在帮助幼儿园教师和家长全面了解3～6岁儿童学习与发展的基本规律和特点，解决儿童应该学什么、怎样学，幼儿园教师和家长应该教什么、怎样教的问题，防止和纠正学前教育"小学化"倾向。

2012年至今，每年全国学前教育宣传月都有主题。

2012年全国学前教育宣传月主题：快乐生活，健康成长

2013年全国学前教育宣传月主题：学习《指南》，了解孩子

2014年全国学前教育宣传月主题：《指南》——让科学育儿知识进入千家万户
2015年全国学前教育宣传月主题：给孩子适宜的爱
2016年全国学前教育宣传月主题：幼小协同，科学衔接
2017年全国学前教育宣传月主题：游戏——点亮快乐童年
2018年全国学前教育宣传月主题：我是幼儿园教师
2019年全国学前教育宣传月主题：科学做好入学准备
2020年全国学前教育宣传月主题：特殊的时光，不一样的陪伴
2021年全国学前教育宣传月主题：砥砺十年奠基未来
2022年全国学前教育宣传月主题：幼小衔接，我们在行动
2023年全国学前教育宣传月主题：倾听儿童，相伴成长
2024年全国学前教育宣传月主题：守护育幼底线，成就美好童年

 练习题

一、选择题

1. 学前儿童家庭教育指向的年龄阶段是（　　）。
   A. 0～3岁   B. 0～6岁
   C. 0～12岁   C. 0～18岁

2. （多选）幼儿入园前的家庭教育要做的准备是（　　）。
   A. 学习准备   B. 身心准备
   C. 生活准备   D. 社会准备

二、判断题

1. 父母不可以任意殴打孩子。（　　）

2. 家长为了让孩子做好入园的心理准备，可以带孩子去参观幼儿园，通过交流让孩子对幼儿园产生一个良好的印象，缓解孩子对陌生环境的焦虑感，从而容易适应幼儿园的生活环境。（　　）

三、简答题

1. 简述家庭教育对儿童成长的作用。
2. 简述2～3岁学前儿童家庭教育指导要点。
3. 简述4～6岁学前儿童家庭教育指导要点。

四、案例分析题

1岁左右的孩子特别喜欢把玩具放到嘴巴里，或是喜欢摆弄东西，抓到什么东西就喜欢往嘴巴里放。我们应怎样解释这种现象？对待此阶段儿童的特点，我们应该如何进行正确的家庭教育？

单元六

特殊类型学前儿童的家庭教育

内容导读

儿童是家庭的希望、祖国的未来,每个儿童的健康成长关乎家庭的幸福和社会的稳定。现实生活中无数的事实证明,和睦稳定的家庭对下一代的健康成长有不可估量的影响。不同类型家庭的学前儿童家庭教育有天壤之别。特殊家庭的学前儿童有哪些特点?我们应该如何在日常生活中针对不同的家庭类型给予学前儿童不同的指导呢?此外,特殊学前儿童是学前儿童的一部分,特殊儿童家庭教育是家庭教育的重要组成部分,特殊学前儿童的家庭教育同样需要我们的关注和重视。如何界定特殊儿童?特殊儿童的特点有哪些?在日常生活中如何针对特殊儿童的特殊需要实施家庭教育?本单元分为特殊家庭的学前儿童家庭教育及特殊学前儿童的家庭教育两部分。

学习目标

1. 了解单亲家庭、隔代家庭、留守儿童家庭的特点、对儿童产生的影响及其家庭教育要点。
2. 正确认识残障学前儿童及掌握其家庭教育的要点。
3. 正确认识超常学前儿童及掌握其家庭教育的要点。

思政点拨

本单元的课程思政内容主要有职业精神、传承中华优秀的家庭美德及培育学生的法治精神和法律意识三方面。第一,帮助学生树立职业精神。使学生树立高度的职业责任心和社会责任感,以爱为核心,热爱幼师职业,立志当好学前教育的园丁,立志为人民的学前教育事业建功立业;关爱所有的幼儿,尤其是处于特殊家庭的幼儿,为每一名幼儿的健康成长倾注自己的爱心。第二，引导学生传承中华优秀家庭美德。使学生树立正确的婚恋观、家庭观，在恋爱、婚姻、家庭关系上能够明辨是非，区分假丑恶和真善美；树立优良的家庭美德，为促进社会主义和谐社会的建设发挥积极作用。第三，培育学生的法治精神和法律意识。使学生较好地掌握《中华人民共和国教育法》《中华人民共和国教师法》《中华人民共和国未成年人保护法》等法律的精神、原则和规范，使之成为学生未来职业生涯和社会生活的坚定信念和行为准则；不仅以守法公民的角色履行好幼教人职责，还应以相关的法律知识助力幼儿园教育、家庭教育、社区教育的有机统一，为学前教育营造良好的法治环境而努力。

学习导图

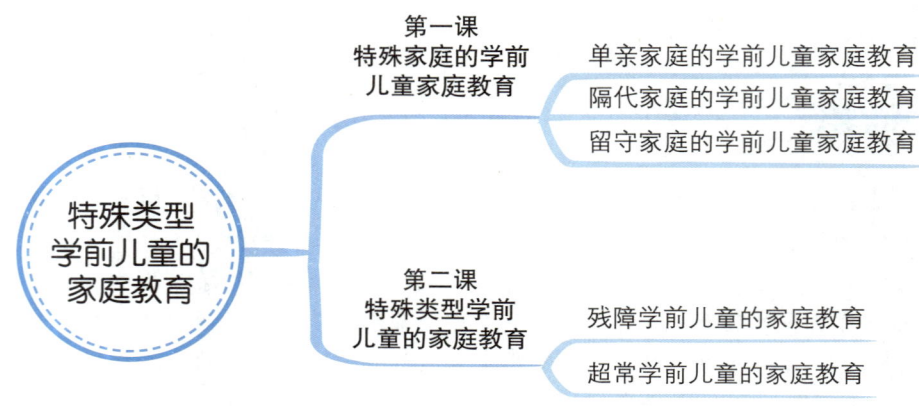

第一课　特殊家庭的学前儿童家庭教育

案例导入

小丽的父母都在外地工作。爷爷奶奶给了小丽无微不至的关怀，吃、穿、玩上尽量满足其要求，唯恐她吃苦受委屈。上幼儿园的小丽懦弱、怕生、依赖、胆小，总是蜷缩在座位上，从不敢主动与同伴交往，遭遇困难就流泪；知识面窄，表达不流利，词汇不丰富。爷爷奶奶焦急地说："我们文化低，学习方面帮不上忙，只看到这孩子文静、听话的优点，没有办法培养孩子的自信心。"

【分析】这属于有溺爱倾向的祖父母教养行为。小丽的爷爷奶奶只关注她物质方面的需求，把所有的注意力都放在小丽的健康和安全上，忽略了其人际交往、意志力等社会性方面的发展。过多的保护势必会导致小丽胆小、依赖。另外，爷爷奶奶还持有过时的老观念，认为女孩子只要听话、安静就是好孩子，没有为小丽创造与同伴交往的机会。小丽由于缺少与同伴的交流，语言能力发展有些迟缓。

> 📄 基础知识

学龄前阶段是人生重要的启蒙时期，是为后继学习和终身发展奠定坚实基础的重要阶段。在这一时期，家庭在培养和影响儿童对社会生活的适应能力、性格的形成和发育成长等方面都有着重要的意义。同一家庭类型下不同家庭中的学前儿童家庭教育有很大的差异，不同家庭类型的学前儿童家庭教育更有天壤之别。不同家庭类型的学前儿童有哪些不同的特点？我们应该如何在日常生活中针对不同的家庭类型给予学前儿童不同的指导？本课将主要介绍单亲家庭、隔代家庭、留守家庭三种不同的家庭类型的学前儿童家庭教育。

一、单亲家庭的学前儿童家庭教育

（一）单亲家庭对学前儿童身心发展的影响

单亲家庭是指夫妻双方因离婚、丧偶等原因而导致仅有一方同未婚子女生活在一起的家庭，又称离散家庭或缺损家庭。由于社会的发展，各种文化思潮的冲击，人们思想发生巨大的转变，离婚率不断攀升，继而单亲家庭大量出现。家庭结构的巨大调整，无疑对学前儿童的身心发展产生巨大的影响。

1. 对生长发育的影响

学龄前期是儿童身体生长发育最为迅速的一个阶段。单亲家庭由于家庭结构、生活环境的变更，在很大程度上会影响儿童的生活条件，例如家庭经济收入减少，父母一方忙于工作而疏忽于照顾儿童一日生活，饮食质量下降，不能及时补充身体所必需的营养，导致儿童身体的生长发育受到一定影响。

2. 对性别意识的影响

学龄前期是儿童性别意识形成的关键时期。由于单亲家庭固有的弊端，儿童只能与父母一方生活，另一方无法正常参与儿童教育活动，很容易导致学前儿童性别认同障碍。如男孩和母亲一方生活，由于生活中接触的更多的是女性，缺少父亲的榜样示范和教育引导，男孩可能会较为敏感，更感性，而缺少一些刚毅的气度；若女孩和父亲一方生活，由于生活中接触的更多的是男性，缺少母亲的关心爱护和耐心引导，常常会养成独立自主的性格。在学前儿童的成长阶段，若单亲家庭中的家长对孩子做的不符性别依据的行为不闻不问或是予以鼓励，甚至采取的教养方式本身就是错误的，则孩子很有可能出现性别认同障碍。

3. 对智力发展和学习的影响

人类智力的发展是遗传因素和环境因素共同作用的结果。遗传因素决定个人神经系统的完整性与潜能等基本条件，而环境因素则是智力发展的外部条件。学龄前期是儿童智力开发的关键期，据研究表明，单亲家庭儿童的智力发展明显落后于完整家庭儿童，单亲家庭儿童的学习成绩总体上显著差于完整家庭儿童。在单亲家庭中，由于儿童只能获得父母中一方的爱，而导致成长过程中的心理错位，对儿童的智力发展产生严重影响。绝大多数单亲家庭的儿童会体验到丧失感、被遗弃感、不安全感，家庭的不稳定引

起儿童心理和情绪上的不良反应，表现为情绪低落，意志消沉，过度的恐惧和担心，多疑和寂寞，自卑和彷徨，因而导致其注意力不集中，影响学习。

以上阐述的都是单亲家庭对学前儿童身心发展产生的消极影响，但单亲家庭产生的消极影响不是必然结果，我们要理性客观地看待单亲家庭环境。如何对单亲家庭中的学前儿童施以正确得当的家庭教育才是我们应该关注的关键问题。

（二）单亲家庭面临的问题

一个幸福温馨的家庭中，父母双方互相尊敬爱护，共同承担抚养后代的责任，包括科学喂养、耐心引导、满足情感需求、处理生活琐事、提供良好家庭环境及教育环境等。一旦因父母关系破裂或其他原因，家庭支离破碎，成为单亲家庭，除对儿童造成不良影响外，整个家庭也会面临各种问题。

1. 家长心理压力大

这是所有单亲家庭家长都会遇到的问题。一方面是社会的偏见、歧视、误解对单亲家庭中的成员产生负面评价，使其产生心理压力。例如，左邻右舍会对单身妈妈指指点点。另一方面是一方家长必须承担所有的教育责任所带来的心理压力。一些单亲父亲或母亲唯恐对孩子关心不够，不仅使自己承受了巨大的心理压力，而且巨大压力之下的过度管教可能使孩子产生强烈的逆反心理，变成"难教育"的孩子。

2. 家长经济压力大

大多数的单亲家庭经济开销由父母中的一方承担，对孩子的生活资源和教育资源的投入可能心有余而力不足，造成很大的经济压力。

3. 家长精力不足

单亲家庭的一方教育者，必须兼顾父亲和母亲的双重角色，并且要外出工作以承担家庭生活重担。如此大的强度，往往让他们感到精力不足，疲惫不堪，难以应对；而且只有父亲或母亲的教育，容易造成教育的片面性。

4. 儿童的社会交往有所抑制

单亲父亲或母亲由于生活适应、心理适应问题，容易采用较为封闭的模式培养子女。这种社会交往的限制使儿童缺乏社会经验。儿童对人生、社会了解过少所造成的后果，可能要到长大成人后方能显现出来。例如，一直听话、服管教、完全依附家长的孩子，会突然"背叛"家长为其所塑造的角色，开始寻找崭新的属于自己的人生，但又会因缺乏社会经验而陷入困境。

（三）单亲家庭的学前儿童家庭教育要点

1. 家长须调整心态，树立健康理念

单亲家庭对儿童的诸多不良影响主要来自父母的不良心态。为了帮助孩子健康成长，家长应该反思自己的教育行为，保持良好心态，树立正确的价值理念。尤其是离婚的父母，切忌当着孩子的面相互指责和争吵，甚至是相互诋毁，避免因自身婚姻的失败与情感压力迁怒于孩子，以免加深对孩子的伤害，甚至导致孩子产生自卑、逆反等情绪。因此，父母双方都要懂得在孩子面前维护对方的正面形象，同时，单亲父母要尊重孩子知晓家庭状态的权利，坐下来慢慢了解孩子内心的真实想法，引导孩子理性看待问题。要以孩子能理解接受的方式将家庭的变故、家庭情感中的矛盾向孩子交代清楚，并给孩子心理缓冲的时间。

2. 树立亲情观念，注重儿童爱的需求

单亲家庭中的儿童由于长期缺少一方父母的陪伴，所以更加渴望父母的爱。父母要共同参与，发挥父母双方的作用，关注孩子的成长，注重孩子爱的需求，要利用多种形式，向孩子表达爱意，尤其是要通过一些生活细节，多多关心和鼓励孩子，使他们能够感受到来自父母的关心和爱护。要在适当的时候给孩子拥抱或亲吻，通过肢体语言的表达，使孩子感受到父母的爱。父母要注重榜样的力量，多向孩子传达自信、乐观、宽容、友善等积极情绪，确保孩子能够感受到更加积极的情感教育和思想教育，帮助他们树立正确的世界观、人生观、价值观。同时，重组家庭的夫妇要多关心、帮助和亲近孩子，减轻孩子的心理压力，帮助孩子正视现实；对双方子女一视同仁；加强家庭成员间的沟通，创设平和、融洽的家庭氛围。

3. 把握关键期，注重性别角色教育

对儿童进行正确的性别认同教育是必要的，这不仅关系到儿童日后正常的社会交往、恋爱、婚姻、家庭生活，还会影响其心理发展。3～6岁是儿童性别角色意识发展的关键期，如果错过这一时期发展速度会减缓甚至无法弥补。因此，家长应该把握好儿童性别角色教育的关键期，让孩子对自己的性别行为有一个正确的认识，认同自己的性别。家长应正确认识和处理婚姻存续与教养职责之间的关系，对孩子的教养责任不因夫妻离异而消失，父母不能以离异为理由拒绝履行家庭教育的职责。要强化非监护方的父母角色与责任，增强履职意识与能力，定期让非监护方与孩子见面，强化孩子心目中父（母）亲的形象，加深孩子对父（母）亲的情感。要尽量增加与孩子相处的时间，参与到孩子的成长过程中，为孩子树立正确的角色模仿形象，或者可以借助亲戚、朋友中的性别资源给孩子正面的影响，如缺少父亲的单亲家庭可以借助舅舅来影响孩子，缺少妈妈的单亲家庭可以借助姑姑来影响孩子，帮助其性别角色认知充分发展。

4. 宽严适度，锻炼儿童的学习和独立生活能力

单亲家庭的父母由于经历过家庭的变故，因此在家庭教育方面可能会走向极端，过于放纵或过于严厉。一部分单亲父母由于缺少配偶的帮助，又必须承担起家庭的重担，疲于工作，疏于对孩子的教导，普遍会对孩子有一种"补偿心理"，继而出现放纵孩子的现象；一部分单亲父母把孩子当成唯一的精神寄托，处处对孩子要求严格，甚至达到控制孩子的地步，要求孩子所有的行为必须遵循自己的想法，长时间下来使孩子压力过大，难以负荷。家长应该树立正确的教育观念，保持正确的教育态度，应宽严适度，不应无原则地迁就、溺爱孩子，也不应处处控制孩子，应帮助他们能够正确面对学习和生活，以较强的主观能动性塑造健全独立的自我人格。家长要通过奖惩分明的教育方式，锻炼孩子养成正确的学习习惯和独立生活能力，达到对孩子的有效引导。

二、隔代家庭的学前儿童家庭教育

（一）隔代家庭的概念

隔代教育是指年轻父母由于工作繁忙或者离异等原因，而将孩子的生活、教育等方面托付给祖辈的一种家庭教育形态。我国是世界上为数不多的普遍存在隔代教育的国

家，自古以来我国就有隔代教育的现象。在中国宗族制的家庭传统中，子孙辈的成长、教育历来都是家族中老人的重点关注事项。从"儿孙满堂""天伦之乐""含饴弄孙"等成语中也可窥见祖辈对孙辈的喜爱与重视。

由于生活压力和社会竞争的不断增大，年轻父母必须在工作中投入更多的时间和精力，以赚取工资满足家庭生活需求，若年轻父母双方都专注工作，就需要祖辈帮忙照看孩子，由此隔代家庭呈现增加趋势。目前，隔代家庭可以大致分为两种类型：一种是父母亲很少或根本没有履行亲职，完全由祖辈承担照顾及教养孙辈的责任；另一种是三代同堂或"晚间父母""假期父母"等情形，在双职工家庭中，年轻父母白天忙于工作，只有晚上或假期才能履行亲职。目前在我国农村家庭中，前者较为普遍，而城市家庭中后者居多。隔代教养已成为我国不可忽视的一种社会现象，对儿童的成长、发育乃至以后的人生发展都将产生重要的影响。

（二）隔代家庭的角色类型

1965年，美国芝加哥大学老年学家伯尼斯·纽加顿（Bernice Neugarten）总结提出了祖父母隔代教养模型，三代同堂的家庭中，祖辈在家庭中的角色类型大致可分为五种：正统型、快乐型、代理型、智慧型和生疏型。

1. 正统型

正统型又称正统祖父母型，是严格遵循传统的角色类型。此类型的祖辈宠爱孙辈，有时会帮助孩子的父母做一些抚养孙辈的事，但他们把教育者的角色让给孩子的父母，一般不干涉孩子父母对孩子的教育问题。

2. 快乐型

快乐型又称快乐祖父母型。这一类型的祖辈常常会表现出某些"返老还童"的特征，热衷于与孙辈嬉闹和游戏，祖孙之间的关系是平等、无教育责任和义务的，使得祖孙都享受相处的乐趣。

3. 代理型

代理型又称代理父母型。这类祖辈在家庭生活中比较重视家庭成员的等级次序，特别注重自己的权威，凡事都要过问，对子女以及孙辈的一切事务都要进行干预。这类祖辈在家中始终以长辈的威严和姿态发令，要求家庭成员服从他们的意志，并代替子女及孙辈作出判断和进行选择。这类祖辈大多是通过经济来源和特殊技能的传授对家庭成员进行控制。

4. 智慧型

智慧型又称家庭智囊型。这类祖辈常以既有的丰富知识、智慧和经验为家庭成员提供各种意见，但他们一般不代替子女及孙辈做决定，仅仅起到参谋作用。他们往往也比较强调家庭权威的传统次序，要求子女及孙辈充分征求和听取长辈的意见。

5. 生疏型

生疏型又称漠不关心型。此种类型的祖辈一般不参加家庭活动，与子女和孙辈的关系较为冷漠，对家庭事务不关注也不发表意见，表现出一种彼此不相干的情形，只关心自己的事情。

以上五种类型在不同家庭环境中的表现是不同的，在不同的祖父母身上表现的程度和方式也是不相同的，而且同一位老人也可能会综合表现出多种类型。这些角色类型各有自己的优缺点。作为祖父母要在家庭中扮演好自己的角色，既能发挥应有的作用有利于身心健康，又能促使全家和睦、和谐，就应该根据自己和家庭的具体情况，吸取各类角色的优点，避免各类角色的缺点，不要固执于某一种角色。例如，祖辈爱孙辈是人之常情，帮助儿女关怀照料孙辈亦是中华民族传统美德。但是，在抚养、照料和教育孙辈这件事情上，祖辈要明确自己是配角，父母才是教养孩子的主角。祖辈可以提出建议，以丰富的经验帮助子女教育好孙辈，还可以根据自己的身体、经济、能力等各方面的具体情况以及子女的实际需要给予帮助。这样，孙辈能感受到祖辈的关怀，子女能获得来自家庭的支持，而祖辈也能享受天伦之乐。

案例分享

在玲玲的印象里，奶奶总是笑眯眯地从早忙到晚，把家里收拾得干干净净，同时还要求玲玲一起做家务，比如奶奶洗衣服时，旁边会放一个小盆，让玲玲洗自己的小手帕。奶奶生活节俭，却会捐钱给贫困的邻居小孩上学。玲玲过生日，奶奶送给玲玲自己亲手缝制的花布娃娃，虽不太精美，但是玲玲仔细收藏，因为这是奶奶送给她的，象征"爱"和"勤劳"。

小明的外公是退休干部，由他带领全家，讨论制定家庭规则。四岁的小明也要遵守家庭规则，每周都要检查个人内务情况，如打扫房间、整理衣物等。小明的过失或父母、祖父母不守诺言的行为都要记录在批评栏上，认真改正后才能撤销。外公在接送小明上幼儿园时，特别注意了解小明在幼儿园的表现，以及他与同伴的关系等，并及时在全家聚会上讲给全家人听。老师的表扬、同伴的好评更加促进了小明的独立性和对学习的兴趣，他在各方面都进步显著。外出游玩时，外公经常会鼓励小明爬高、打滚，一家人过得温馨快乐。

【分析】这两个例子都是值得学习的教养行为。玲玲的奶奶勤劳、善良、节俭、注重身教，为玲玲树立了一个好的榜样。生活中，她对孩子严格要求，从不纵容、溺爱，注意让孩子参与劳动，培养孩子的各种好习惯。小明家注重彼此间交流和共同进步，为小明的成长营造了良好的环境。小明既可以自由自在，又可以及时得到祖辈和父辈的帮助。以上两个家庭培养出的孩子人格得到较好的发展，人缘好，情绪稳定、乐观向上、自信、独立，并且积极主动。所以要教育好孩子，有时并不需要祖辈具备高深的理论知识，孩子的很多优良品质，是在与祖辈的朝夕相处中潜移默化地获得的。

（三）隔代家庭的学前儿童家庭教育要点

由于祖辈有充足的时间和较丰富的生活经验和教养经验，加上对孙辈的喜爱，隔代家庭中的儿童大都受到祖辈悉心的照料和养育，儿童在物质上得到满足，从而促进身心发展；但是，因为祖辈的年龄偏大，通常教育观念陈旧，教育方法落后，而且在情感上

祖辈的爱并不能替代父辈的爱，所以隔代家庭的学前儿童家庭教育仍存在一定的问题，在进行家庭教育时要注意以下两点。

1. 家庭成员明确自身角色定位，学会分工合作

祖辈考虑到年轻父母的实际情况，出于责任心，代替他们照看、养育孩子，但祖辈最多只有帮忙照看抚养的责任，父母才是教育孩子不可推卸的第一责任人，祖辈则扮演帮手的角色，家庭成员要明确自身角色定位，不可造成亲子教育和隔代教育主次颠倒。尤其父母不可将自身的全部抚育责任推卸给祖辈，"养不教，父之过"说的就是父母对子女不仅有养育的责任，更有教育的义务。父母要明确自己才是教育子女的主要力量，可以适当加强亲子教育，对孩子多一点责任心，关注孩子的心理健康，帮助孩子养成良好的行为习惯和学习习惯，培养孩子自主、自立、自强的精神和健全的人格。

2. 父辈和祖辈积极沟通，形成教育合力

祖辈因有丰富的生活经验和教养经验，做事周到细心，对孩子有耐心且有大量的时间，适合照顾孩子的生活。年轻父母文化水平高，更易接受系统科学的教育思想和教育理念，更有利于引导孩子认知、情感、社会交往等方面的健康发展。因此，要发挥祖辈和父辈的不同优势，父辈和祖辈之间加强沟通，各取所长，相互协调，以形成教育合力，达成教育的一致性。

三、留守家庭的学前儿童家庭教育

留守儿童是指父母双方或一方流动到其他地区谋求工作，孩子留置在户籍所在地并因此不能和父母双方共同生活在一起，由（外）祖父母或其他亲属照顾的儿童。农村留守儿童，则是指父母双方或一方从农村流动到其他地区，孩子留在户籍所在地的农村地区，并因此不能和父母双方共同生活在一起的儿童。

（一）留守对学前儿童产生的消极影响

随着社会经济的发展，剩余劳动力大量转移，流动人口大幅增加，导致留守儿童的问题越来越突出。尤其是农村地区，年轻父母仅仅依靠种地难以养家糊口，往往会选择外出打工以改善家庭经济条件，但又没有相匹配的时间精力和经济能力将子女安置在工作的城市，所以会选择将儿童留在户籍所在地由（外）祖父母或其他亲属照料和教育。父母长期不在身边，留守给儿童的发展带来了诸多消极影响。

1. 影响儿童心理的发展

留守儿童由于长期得不到父母的陪伴，无法直接获得父母的关爱和呵护，缺少与父母的语言、肢体等深层次交流，缺少精神满足，长此以往在情绪发展上会受到很大影响。大部分留守儿童的情绪不稳定，不能获得良好的情绪体验，会产生孤独、焦虑、委屈难过，甚至抑郁等一系列消极情绪。平时，留守儿童大多沉默寡言、自卑孤僻、缺乏自信或者冲动易怒、顽皮任性，容易产生逆反心理。留守儿童父母长年累月在外为生计奔波，与孩子聚少离多，无法切实感知了解孩子的心理发展动态，难以实施正确的引导教育，不利于其心理健康。

2. 影响儿童社会化的发展

儿童社会化的最终结果是使其成为合格的"社会人"。作为一个社会人，必须要具

备一定的社会价值观念,遵守一定的行为规范和道德准则。而这些观念、规范和准则不是在自然状态下萌发出来的。家庭是个体最初的活动范围,家庭群体中亲子之间发生着最初的社会关系和道德关系,家庭生活的行为规范也是孩子最初接触到的社会规范。孩子总是以其父母的言行为榜样,以父母的需求、情感为认同对象,通过同化作用,逐渐形成自己的一套行为方式和道德信念的体系,借以调节自己与他人的关系。留守儿童父母单方或双方外出打工致使父母言传身教的非自然缺损,这在某种程度上阻碍了留守儿童的社会化发展。

3. 不易与父母形成良好的依恋关系,亲子关系疏离

学龄前期是父母和子女形成亲密的依恋关系的关键时期,也是父母及时满足孩子生理和心理需要,帮助孩子形成信任感和安全感的关键时期。但由于留守儿童与父母聚少离多,亲子互动减少,亲子关系也会疏远。而留守儿童的代管者只能对其实施温饱式的哺育,孩子从小缺乏爱抚和亲子间的情感交流,这样会使孩子的情感需求不能得到满足并缺乏社会经验,父母与孩子之间难以形成良好的依恋关系,亲子关系疏离。

案例分享

东东是农村里的留守儿童,爸爸妈妈长期在外,爷爷奶奶年龄偏大,家里生活不太富裕。东东刚入小学,由于父母不在身边,经常为所欲为,老师找到东东的祖父母时,他们总是抱怨,自己年纪大了,孩子不听话,时间长了,老师也不再去家访。而东东在村子里总是生事端,成了村民们讨厌的孩子。

【分析】案例中的教养方式倾向于放任自流,祖父母或许是真的没有能力,比如体弱多病、年老体衰等,致使他们在对孙辈的教养上心有余而力不足。还有一部分祖父母是想过清闲的晚年生活,在满足孙辈的吃、穿、用之余,不愿意再去操心孩子各方面的发展,他们认为那是孩子父母的事情。这样的教养行为易导致孩子各方面发展滞后或者带来严重的行为问题。调查表明,儿童不良行为及少年犯罪等都与家长放任自流的行为有关。

(二)留守家庭的学前儿童家庭教育要点

1. 转变务工方式,尽量避免亲子长期分离

家长要了解陪伴对于儿童成长的价值,家长在满足孩子经济需要的同时,也要顾及其精神的需要。0~6岁是人的一生中发展最为迅速的一个阶段,也是儿童行为习惯养成的重要阶段,此阶段儿童的健康成长需要父母的参与与陪伴,和父母生活在一起,更是每个儿童的基本权利和健康成长的基本条件。父母应努力协调好外出务工和教养孩子二者之间的关系,尽量就近选择工作,减少与孩子分离的时间,若必须去往外地工作以维持生计,最好家长有一方在家照顾孩子,有条件的家长尤其是0~3岁儿童的母亲要把孩子带在身边,尽可能保证孩子早期身心呵护、母乳喂养的正常进行。

2. 关爱留守儿童，加强沟通

留守儿童父母要增强父母是家庭教育和儿童监护责任主体的意识，依法依规履行家长义务，承担起监护和抚养教育孩子的责任，确保孩子得到妥善监护照料，感受亲情关爱和家庭温暖。留守儿童父母应尽量与孩子加强亲子沟通和互动，做到缺位不缺职。即使父母外出务工，也要时刻关注孩子的身心发展状况，架设"心桥"，加强亲子间的沟通和交流，促进亲子情感的交流融合。心理学研究表明，孩子对父母的情感需求，是其他任何感情都不能取代的。外出家长可以利用电话、微信、视频等方式与孩子进行交流，给予孩子尽量多的关心和引导，将亲子分离对孩子产生的不良影响降到最低。

3. 重视留守儿童的家庭教育

农村留守儿童的监护人应端正教育思想，提高自身素质，转变教育观念，改进教育方式。父母外出后应尽量参加诸如"家长学校"等培训活动，听听专家的教育经验和指导。要教育好孩子，父母或监护人首先要通过自我教育不断完善自己，学习家庭教育理论知识，了解孩子身心发展的特征，遵循家庭教育的基本规律。农村留守儿童家长或监护人要重视教育，有高度的家庭教育责任感，多与孩子交流沟通，对孩子的道德发展和精神需求给予充分关注，关心孩子身心健康发展，培养孩子良好的习惯、独立自强的精神、遵纪守法的观念。

 拓展阅读

关爱保护留守儿童

2016年国务院印发的《关于加强农村留守儿童关爱保护工作的意见》（以下简称《意见》）提出，加强农村留守儿童关爱保护工作，维护未成年人合法权益，是各级政府的重要职责，也是家庭和全社会的共同责任。专家指出，不论是儿童保护还是未成年人犯罪预防，留守儿童都是我国难以回避的重点人群。意见明确并强化有关各方责任，力争让每个孩子生活在爱的阳光下。

北京青少年法律援助与研究中心主任佟丽华指出，家庭监护是保障儿童健康成长的基础制度。但在当前我国城镇化的大背景下，农民工的频繁流动导致很多留守儿童处于缺乏父母关爱甚至有效监护的状态。"父母要依法履行对未成年子女的监护职责和抚养义务，即使父母外出务工，也不能逃避这种法律责任。"佟丽华说。父母外出务工前要对子女进行妥善安置，《意见》具体提出了三种方案：一是携带未成年子女共同生活；二是一方留家照料；三是暂不具备条件的应当委托有监护能力的亲属或其他成年人代为监护。同时，依据《中华人民共和国预防未成年人犯罪法》的规定，《意见》明确要求不得让不满十六周岁的儿童脱离监护单独居住生活。

父母作为孩子的监护人，不仅要提供吃穿住行保障孩子生存，还要承担管理、照顾、保护、教育等职责。所以《意见》要求，"外出务工人员要与留守未

成年子女常联系、多见面，及时了解掌握他们的生活、学习和心理状况，给予更多亲情关爱"。此外，基层乡镇政府和村（居）民委员会要及时掌握农村留守儿童基本情况，强化监护监督职责和评估帮扶职责；学校对农村留守儿童受教育情况实施全程管理；公安、民政等部门各司其职确保留守儿童权益保护；等等。

推荐：纪录片《娃儿》

《娃儿》是一部2018年上映的农村幼儿养育纪录片，又名《生命最初1000天 贫困乡村幼儿养育观察纪实》。本纪录片深入中国乡村，记录了中国最普遍的乡村幼儿养育情况，尤其是农村留守儿童与隔代教育的真实情况。当理念先进的"儿童活动中心"突然进入宁静的贫困山区，我们得以看见城乡和代际之间差异化的教育理念，同时也看到了爱在黄土大地上的代代流传。

第二课　特殊类型学前儿童的家庭教育

案例导入

江梦南，2018级清华大学生命科学学院博士研究生，被评为"感动中国2021年度人物"。半岁时，由于耳毒性药物导致极重度神经性耳聋，江梦南左耳听力损失大于105分贝，右耳听力完全丧失。失去了听力，不仅听不到外界的声音，也会听不到自己的声音，就会失去说话的能力。面对生活的打击，江梦南父母没有失去对生活的信心，他们爱读书、眼界宽，为了让江梦南更好地融入社会，决定教她学习发音和唇语。正是因为父母的执着，江梦南坚强地跨过了人生中一座座看似不可逾越的山峰。通过学习唇语、练习开口说话，江梦南能够与人正常进行交流，也可以在普通学校旁听课程。由于不能全程看到老师讲课时的嘴型，江梦南只能在课下看板书和自学，付出了比同学多出几倍的努力。江梦南曾说："我从来没有因为听不见，就把自己放在一个弱者的位置上。我经常跟别人说，千万不要因为我听不见就放低对我的要求和标准。"她学习刻苦，成绩优异，2018年，江梦南进入清华大学生命科学学院开始博士研究生学业；同年，江梦南右耳成功植入人工耳蜗，重获失去26年的听力。

感动中国2021年度人物颁奖词这样写道："你觉得，你和我们一样，我们觉得，是的，但你又那么不同寻常。从无声里突围，你心中有嘹亮的号角。新时代里，你有更坚定的方向。先飞的鸟，一定想飞得更远。迟开的你，也鲜花般怒放。"

【分析】父母无法陪伴孩子一生，比起挡在孩子前面，替孩子解决问题，不如给

孩子锻炼的机会，让他学会独立思考、学会解决问题的方法，这种能力才是可以伴随孩子一生的宝贵财富。江梦南的父母教会了她"生存法则"，"听不见是既定事实，与其怨天尤人，还不如尽自己最大的努力去克服"。正是江爸爸和江妈妈给了孩子深沉的爱，让孩子学会了生存法则，找到适合自己的方法克服困难，江梦南才能在成长道路上闪闪发光。特殊儿童仍可绽放生命的光彩，要正确认识特殊儿童的特殊性，给予正确的家庭教育指导。

基础知识

特殊学前儿童是学前儿童的一部分，特殊学前儿童家庭教育是家庭教育的重要组成部分，特殊学前儿童的家庭教育同样需要我们的关注和重视。如何界定特殊儿童？特殊儿童的特点有哪些？在日常生活中如何针对特殊儿童的特殊需要实施家庭教育？本课将对残障儿童和超常儿童两大特殊儿童群体的家庭教育进行阐述。

一、残障学前儿童的家庭教育

（一）残障学前儿童的概念

目前在我国学术领域与实践领域，特殊儿童的相关概念或称谓并不一致，诸如儿童发展异常、发展迟缓、发展障碍、残障儿童、残疾儿童等，这些概念之间既有共性也有差异，各有侧重。"异常""特殊"是相对于"正常""普通"而言的，是与正常儿童发展相比不一样或者偏离了"正常"发展的轨道，因此异常与特殊包括积极优秀与消极落后两种发展方向。所以说，对于特殊学前儿童，广义的理解是指与正常学前儿童相比在各方面有显著差异的各类儿童，这些差异可表现在智力、感官、情绪、肢体、行为或言语等方面，既包括发展上低于正常水平的儿童，也包括高于正常水平的儿童以及有轻微违法犯罪倾向的儿童；狭义的理解专指残障儿童，即身心发展上有各种缺陷的儿童，又称缺陷儿童或障碍儿童，包括智力障碍、听力障碍、视力障碍、肢体障碍、言语障碍、情绪和行为障碍、多重障碍等类型。特殊学前儿童由于生理上存在先天不足，比普通儿童更需要温暖的家庭和良好的家庭教育，加之特殊学前儿童的教育又是一个漫长的过程，因此特殊儿童家长一般都承受巨大的心理压力，家庭教育方面也伴随很大问题。

（二）残障学前儿童的类型

残障儿童是一个需要关注的特殊群体。残障儿童的类型可以划分为以下五种：

① 生理发展障碍儿童，指生命活动和各器官的机能异于正常水平的儿童，如视觉障碍儿童、听觉障碍儿童、肢体障碍儿童、身体病弱儿童等；

② 智力障碍儿童，指智力明显低于一般人的水平，并显示适应行为障碍的儿童；

③ 语言发展障碍儿童，指生长发育过程中由于各种原因导致不能开口说话或语言障碍，不能与人正常交流的儿童；

④ 学习障碍儿童，指在理解、运用语言的基本心理过程中有一种或多种障碍的儿

童，具体表现为缺乏听、想、说、读、写、拼字或算术等方面的能力，如阅读障碍、书写障碍、写作障碍、计算障碍等；

⑤ 广泛性发育障碍儿童，指在婴幼儿时期有全面性精神发育障碍的儿童，如患有多动症、自闭症、埃斯博格综合征等。

除以上所介绍的五大类型，残障儿童还包括行为困扰儿童、品行问题儿童、纪律问题儿童、心理健康问题儿童，以及一些有特殊问题的儿童等。

（三）残障学前儿童面临的困境

在国家相关政策的引领下，我国残障儿童学前教育体系逐渐健全，普惠性学前教育建设日趋完善，相关学校和机构标准化建设取得一定成效。然而，有研究者调查发现，我国残障儿童学前教育发展中仍然存在许多薄弱之处，主要表现为以下三点：

第一，缺少强有力的法律保障。我国已出台了相关政策，例如2017年的《残疾人教育条例》强调，残疾人教育是国家教育事业的组成部分，学前教育机构应根据自身条件为残障儿童配备必要的康复设施、设备和专业康复人员；2018年，《国务院关于建立残疾儿童康复救助制度的意见》提出，建立残疾儿童康复救助制度，实现残疾儿童应救尽救等。这些政策为残障儿童学前教育提供了方向指引。但目前我国特殊教育领域仍缺乏相关法律文件，难以更有力地保障其稳定且长久的发展。

第二，残障儿童入园率较低。普通幼儿园招收残障儿童的意愿不高，残障儿童接受教育机会较少。我国各地经济发展水平存在差异，教育资源区域分布不均衡，致使学前教育发展存在诸多问题亟待解决。据《2022年全国教育事业发展统计公报》，全国共有各级各类学校51.85万所，学前教育在园幼儿4 627.55万人，毛入园率89.7%，而全国特殊教育学校仅2 314所，在特殊教育学校就读在校生33.57万人，可见残障儿童接受教育机会甚少。

第三，残障儿童学前教育机构的教师专业化水平欠缺且教学资源匮乏。当前，幼儿康复机构或特殊教育幼儿园教师多由义务教育阶段的教师任职，他们缺乏学前教育经验，且专业背景单一，大部分教师来自单一的医学康复专业或幼儿教育专业。学校或有关机构在教学设施配备上较匮乏，导致教师要自制教具或用其他材料代替。在课程设置上，对于教育和康复的有机结合，课程与评估内容的衔接，学校与相关机构仍然处在摸索阶段。康复机构多以个别化训练为主要干预手段，课程教学和个别化评估缺乏整合，系统性和科学性的教学难以实现。

综上，残障儿童学前教育处在初步发展阶段，是特殊教育发展中的薄弱环节。

目前，残障学前儿童仍面临很多的教育困境，我们更应从家长的视角关注残障儿童的教育需要，为残障儿童打造更好的教育环境，配合家庭教育工作，提高残障儿童学前教育发展的质量，完善特殊教育体系建设，进而为残障儿童提供更优质的教育教学服务。

（四）残障学前儿童的家庭教育要点

任何一对父母都想要一个健康、聪明的孩子，但由于各种原因可能有些儿童会有某方面的缺陷。幼儿园教师要指导残障学前儿童家长进行心理调适，可以从下面三个方面入手。

1. 摆正心态，树立积极乐观的生活态度

在现实生活中，特殊儿童由于自身缺陷，常常会遭到周围人群的嘲笑与歧视，这些会对儿童的心理发展产生消极影响，使其产生自卑心理，出现各种消极行为，导致其很难正常融入现实生活。家长作为孩子最坚实的后盾，首先，要能够正视孩子的问题，摆正自己的心态，理智面对现实。残障儿童家长应当对残障儿童有一个正确的认识和态度，并解决孩子的缺陷所带来的一系列问题，这能为后续家庭教育的开展奠定良好基础。在对孩子的教育及康复训练过程中，更要摆正心态，保持一颗平常心，不可急功近利，急于求成，更不可自暴自弃，放任自流。其次，要树立积极乐观的生活态度，调动一切积极的因素，努力为孩子创造一个温馨的氛围。在日常的生活和教育过程中，细心观察孩子的日常表现，发现他们身上的闪光点，多鼓励、夸奖孩子，帮助残障儿童树立自信心，养成乐观、积极向上的好品质。

2. 创设适宜、温馨有爱的家庭环境

美国著名的人类学家和生态心理学家尤里·布朗芬布伦纳（Urie Bronfenbrenner）在1979年提出生态系统理论，强调从个体与多层次、多类型环境系统的关系出发，从个体与环境的相互作用出发，深入认识个体的发展。在人类生态系统理论中，家庭环境属于"微观系统"，即家庭环境是儿童最早、最直接的生活环境（图6-1）。家庭环境包括家庭心理环境和家庭物质环境两方面。在家庭心理环境方面，家庭成员之间要相互尊重理解、相互关心信任，不抱怨，少指责，共同创建和谐的家庭关系和良好的家庭氛围，以温馨有爱的家庭环境感染残障儿童，帮助他们树立生活的信心。在家庭物质环境方面，要做到家庭环境安全、温馨、舒适。家长在布置家居环境时，要考虑到残障儿童的需要，从家具的摆放到生活用品的使用，都要尽量照顾残障儿童，尽量让每个物品都有固定的位置，帮助残障儿童养成"物归原位"的好习惯。同时，残障儿童对危险的感知能力弱，缺乏足够的安全意识和生活经验，容易发生触电、烫伤、磕伤、溺水等危险事故。因此，要保证家居环境安全，对家里的水、电、天然气、门窗、药品、桌椅角等严格管理，以防残障儿童接触后发生意外。

3. 抓住关键期，持之以恒地进行全面的早期干预

对残障儿童的问题不仅要及时发现和正确诊断，还要进行全面的早期干预。在西方发达国家，残障儿童早期干预体系相对成熟，社会对残障儿童干预也达成了一定的共识：及早发现问题后，干预比诊断重要，越早干预，效果越好；并形成了"早期评估—早期干预—后续效果考量"这一关系紧密的康复教育系统。

0～6岁是儿童发展的关键期，家长一定要关注孩子的各项发展，一旦发现孩子的病症，要及时就医，切忌因错失关键期，或因缺少系统的干预措施，而耽误孩子有效康复和良好发展。对于已经确诊为发育障碍或残疾的特殊儿童，要尽早开展符合他们身心需要的个别化早期干预和康复，促进他们朝着最优方向发展。同时，对残障儿童的干预治疗不是一蹴而就的，而是一个长期而复杂的工作，家长要做好长期"作战"的心理准备。干预治疗需要残障儿童和家长都付出巨大的努力和艰辛，有些孩子难以坚持或家长心疼孩子而中止治疗，导致前功尽弃。因此，要想早期干预取得良好效果，需要残障儿童和家长的积极配合，还可以整合一切积极的资源，如借助特殊教育机构或医疗机

构进行专业的康复训练,从而获得良好的教育和干预效果,改善特殊儿童的生活学习状态。

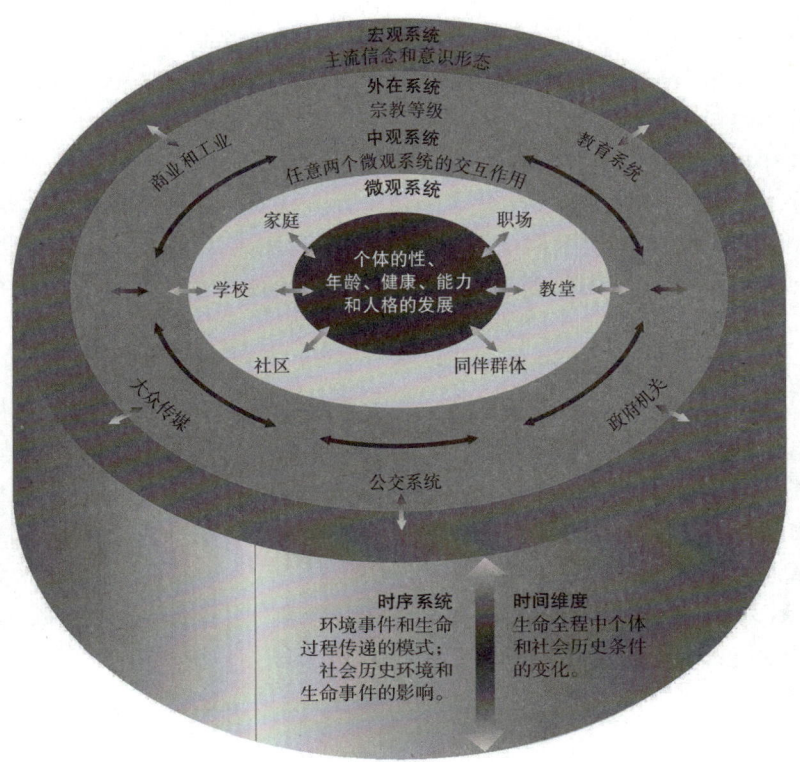

图6-1 布朗芬布伦纳生态系统理论模型

拓展阅读

残障儿童的家庭教育指导

1. 智力障碍儿童的家庭教育指导

指导家长树立医教结合的观念,引导儿童听从医生指导,拟定个别化医疗和教育训练计划;通过积极的早期干预措施改善障碍状况,并培养儿童社会适应能力;引导家长坚定信心、以身作则,重视儿童的日常生活规范训练,并循序渐进、持之以恒。

2. 听力障碍儿童的家庭教育指导

指导家长积极寻求早期干预,主动参与儿童语训,在专业人士协助下制定培养方案,充分利用游戏的价值,重视同伴交往的作用,发展儿童听力技能和语言交往技能,不断改善儿童社会交往环境,逐步提高儿童的社会适应能力;加强对儿童的认知训练、理解力训练、运动训练和情绪训练。

3. 视觉障碍儿童的家庭教育指导

指导家长及早干预,根据不同残障程度发展儿童的听觉和触觉,以耳代目、以手代目,提升缺陷补偿。对于低视力儿童,指导家长鼓励儿童运用余视力学习和活动,提高有效视觉功能。对于全盲儿童,指导家长训练其定向行走能力,增加其与外界接触机会,增强其交往能力。

4. 肢体残障儿童的家庭教育指导

指导家长早期积极借助医学技术加强干预和矫正,使其降低残障程度,提高活动机能;营造良好家庭氛围,用乐观向上的心态感染儿童;鼓励儿童正视现实、积极面对困难;教育儿童通过自己的努力,积极寻求解决问题的方法,以获取信心。

5. 精神心理障碍儿童的家庭教育指导

引导家长营造良好家庭氛围,给予儿童足够的关爱;加强与儿童的沟通与交流,避免儿童遭受不良生活的刺激;支持、尊重和鼓励儿童,多向儿童表达积极情感;多给儿童创造与伙伴交往的机会,培养儿童集体意识,减少其心理不良因素;积极寻求专业帮助,通过早期干预改善疾病状况,提升儿童社会适应能力和生活自理能力,促进疾病康复。

(资料来源:《全国家庭教育指导大纲(修订)》,https://www.zgggw.gov.cn/zhengcefagui/gzzd/zgggw/13792.html。)

二、超常学前儿童的家庭教育

(一)超常学前儿童的概念

厘清超常儿童的概念是确立超常儿童家庭教育的基本问题。对于超常儿童的定义至今没有形成统一的标准。综合现有文献,超常儿童是指与同龄儿童相比,在一个或多个领域中已表现出或有能力表现出更高水平的儿童,具体包括一般智能、特殊学习能力、创造性思维、领导才能、动手操作能力、运动能力、艺术能力等方面。超常学前儿童是指处于学前阶段(3~6岁)的超常儿童。同时,我们还须认识到超常学前儿童的发展是遗传因素、个体因素和环境因素等综合作用的结果。

(二)对超常儿童的正确认识

超常儿童一直是人们关注的重点对象。在我国古代,这类儿童被称为"神童",以为他们是天降神赐的;20世纪前,在西方学者眼中,天才遗传决定论占优势,这类儿童被称为"天才儿童"。在对超常儿童的研究和教育过程中,人们的认识还有很多误区,如超常儿童在大多数人的眼里就是指那些智商很高的儿童。20世纪30年代起,很多的研究者基于智力测验,将智商在130分以上的儿童定义为超常儿童。随着心理发展学家霍华德·加德纳(Howard Gardner)在1983年提出了多元智能理论,美国耶鲁大学的心理学家罗伯特·斯腾伯格(Robert J. Sternberg)在1985年提出了智力三元论,人们逐渐认识到特殊领域的认知能力，打破了以单一智商标准来辨别超常儿童的观点。超常儿童包括在一般智力、特殊领域（数学、写作、音乐、美术、运动等）、创造力和领导能力等中的任意一项上发展卓越的儿童。因此，高智商只是超常儿童的一种表现。近年来，受能力多元化思想的影响，超常儿童能力表现的差异日益受到重视。能力多元化的观点加深了人们对超常儿童的认识，也改变了以往单一的超常儿童鉴别方法，提倡采用"多途径、多指标"来鉴别超常儿童。超常儿童能力的多元化也提示教育者要善于发现他们与众不同的能力。

还有一种观点认为，超常儿童的优异发展是以身体的不健康或个性的不适应为代价的，这种看法缺乏科学依据。有研究证明，超常儿童的死亡、不健康、精神错乱、酒精中毒、心理问题等情况都低于同龄人，绝大多数超常儿童社会适应良好，可见，"早熟早衰"的看法是不正确的。因此，我们要正确认识超常儿童，了解超常儿童的身心发展规律和超常表现，对超常儿童加以及时且符合其身心发展特点的引导和教育。

（三）超常学前儿童的发展特点

1. 感知观察力敏锐

感知观察能力是指对客观事物具有迅速而灵敏的获知和辨识能力，是精细地感知事物的特征，辨别相似事物和发现新异事物的能力。感知观察力分为两个方面，一方面是感知能力，即迅速觉察获知事物的能力。这种能力主要依靠感觉器官的直接获知，超常儿童的听觉、视觉、触觉、味觉比一般儿童灵敏。如某儿童可以通过听他人按电话键的声音，判断他人所按的数字键，其准确率达100%，这个儿童的听觉就属于超常水平。另一方面是观察力，这是超常儿童普遍具有的特性品质。如在一些复杂的事物中可以迅速地察觉到所需要事物的特征和现象，并及时作出判断。智力测验中的图形观察、点线观察等测试题都属于对儿童观察力的测试，而观察力强的儿童可以迅速找到正确的答案。

2. 思维敏捷，想象丰富，理解能力强，具有独创性

思维、想象、理解和创造能力是一种综合能力，这是智力的核心，是对客观事物抽象、概括与再造的能力。研究表明，超常学前儿童大多在思维能力、想象力、理解力和创造性方面有超常表现。

思维敏捷是指能够对所认识的事物迅速进行抽象概括并进行相应分析，以获取正确结论的能力。如对一些儿童进行如下测试："两匹马加两头牛等于多少个什么？"大多数儿童几乎都无法回答，少数儿童经过启发后能够回答出："等于四个动物。"极少数儿童会立即回答："等于四个动物或等于四个牲畜。"从思维敏捷性来看，超常儿童反应极快，思维敏捷，回答正确率高。

想象力是智力活动的重要条件，很多科学发现都与想象有关。超常儿童借助于已有的知识，在合理的想象后进行的创造往往会产生重大的科学发现。从一定意义上讲，想象也是一种推理性智力活动。想象丰富的儿童能够对各种事物进行联想，从中发现相同的特征和不同的特征，然后分析推理并进行一定的研究。

理解能力指迅速消化知识的能力，这对于智力发展来讲非常重要。如儿童很难掌

握二分之一的概念，但在一次搬家时，一个大玩具柜怎么也无法搬进房间，儿童看到后说："如果能够把大柜子分成两半，每次搬二分之一就可以搬进房间了。"通过儿童的回答，可以发现该儿童已经完全理解了二分之一的概念。

独创性是指运用已有知识和经验创造新知识或新结论的能力。所谓独创，就是具有新颖性和排他性。如在一堂美术课上，教师教幼儿怎样画苹果，发现有名幼儿画的是方苹果，于是耐心询问："大家画的苹果都是圆形的，你为什么画成方形的呢？"幼儿回答："我在家里看见爸爸把苹果放在桌上，苹果滚到地上摔坏了，我想如果苹果是方形的，该多好呀！"幼儿的想法新颖独特，体现出一定的独创性。

3. 兴趣浓厚，求知欲强

兴趣和求知欲是学习的动力，也是影响智力品质的重要因素。虽然兴趣和求知欲并不直接参与人们的智力活动，却影响人的智力水平的高低。不同个体的兴趣各不相同，有的儿童兴趣广泛，对任何新异事物都有探索的兴趣和求知的欲望，这种兴趣可以使人在广泛的求知活动中充分发展知识能力；有的儿童则兴趣单一，仅对自己感兴趣的某一方面或几方面的知识有求知欲，如果能够满足他对这些知识的求知欲，那么他就会在某一方面或某些方面表现出超常能力。由此可见，不管兴趣广泛还是单一，浓厚的学习兴趣都是智力发展的动力，强烈的求知欲保证智力的充分发展。超常儿童往往会在生活中表现出浓厚的兴趣和强烈的求知欲，常常有"打破砂锅问到底"的表现。

4. 注意力集中，记忆力强

注意力和记忆力是智力品质中的重要因素。注意力是指能够较长时间观察事物和学习知识，它是人在学习过程中，组织自己的心理活动，使之指向和集中于认识对象的能力，是人获取知识、组织和维持智力活动的必要条件。凡智力水平高的人，其注意力一般都比较集中。而记忆力则是识记、保持、再认知和重现客观事物所反映的内容和主观体验的能力。可以说，记忆力是积累知识和经验所必需的智力条件，也是智力活动的基础。一般智力水平高的人，其记忆能力也都超常。在日常生活中，我们可以通过观察来判断儿童的注意力和记忆力，如认识和学习某种知识或事物需要5～10分钟，如果一个儿童能够在规定时间内始终集中注意力安心学习，那表示该儿童的注意力比较集中，反之就差。同样学习某知识，通过正常识记且不加以强化，儿童的记忆保持的时间越长，则该儿童的记忆力就越强，反之就弱。

5. 有强烈的进取心，学习勤奋，有恒心

进取心和勤奋、恒心不属于智力品质的范畴，也不直接参与智力活动，但这些心理品质却是超常儿童智力发展的重要条件。强烈的进取心能够使人向新目标攀登，不断学习和进步，这恰恰是影响学习水平的重要条件；能否勤奋学习，能否坚持刻苦、不惧困难则会影响人的智力发展的程度。因此，要想培养超常儿童，必须让儿童在一定环境下通过训练形成这些良好的心理品质。

（四）超常学前儿童的家庭教育要点

超常儿童的家庭教育问题一直是人们关注的热点问题。研究发现，超常儿童表现超常，一个很重要的原因与超常儿童的早期家庭教育有关。接受过良好家庭教育的超常儿童身心能得到充分发展，更能有超常的表现；相反，接受不良家庭教育的超常儿童往往会受到身心发展的阻碍，特殊才能或超常表现无法得到最大限度的开发甚至消失。因此，家长要抓住超常儿童发展的关键期，重视超常儿童的早期家庭教育。

案例分享

伤仲永的故事

金溪有个叫方仲永的百姓，家中世代以耕田为业。仲永长到五岁时，不曾认识书写工具。忽然有一天，仲永哭着索要这些东西。他的父亲对此感到诧异，就从邻居那里把那些东西借来给他。仲永立刻写下了四句诗，并题上自己的名字。这首诗以赡养父母和团结同宗族的人为主旨，得到全乡的秀才赞赏。从此，只要指定事物让他作诗，方仲永立刻就能完成，并且诗的文采和道理都有值得欣赏的地方。同县的人们对此都感到非常惊奇，渐渐地都以宾客之礼对待他的父亲，有的人更是花钱求取仲永的诗。方仲永父亲认为这样有利可图，就每天带领着仲永四处拜访同县的人，不让他学习。到了十二三岁时，仲永作出来的诗已经不能与从前的名声相称。又过了七年，他的才能消失了，和普通人已经没有什么区别了。

王安石说，方仲永的通达聪慧，是先天得到的。他的天赋，比一般有才能的人要优秀得多；但最终成为一个平凡的人，是因为他后天所受的教育没有达到要求。他的天资是那样好，没有受到正常的后天教育，尚且成为平凡的人；那么，那些本来天生就不聪明，本来就平凡的人，又不接受后天的教育，难道成为普通人就为止了吗？

茅盾先生的家庭教育

茅盾是中国现代著名作家、文学评论家、文化活动家、社会活动家，也是中国新文化运动的先驱者、中国革命文艺运动的奠基人。童年时代的茅盾就表现出了对文学的浓厚兴趣以及非凡的文学天赋。茅盾从小就爱看书，其中就有《七侠五义》《西游记》《三国演义》之类的古典小说，看书时，茅盾立即被其中的动人情节吸引住了，他爱不释手，有空就偷偷翻看。那时，这些古典小说被称为"闲书"，父母一般是禁止自己的子女看的，认为那些书不是正经的学问。但茅盾的父亲并不反对他看所谓的"闲书"，甚至还找书给他看。茅盾十岁时，父亲不幸去世。为了让茅盾接受好的教育，茅盾的母亲挑选了上海澄衷学堂的《字课图识》《天文歌略》《地理歌略》为教材，还根据《史鉴节要》用文言编成一节一节的歌诀作为历史读本，由茅盾母亲施教。每当母亲讲述历史故事或中国古典小说时，茅盾都听得津津有味。这些早期的熏陶，对茅盾形象思维的形成起了重要的作用。同时，在家庭中接触到的

科学民主思想和母亲开明、通达、关心国家大事的思想也深深浸润着茅盾幼小的心灵。除此之外，茅盾的母亲并没有采取亲友的建议，让茅盾上师范学校，而是顶着压力毅然把茅盾送到湖州去念中学，中学毕业后，又让茅盾去最高学府——北京大学深造，使茅盾受到最好的教育。毕业后茅盾进入商务印书馆工作，从此走上了改革中国文艺的道路。胡耀邦先生评价茅盾："茅盾创作了大量杰出的文学作品，这些作品刻画了中国民主革命的艰苦历程，绘制了规模宏大的历史画卷，为我国文学宝库创造了珍贵的财富，提高了现实主义文学创作的水平，在文学史上留下了不可磨灭的功绩。"

【分析】方仲永和茅盾小时候都表现出极高的天赋，小小年纪就在某方面表现出超常水平，属于我们所认定的超常儿童。但为什么方仲永的天赋像流星转瞬即逝，泯然众人，而茅盾的天赋却犹如太阳，散发出万丈光芒？是什么原因导致两人的发展结果大相径庭呢？其实，两名超常儿童发展的结果与他们所接受的家庭教育有关。面对超常儿童，家长应正确开展家庭教育。

超常学前儿童家庭教育要点包括两个方面。

1. 遵循超常学前儿童发展规律，保持合理期待

由于受到"望子成龙，望女成凤"传统思想的影响，超常儿童家长往往会对超常儿童有过高的期待，尤其是具有较高文化程度的家长，对超常儿童有更高的要求和期待，并愿意投入大量金钱、精力培养孩子。过高的期待往往会使教育走向极端，家长会采用一些不符合超常儿童身心发展规律的教育方式，如采用死记硬背的填鸭式教育，或是忽视超常儿童的"最近发展区"，提前教授超常儿童不能理解的知识，揠苗助长。这种短视的教育并不能帮助超常儿童开发潜能，取得更快的发展，相反，会打击儿童的自信心，使他们丧失对学习的兴趣，遏制其身心的健康发展。

因此，超常学前儿童家长应树立正确的儿童观、教育观，遵循儿童身心发展规律，对孩子的发展保持合理的期待。在深入了解孩子的潜力与才能，正确、全面地评估孩子的基础上，从孩子的性格、气质、兴趣、能力、外部条件等实际情况出发，尊重孩子的意愿，采取正确的教育方法，因材施教，循序渐进地开发孩子智力，发展孩子特长。一方面，家长要破除对超常儿童的认识误区，认识到超常儿童仍然是一个未发展完全的人，仍然遵循普通儿童的身心发展规律，不能根据自己的意志而违背儿童发展规律，不可过度开发孩子的潜能，不能以损害孩子情感发展和其他素质的发展为代价而获取短时成效。另一方面，家长不能过分在意成绩本身，在追求智育的同时，要坚持德智体美劳全面发展，提高孩子的综合素质。家长要为超常儿童的发展提供一个更加适宜的发展空间，要满足孩子的兴趣与求知欲，珍视游戏和生活的独特价值，以此激发和促进孩子超常能力的发展。

2. 允许超常学前儿童教育有所差异

教育要因材施教，立足实际。鉴于超常儿童与生俱来的超常表现，要客观认识他

们与普通儿童之间存在的差异，要允许超常儿童接受与普通儿童有差异的教育，适当地安排一些超出同龄儿童水平且超常儿童感兴趣的学习内容。只有将差异性教育作为前提，才能让超常儿童超前于大多数同龄人发展，不会勉强超常儿童"原地踏步"甚至"倒退"，更不会使用统一人才培养模式无差别地教育超常儿童与大多数的同龄儿童，甚至强制超常儿童与同龄儿童达到同一标准。同时要正确对待超常儿童所取得的成绩，引导他们正确认识自己和他人，鼓励超常儿童在人群中平等交流与生活。

超常儿童大多会表现出更强的学习能力和更强的求知欲，大多数的同龄普通儿童学习和接触的知识难以满足他们的需求，因此，为更好地促进超常儿童的发展，家长要在满足其兴趣和需要的基础上，为他们提供充足而适宜的发展机会。例如，超常儿童都表现出很强的探索欲望，家长要在家庭中为孩子提供各式各样可操作的玩具、材料；对于具有特殊才能的超常儿童，如有运动技能天赋的儿童，家长需要增加一定的运动项目的练习活动；对于有表演天赋的儿童，家长需提供更多模仿、自由练习和创作的机会。若家长自身的知识和能力有限，还可利用外界各种资源来对孩子进行教育引导，如寻求社区资源、幼儿园教师的帮助，聘请专业人员等。

拓展阅读

"多元智能理论"之父——霍华德·加德纳

霍华德·加德纳（Howard Gardner）是世界著名教育心理学家，最广为人知的成就是提出"多元智能理论"，被誉为"多元智能理论"之父。

传统智力理论认为语言能力和数理逻辑能力是智力的核心，智力是以这两者的整合形式而存在的能力。这是一种仅徘徊在操作层面，而未揭示智力全貌和本质的狭隘定义。加德纳在参与"零点项目"研究的过程中首先重新考察了大量迄今没有相对联系的资料。通过对这些研究的分析整理，他提出了自己的观点。基于多年来对人类潜能的大量实验研究，加德纳在1983年出版的《智力的结构》一书中，首次提出并着重论述了他的多元智能理论的基本结构，并认为支撑多元智能理论的是个体身上相对独立存在着的、与特定的认知领域或知识范畴相联系的八种智力，这八种智力分别是：言语——语言智能；逻辑——数理智能；视觉——空间智能；身体——动觉智能；节奏——音乐智能；交流——人际交往智能；自知——自我认知智能；观察——自然观察智能。后又补充了存在智能，形成九大智能理论（图6-2）。加德纳的多元智能理论是对传统的"一元智能"观的强有力挑战，给人以耳目一新之感，他的理论无疑给我们诸多启示。

图6-2 加德纳多元智能理论

练习题

一、选择题

1. 多元智力理论的提出者是（　　）。
   A. 桑代克　　　　　　　　　　B. 斯腾伯格
   C. 加德纳　　　　　　　　　　D. 皮亚杰
2. 祖辈隔代教养的弊端是（　　）。
   A. 没有能力辅导孙辈　　　　　B. 满足物质需要，忽视个性培养
   C. 不会科学管教　　　　　　　D. 精力不够

二、判断题

1. 教育子女是家长的义务，也是家长的权利。（　　）
2. 在培养儿童性别角色意识的过程中，父亲的作用尤其重要。（　　）
3. 单亲家庭就是离异家庭。（　　）
4. 隔代教养更利于儿童情感的满足。（　　）

三、简答题

1. 父母陪伴对儿童健康成长有何意义？
2. 请利用与学校合作的实习基地资源或在周围亲戚家选择一个或多个儿童进行观察，了解学前儿童的行为习惯和生活能力的培养情况，剖析家庭教育存在的问题，归纳经验，提出建议。
3. 身体有残疾的儿童在与同伴的相处中往往容易受到嘲笑和欺负，作为老师，你认为应该为其提供什么样的帮助？

单元七
学前儿童家庭教育的指导

内容导读

家庭是社会的基本细胞，是道德养成的起点。新时代推动学前儿童家庭教育建设，必须对学前儿童家长给予有效的指导和帮助。本单元针对我国学前儿童家庭教育的实际情况，依据《中华人民共和国家庭教育促进法》和《全国家庭教育指导大纲（修订）》对学前儿童家庭教育指导的内涵、意义、任务、内容、原则和策略等展开阐述。

学习目标

1. 掌握学前儿童家庭教育指导的内涵与意义。
2. 了解0～6岁学前儿童和学前儿童家庭教育指导的任务与内容。
3. 领会学前儿童家庭教育指导的原则与策略。

思政点拨

党的二十大精神以及党和政府相关政策文件都非常重视家庭教育。家庭是社会的细胞，家长是孩子的第一任老师，好家庭是个好学校，好家教成就好家风，好家风创造好人生。因此，教育行政部门、学校要以习近平总书记关于家教家风的重要指示精神来指导家庭教育，要对家长加强培训，提升家长的教育认识与水平，在弘扬新时代好家教好家风中，开辟新领域，找准新赛道，助力和谐社会建设，不断为塑造美满家庭、成功家教、优良家风作出努力与奉献。

学习导图

学前儿童家庭教育的指导
- 第一课 学前儿童家庭教育指导的内涵与意义
  - 学前儿童家庭教育指导的内涵
  - 学前儿童家庭教育指导的意义
- 第二课 学前儿童家庭教育指导的任务与内容
  - 学前儿童家庭教育指导的任务
  - 学前儿童家庭教育指导的内容
- 第三课 学前儿童家庭教育指导的原则与策略
  - 学前儿童家庭教育指导的原则
  - 学前儿童家庭教育指导的策略

第一课　学前儿童家庭教育指导的内涵与意义

案例导入

2023年3月17日,长春市妇联家庭教育指导中心举行2023年"家庭教育360"公益服务项目启动仪式。来自全市承接公益服务项目的教育机构、社区妇女干部、家长和儿童代表100余人会聚一堂,开启2023年全市家庭教育事业新征程。

长春市家庭教育指导中心将始终践行"360度全方位陪伴家长和孩子幸福成长"的服务宗旨,把家长需求放在心上,孩子的成长放在心里,为广大家长孩子提供服务与成长支持,帮助全市婴幼儿家长树立家庭教育主体责任意识,自觉践行社会主义核心价值观。按照"助力家庭成长,促进社会和谐"的工作理念,深耕"长春市早期家庭教育实训基地"。通过"空中、网络、社区、家长学校"四个课堂,构建起家庭教育指导服务体系,推进全市家庭教育工作进程,形成"政府主导、立足公益,专业引领、强化服务"的早期家庭教育工作的新格局。

(资料来源:微信公众号"长春市妇女儿童活动中心",https://mp.weixin.qq.com/s/KYFF1n6DKmdCpxbQK9D2Cg。)

【分析】随着多元文化的冲击,家长已经不能完全凭借经验胜任家长的角色,因此家长需要通过外界渠道接受家庭教育指导,不断地学习新知识。长春市成立专门为家长提供教育指导和资源的家庭教育指导中心,帮助家长更好地理解和支持幼儿的成长和发展。

基础知识

一、学前儿童家庭教育指导的内涵

学前儿童家庭教育指导一般是由家庭外的社会组织和机构组织，以儿童家长为主要对象，以提高家长的教育素质、改善其教育行为为直接目标，以促进儿童身心健康成长为目的进行的教育活动。它最早产生于美国，由阿尔弗雷德·阿德勒（Alfred Adler）于1920年提出的"家长教育（parent education）"演变而成，国内外许多领域的研究者都提出了各自的定义。国内对"家长教育"的定义主要从社会学和教育学两个维度出发。社会学范畴认为实施家长教育是全社会的共同责任，称之为"亲职教育/父母工作"，即协助父母达到称职父母角色，同时也包括协助计划成为父母的人士做好准备，使其能更有效地担当父母角色；教育学范畴认为家长教育是指为使家长掌握保育、教育儿童的知识技能，以提高家庭教育水平而进行的教育活动。此外，也有研究者把"家长教育"称为"父母教育"，是社会或学校对父母所实施的教育。如此看来，无论是家庭教育指导还是与之相似的亲职教育、父母工作、父母教育，主要对象都是作为儿童家长的成人，以实现儿童健康成长为教育目的，是一种成人教育，应属于成人教育的研究范畴。

二、学前儿童家庭教育指导的意义

目前，学前儿童家庭教育中存在许多问题，包括家长教育观念陈旧、家长对子女教养态度的偏差、家长教育子女能力低下、家庭教育内容失衡、教育子女方法不当等问题。这些问题的存在表明，家庭教育需要教育机构与社会各方面力量给予适当的帮助和指导。

（一）有利于更新家长的家庭教育观念，提高家庭教育水平

家庭教育观是社会历史文化的产物，具有强烈的时代性。立足于广义的教育角度，父母是孩子的第一任老师，家庭是孩子的第一个教育场所，所以父母的家庭教育观念对儿童的成长意义重大。同时，父母的家庭教育观念是教育行为的基础，直接影响父母对儿童的教育目标、教育方式、教育手段，与儿童的发展更是息息相关。

目前，家庭教育因家长的教育观念不同，质量良莠不齐。我国儿童家长科学的教育观念正处于形成时期，即科学的现代家庭教育观念正在逐渐代替传统的家庭教育观念，占据主流地位。有关机构给予恰当的引导，更能帮助家长走出家庭教育的误区，更新家庭教育观念，提高家庭教育水平，将先进的教育观念落实到日常家庭教育的细节上。

（二）有利于提升家长的教育素质，形成科学的家庭教育方法

家长的教育素质是家长作为家庭教育的主体，在实施家庭教育活动中能对儿童产生影响和教育作用的特殊内在要素的总和，是完成家庭教育活动的内在必要条件，主要包括教育观念、教育知识和教育能力。

随着21世纪多元文化的冲击，家长已经不能完全凭借经验胜任家长角色，因此需要借助外界渠道接受家庭教育指导，不断地学习新知识。首先，家庭教育指导可以帮助家长了解儿童的个体权利，树立民主和法治意识；其次，面对数字化和知识创新，家庭

教育指导可以帮助家长通过互联网平台获得科学育儿知识，提高自身文化程度，铸造科学创新精神，为儿童全面发展做准备；最后，面对价值观多元化，家庭教育指导可以帮助家长形成基本的社会公德和社会责任感，掌握社会主流价值观的内容，从而指导孩子树立正确的价值观。由此可见，社会组织或教育组织对学前儿童家庭教育实施指导，可以强化家庭功能，帮助家长了解新时代儿童的习性和人格发展特征，洞察儿童内心真正的需要，从而找到适当的方法教育儿童。同时，有利于提高家长的教育素质，使其树立正确的教养态度，形成科学的家庭教育方法，使社会公民素质得到整体性的提高。

（三）有利于引导家长发挥自身优势，提升家庭教育质量

家庭教育具有自身独特和天然的优势，主要表现在奠基性、亲情性、渗透性、针对性和持久性等方面，这是其他教育所不具备的，这些优势将成为儿童接受幼儿园教育和社会教育的坚实基础。家庭教育指导有利于引导家长充分认识和有效发挥优势，做好家庭教育工作，直接影响家庭教育的行为选择，充分发挥家庭教育在教育系统工程中的基础性作用。

1. 有利于发挥家庭教育奠基性优势

婴儿呱呱坠地随即进入家庭生活，接受家长的教育。早期教育从家庭开始，由父母施教，父母是孩子的第一任老师。良好的家庭教育往往是成功的开端，及时做好家庭早期教育指导，可以促进孩子各方面的发展。

2. 有利于发挥家庭教育亲情性优势

家庭是以血缘关系、骨肉亲情为纽带的一种特殊的社会组织形式。亲子关系中，家长与孩子之间的特殊血缘关系是其他感情无法比拟的，具有强大的感染力和说服力。家庭教育指导可以帮助家长明确教育孩子的责任，认识到家庭教育的重要性，发挥好家庭教育的优势，自觉地对孩子施以有效的教育，例如传授文化知识、培养道德品质、指导行为规范等。

3. 有利于发挥家庭教育渗透性优势

家庭是一个生活单位，家庭教育对儿童的影响渗透在日常生活的点滴之中，父母的言行举止是儿童直接模仿的对象。家庭教育指导有助于家长强化"身教重于言教"的意识，在共同生活的过程中，注意以自己的行为方式和态度，以及自然的情感表达方式，潜移默化地影响孩子。

4. 有利于发挥家庭教育针对性优势

家庭教育以个别教育为主，家长能观察到孩子成长中各个阶段的各种变化情况，具有很强的针对性；同时，孩子对家长具有信任感，会呈现他们真实的身心状态，家长能及时发现问题，因势利导，因材施教。实施家庭教育可以很大程度上弥补幼儿园教育的不足，发挥针对性教育的作用。

5. 有利于发挥家庭教育持久性优势

家庭是所有社会组织和群体中最为普遍和持久的组成形式，也是人生存过程中最为持久的生活环境。儿童始终直接或间接地、有意或无意地接受家长连续性的教育。因此，家庭教育是一种长期伴随儿童的终身教育，家庭教育指导可以将这种终身教育延续，与社会教育、学校教育形成互补关系。

（四）有利于整合教育资源，形成教育合力

良好的家庭教育环境是一种巨大、无形的教育资源，它对儿童身心发展的方向与水平起着潜移默化的作用。家长先进的教育理念和成功的育儿经验，不同的知识与职业背景，不同的环境均为儿童提供了丰富的教育资源。家庭教育指导可以合理地让这些资源发挥最大的教育意义，弥补幼儿园教育的不足；同时，也为加快现代化人才培养、建设精神文明社会打下良好的基础。

第二课　学前儿童家庭教育指导的任务与内容

案例导入

为进一步夯实家庭教育指导工作，近日，由共青团长春市委、宽城区人民检察院、共青团宽城区委、宽城区妇联、长春市益友青少年事务社会工作促进中心联合举办的"家庭教育指导站"组织开展进社区系列活动——"共建宽城幸福家"家庭教育促进法主题宣传教育实践活动在长春市宽城区凯旋街道宽府社区顺利开展，来自社区的20余名服务对象参与了活动。

《中华人民共和国家庭教育促进法》是为了发扬中华民族重视家庭教育的优良传统，引导全社会注重家庭、家教和家风，增进家庭幸福与社会和谐而制定的法律。家长学习此法，有利于更好地履行监护人的责任，承担起教养和引导青少年的义务。

（资料来源：微信公众号"平安宽城"，https://mp.weixin.qq.com/s/ICvM86HIBzMaC8Xo2obnLA。）

基础知识

我国为了提高全国家庭教育总体水平、促进儿童全面健康发展，制定了《全国家庭教育指导大纲》帮助各级各类家庭教育指导机构和相关职能部门、社会团体、宣传媒体等组织对新婚夫妇、孕妇、18岁以下儿童的家长或监护人开展家庭教育指导行为。依据此文件，本课具体阐述学前儿童家庭教育指导的任务与内容。

一、学前儿童家庭教育指导的任务

（一）指导家长优化家庭教育环境

家庭环境建设是家庭教育的重要保障。家庭环境包括物质环境和精神环境两方面。物质环境方面，家庭环境应当清洁、整齐、美观。物品有固定的位置，家务有合理的分工。儿童有属于自己的空间，家长根据其年龄特点，布置美化儿童的空间，并让儿童承担自己力所能及的事，如整理床铺、折叠衣服、擦桌椅、摆放碗筷等。精神环境方面，

家庭要倡导尊老爱幼、夫妻和睦、勤俭持家、亲子平等、邻里团结的家庭美德，创建民主、文明、和睦、稳定的家庭关系。家庭成员要共同构建优秀家庭文化、传承良好家风，为儿童健康成长营造和谐的家庭环境。家长要学会优化家庭生活，为儿童提供健康向上、丰富多彩的活动。

（二）指导家长提高科学育儿水平

学前家庭教育指导可以由学前教育机构和社会组织提供。其中，学前教育机构可以指导家长阅读学前儿童心理学、教育学、儿童卫生保健等方面的书籍，向家长讲授基本的教育理论、原则和方法；帮助家长通过反复琢磨、实践，将家庭教育的理论知识转化为家庭教育的实际能力，提高家长了解儿童需求的能力、评价儿童发展的能力、协调亲子关系的能力、处理儿童问题的能力。社会组织可以指导家长如何教儿童做人，向家长普及科学的育儿观念，帮助家长认识到家庭教育要从养成良好习惯开始，逐步培育儿童正确的价值观，培养儿童热爱党、热爱祖国、热爱人民，明礼诚信、勤奋自立、友善助人、孝亲敬老等良好思想品德，增强儿童的法律意识和社会责任感，使儿童养成好思想、好品德、好习惯、好人格，培养儿童与他人、与社会、与自然和谐相处的能力。

（三）向家长进行法治宣传教育

通过向家长宣传《中华人民共和国未成年人保护法》《中华人民共和国预防未成年人犯罪法》《中华人民共和国收养法》等法律法规和《儿童权利公约》，提高家长的法治意识，依法保障儿童的基本权益。明确家长是家庭教育的责任主体，在家庭教育中负有主体责任，要依法依规履行对子女的监护职责和抚养教育义务，了解监护人法定权利和义务，学习家庭教育知识，掌握家庭教育理念和方法，提升科学实施家庭教育的能力。同时，家长要尊重和保护儿童权利。儿童是独立的权利主体，有生命权、健康权和获得基本生活保障的权利；有充分发展其全部体能与智能的权利；有享有国家、社会、学校、家庭保护，不受歧视、虐待和忽视的权利；有参与家庭和社会生活并就影响他们生活的事项发表意见的权利。实施家庭教育要尊重和保护儿童的各项权利。

二、学前儿童家庭教育指导的内容

学前儿童家庭教育指导是以学前儿童家长、与儿童生活在一起的祖辈老人和儿童的非亲监护人为主对象，围绕0～6岁学前儿童进行的指导活动，一般来说包括向家长介绍、提供有关儿童发展、幼儿园教育和家庭教育的基本规律、理论知识和实际情况；介绍儿童在生活、游戏和学习中以及家长在家庭教育中容易出现的问题，并提出供家长参考的处理意见和建议；围绕社会热点问题与家长交换意见；等等。学前儿童家庭教育指导的内容具体如下。

（一）讲解学前儿童生理和心理发展规律的知识

了解儿童生理和心理发展规律，有助于家长更好地关注和满足儿童的发展需求，有效避免陷入育儿误区，尽早发现儿童可能存在的发育障碍，从而提高家庭育儿质量，共同为儿童成长提供支持，促进家庭和谐。指导者向家长讲解儿童生理和心理发展知识时，可以采取以下六种措施。

1. 以家长为中心

要关注家长的需求和理解水平，尽量使用简单明了的语言，避免使用过于专业化的术语。同时，要针对不同家庭背景和教育水平的家长提供适当的讲解方式和内容。

2. 互动式讲解

通过提问、讨论和实际操作等方式，引导家长参与到讲解过程中，增强他们的参与感。例如，邀请家长分享自己在儿童教育过程中的经历，或者让家长参与游戏和活动，以加深对相关知识的理解。

3. 结合实际案例

通过举例说明的方式，向家长讲解儿童生理和心理发展的基本知识。例如，讲述典型的儿童发育障碍案例，分析其成因、表现和治疗方法，帮助家长了解发育障碍的预防和应对措施。

4. 提供实用建议

根据家长的需求和实际情况，提供实用的建议和方法，帮助家长更好地照顾儿童的生理和心理发展。例如，针对如何处理儿童的情绪波动、如何应对儿童的问题行为等提供建议。

5. 定期跟进

定期与家长沟通，了解他们的学习进度和需求，根据实际情况调整讲解内容和方式，确保家长能够持续学习，并将所学应用于实际生活。

6. 组织家长沙龙和培训课程

邀请专业人士为家长提供更深入的讲解和指导，帮助家长在群体环境中分享经验、学习知识，提高科学育儿水平。

通过以上方法，指导者可以更有效地向家长讲解儿童生理和心理发展知识，帮助家长更好地了解儿童的成长需求，提供关爱和支持，促进儿童身心健康发展。

（二）介绍学前儿童常见心理障碍及矫治措施

学前儿童正处于心理发展期，易受各种不良因素的影响而出现异常心理过程、异常人格特征或异常行为方式，阻碍学前儿童正常的心理发展，影响学前儿童正常的生长发育，若不及时干预，往往会导致学前儿童成年后出现各种心理问题甚至精神疾病。儿童常见心理障碍见表7-1。

表7-1　儿童常见心理障碍

心理障碍类型	心理障碍症状表现
情绪障碍	恐惧、屏气发作、暴怒发作、分离焦虑
睡眠障碍	夜惊、梦魇
进食障碍	神经性厌食、神经性呕吐、异食癖
排泄障碍	遗尿症
言语障碍	语言发育迟缓、口吃、选择性缄默
品行障碍	攻击性行为、说谎

续 表

心理障碍类型	心理障碍症状表现
神经性习惯	吮手指、咬指甲、习惯性阴部摩擦
其他心理障碍	感觉统合失调、自闭症、注意缺陷与多动障碍

1. 学前儿童常见心理障碍

（1）情绪障碍

儿童情绪障碍曾被称为儿童期神经症，包括儿童分离焦虑症、儿童恐惧症、儿童抑郁症、儿童强迫症和儿童社交恐惧症等类型。主要体现为过度焦虑、不安全依恋、自尊心强但抗压能力弱等，行为趋于极端化，部分患儿还会出现恶心、头痛、呕吐等身体不适症状。儿童情绪障碍是十分常见的儿童心理卫生问题，可以通过倾听、分散注意力、行为强化治疗、给予关怀、药物和电抽搐治疗等方法对其进行积极干预。

① 儿童恐惧症：指儿童在不同发育阶段时对一些特定的情景或物体的特定恐惧情绪。病因常有刺激经历，或从周围的成人或儿童处习得。恐惧的内容多样，因年龄而异。例如恐惧乘飞机、某种动物、鲜血、打针、乘电梯、高处空旷地区、学校等，有时可同时恐惧几种事物。暴露于所恐惧对象时，儿童会出现焦虑不安、不合理恐惧等情绪，表现为哭闹、发脾气、发呆或黏人，导致回避或影响正常的活动、学习。

② 儿童强迫症：表现为非理性、不自主重复出现的思想、观念、表象、意念和冲动等，或强迫性地重复某些动作，如洗涤、整理、贮藏、涂写、排序、计数等，通常伴随烦躁不安情绪。

③ 儿童焦虑症：表现为过分害羞，缺乏自信，不敢独自到人多的地方去，不愿主动与别人接触，怕见生人，对新环境适应缓慢，过度敏感，自尊心易受伤害，容易脸红或哭泣。包括分离性焦虑障碍、社交焦虑障碍、恐怖性焦虑障碍和广泛性焦虑障碍四种类型。

④ 儿童抑郁症：表现为情绪不稳定，容易激动，易发脾气且反应过度，在要求未得到满足或受到斥责时，可出现强烈的情绪反应，哭叫吵闹、扔东西、在地上打滚等（暴怒发作）。有的儿童还可表现为屏气发作，在大声号哭之后呼吸暂时停止，严重时可伴有发绀和痉挛现象。

（2）睡眠障碍

儿童睡眠障碍表现为临睡前不愿上床，上床后很难入睡，在睡眠时说梦话、磨牙、哭喊等。

① 夜惊：指睡眠时产生的一种惊恐反应。表现为入睡后不久突然坐起来，尖叫哭喊，两眼瞪直或紧闭，极为惊恐，伴有心跳加快、呼吸急促、全身出汗等症状。难以唤醒或哄其安静下来。数分钟后自行入睡，醒后完全遗忘。

② 梦魇：指以做噩梦为主要表现的一种睡眠障碍。做噩梦时伴有呼吸困难，心跳加剧，自觉全身不能动弹，常被惊醒。醒后仍有明显的情绪失常，紧张、害怕、出冷汗、面色苍白等。对梦境有片断记忆。

（3）进食障碍

儿童进食障碍是指儿童在发育过程中出现的一类饮食行为障碍，主要表现为对食物的过分关注和不恰当的饮食行为，会导致儿童的营养不良、体重过轻或过重、心理健康问题等。

① 神经性厌食症：是一种严重的进食障碍，通常与自卑、焦虑、抑郁和社交障碍等心理问题有关，可能导致身体发育迟缓和骨骼肌肉系统受损。

② 神经性呕吐：是一种自发或故意诱发反复呕吐的心理障碍，主要表现为进食后呕吐，甚至边吃边吐，没有明显的恶心或其他不适，并在类似情况下反复发作，但不影响下一次进食的食欲。

③ 异食癖：是一种持续性的饮食异常行为，儿童可能对非食物性物品（如泥土、纸张等）产生强烈的食欲，并表现出行为异常，如反复咀嚼、吞咽非食物性物品，甚至出现口腔或消化道损伤等。

（4）排泄障碍

儿童排泄障碍是一类影响儿童正常排便和排尿行为的疾病。遗尿症是其中一种常见的排泄障碍，主要表现为儿童在5岁后仍持续出现不自觉的尿床行为，儿童会产生焦虑、自卑、羞耻等心理问题。

（5）言语障碍

儿童言语障碍是指儿童在言语习得和使用过程中出现的一类问题，会导致儿童在沟通、表达、理解和社交方面存在困难，包括发育性语言障碍、发音性语言障碍和口吃。

① 儿童选择性缄默症：是一种特殊的心理障碍，主要表现为儿童在特定场合无法进行正常的语言交流，可能影响到儿童在家庭和其他社交场合的沟通能力。

② 儿童口吃：俗称结巴，指儿童在表达自己的想法和情感时出现的语音重复、延长、中断或节律异常的现象。口吃儿童的语言发育一般是正常的，也无其他神经系统或精神异常。但是口吃儿童在讲话时常伴有口颊肌肉、面肌、颈肌、胸肌、腹肌的紧张，有时四肢也很紧张。他们常常在刚开始讲话时面红耳赤、张口结舌、伸颈昂头、挤眼、摇头、握拳等，等他们讲出想要说的话而放松下来之后，紧张、口吃表现就会有所好转。

（6）品行障碍

儿童品行障碍是指儿童期出现的逆反行为、攻击性行为等严重行为问题，违背与其年龄相称的行为规范和准则。这种障碍可能导致儿童在学校、家庭的问题行为和社会适应不良，需要由受过专业培训的心理医生或精神科医生通过药物治疗、心理治疗（如认知行为疗法、家庭治疗等）和生活技能训练等方法进行矫治。同时，需要家庭提供支持，共同制订个性化的治疗和教育计划，帮助儿童恢复正常的行为和情绪。

① 攻击性行为：指任何踢、打、咬、用力推搡，以及用物体或工具等有意损害他人的身体动作，或骂、侮辱、贬低等有意伤害他人的言语行为，是幼儿身上常见的一种比较典型的侵犯行为。主要包括无意性攻击、表现性攻击、工具性攻击和敌意性攻击四种类型。

② 说谎：学前期说谎是一种自发的、普遍的自然倾向，是儿童心理发展阶段的正常现象。根据儿童说谎的动机可分为为了满足愿望、发生了理解性心理错觉或来自最初

的自信心萌动阶段的"无意说谎"和为了取悦家长、逃避惩罚、满足虚荣心等的"有意说谎"两种说谎行为。

（7）神经性习惯

儿童神经性习惯是指儿童在非饥饿状态下频繁咬指甲的行为。这种习惯与焦虑、压力、紧张等心理因素有关，可能会对儿童的指甲和手指造成损伤，甚至引发感染。可以通过行为矫正进行治疗，包括为儿童提供替代行为，如玩手指游戏、使用玩具等，以分散注意力，从而减少咬指甲的次数。

（8）其他心理障碍

① 感觉统合失调：指外部的感觉刺激信号无法在儿童的大脑神经系统进行有效组合，是一种神经发育障碍，意味着儿童的大脑对身体各器官失去了控制和组合的能力。主要表现为儿童在接收、处理和整合各种感觉信息时出现困难，在日常生活中表现出动作笨拙、注意力不集中、平衡能力差等问题。包括本体感觉失调、前庭感觉失调、视觉系统失调、听觉系统失调和触觉系统失调五种临床表现。

② 自闭症：又称孤独症，被归类为一种神经系统失调导致的发育障碍，主要表现为儿童在社交、沟通和行为方面出现异常，在日常生活中出现智能障碍、语言障碍、社会交往障碍、兴趣范围狭窄和刻板的行为模式等症状。

③ 注意缺陷与多动障碍（Attention Deficit and Hyperactivity Disorder, ADHD）：俗称多动症，指发生于儿童时期，患儿与同龄儿童相比，以明显注意力集中困难、注意持续时间短暂、活动过度或冲动为主要特征的一组综合征，是较为常见的一种儿童障碍。在日常生活中，儿童会出现注意缺陷、活动过度、易冲动、认知障碍、学习困难、情绪行为障碍等症状。

2. 学前儿童常见心理障碍矫治措施

指导家长了解儿童常见心理问题及矫治措施的具体方法有以下七种。

（1）举办家长教育活动

定期邀请心理学家、医生或其他专业人士为家长讲解儿童心理问题的基本知识、识别方法和矫治措施。同时，鼓励家长参与亲子活动、心理健康讲座等心理健康相关活动，提高家长的心理健康素养。

（2）提供心理健康资源

为家长提供心理咨询师、治疗师、康复中心等的联系方式，帮助家长获取专业帮助。

（3）建立家长互助小组

组织有类似问题的家长相互交流经验、分享资源，加强家长之间的支持和合作。

（4）定期家访

定期了解家庭状况、儿童表现，帮助家长发现和解决儿童潜在的心理问题。

（5）提供培训和指导

教授家长识别和应对儿童心理问题的方法、技巧，提高家长的心理健康意识和能力。

（6）制订个性化方案

根据家长的需求和儿童的具体情况，为家长制订个性化的心理健康教育和矫治方案，确保方案的有效性和针对性。

（7）提高家长的沟通技巧

教授家长如何与儿童有效沟通，了解儿童的心理需求，帮助儿童解决心理困扰。

通过以上方法，指导者可以有效地指导家长了解儿童常见心理问题及矫治措施，提高家长的心理健康素养，从而促进儿童的心理健康发展。

（三）宣传学前儿童常见疾病的预防方法

儿童的免疫系统尚未完全发育成熟，因而儿童容易感染各种疾病，见表7-2。通过了解和掌握常见疾病的预防方法，家长可以尽早采取措施，帮助儿童正确摄入营养，养成规律运动和良好卫生习惯，增强儿童的免疫力，有效地降低患病的风险，提高家庭的幸福感。指导家长预防儿童疾病的方式有如下五种。

表7-2　儿童常见疾病

儿童常见疾病	症　状　表　现
呼吸道疾病	发热、高热惊厥、咳嗽、哮喘、鼻炎、支气管炎、肺炎
皮肤疾病	手足口病、湿疹、水痘、幼儿急疹、过敏性皮炎、风疹、白癜风、红斑狼疮、癣
肠道疾病	腹泻、便秘、阑尾炎、腹痛、胃肠炎、细菌性痢疾
口腔疾病	奶瓶齿、龋齿、鹅口疮、口臭
传染类疾病	手足口病、流行性感冒、麻疹、猩红热、流行性乙型脑炎、流行性腮腺炎
眼科疾病	近视、泪囊炎、斜视、过敏性结膜炎
其他疾病	贫血、低血糖、流鼻血

1. 提供健康教育

指导者可以通过举办健康讲座、发放宣传资料等方式，向家长介绍儿童常见疾病的预防方法和健康知识。

2. 提供咨询服务

指导者可以提供免费或低价的咨询服务，回答家长关于儿童健康的问题，并提供相关建议和支持。

3. 组织健康活动

指导者可以组织健康活动，如健康知识竞赛、健康体检等，帮助家长了解儿童健康问题和相关预防措施。

4. 促进家庭支持

指导者可以鼓励家长建立良好的家庭关系，促进家庭支持，帮助儿童形成健康的生活方式和良好的行为习惯。

5. 加强社区合作

指导者可以与社区卫生服务机构、学校等合作，加强儿童健康教育和预防工作，提高儿童健康水平，例如定期组织接种疫苗，帮助儿童建立免疫系统，从而预防流感、百百日咳、麻疹等传染病的发生。

（四）指导家长掌握常见突发事件的急救措施

学前儿童在成长过程中，可能会面临各种突发状况，如意外伤害、突发疾病等。在这种情况下，家长掌握急救措施可以有效地挽救生命和减轻伤痛。以下是指导家长掌握常见突发事件急救措施的步骤。

第一，基于儿童可能面临的风险因素，确定家长需要掌握哪些急救措施，如常见意外伤害（如骨折、烧伤等）和常见疾病（如心脏病、中暑等）。

第二，可以通过阅读书籍、观看视频、参加培训班或请教有经验的家长等途径，帮助家长获取常见急救措施的方法和步骤，包括止血、包扎、心肺复苏等。建议选择权威、可靠的资源，如国家卫生健康委员会等部门发布的急救指南。

第三，为家长制订详细的学习计划，包括学习目标、学习内容、学习时间和实践机会等，帮助家长系统地学习急救知识，提高学习效果。

第四，指导家长实践练习，包括模拟紧急情况、进行实际操作和参加急救培训班等。实践可以帮助家长巩固所学知识，提高应对突发状况的能力。

第五，鼓励家长之间相互学习和交流，促进家长之间的经验分享，帮助他们共同提高急救技能。

第六，帮助家长定期复习所学的急救知识和技能，确保其始终掌握最新的急救方法和技能。

第七，提示家长掌握急救知识后，应密切关注儿童的安全，及时发现并处理可能发生的紧急状况。

第八，培养家长在日常生活中的急救意识，如正确处理家庭火灾、防止儿童触电等，增强家庭成员的安全意识和自我保护能力。

拓展阅读

海姆立克急救法

海姆立克急救法（Heimlich Maneuver）是一种针对气道异物梗阻的紧急急救方法（图7-1、图7-2）。

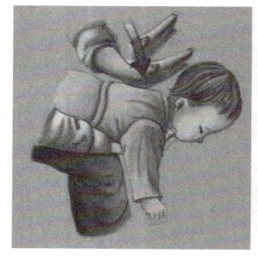
5次拍背法

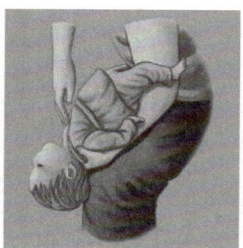
5次压胸法

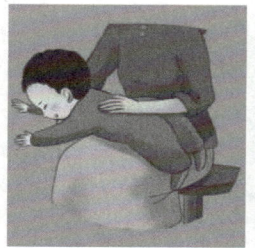
3岁以下儿童

3岁以上儿童

图7-1　婴儿急救示意图　　　　图7-2　儿童急救示意图

海姆立克急救法主要适用于3岁及以上的儿童和成人。以下是儿童海姆立克急救法的具体步骤。

1. 家长应站在儿童身后，两手臂环绕儿童的腰部，一手握拳，拳眼朝向儿童的肚脐稍上方，另一只手抓住握拳的手，形成"双拳夹胸"的姿势。

2. 抱住儿童，用力向上挤压。家长将儿童抱住，然后迅速用力向上挤压儿童的腹部，同时让儿童快速咳嗽。这种挤压腹部的方法会产生一股冲击力，有助于将异物从气道排出。

3. 重复操作。如果异物仍未排出，家长需要继续进行挤压腹部的操作，直到异物被排出或儿童呼吸不再困难。

4. 必要时拨打急救电话。如果儿童已经出现呼吸困难、嘴唇发紫、昏迷等严重症状，家长应立即拨打当地的急救电话（如120），并告知医护人员儿童的情况。

5. 让儿童侧卧。在等待急救人员到来的过程中，家长可以让儿童保持侧卧，以防止异物吸入肺部。同时，密切观察儿童的呼吸和脉搏，确保他们呼吸通畅。

6. 总结经验。在急救完成后，家长应总结经验，查看急救方法是否正确，并在需要时进一步学习和提高。

需要注意的是，如果异物已经被咳出，或症状有所缓解，家长应尽快带儿童就医，进行进一步检查和治疗，以确保儿童的安全。同时，要教育儿童不要随意吞咽小物件，如玩具零件、糖果等。

（五）介绍正确的家庭教养方式

家庭教养方式，又被称为亲子关系模式或家庭教育方式，是指在家庭中父母或其他长辈对儿童的教育和引导方式，涉及家庭成员在学前儿童成长过程中所采取的一系列行为、态度和价值观。不同的家庭教养方式对儿童的身心发展、个性形成、社会性发展等方面产生不同的影响。指导者积极组织并引导家长参与家庭教育指导活动，对家长的教养方式、教养观念和教育期待会产生深刻的影响，具体需要注意以下九个方面。

第一，指导者可以提供相关书籍、组织科学育儿课程、邀请有经验的家长或专家开讲座，帮助家长学习和了解不同类型的家庭教养方式及其优缺点和儿童可能出现的行为。

第二，指引家长分析自己的家庭教养方式，了解自己的强项和不足，以便在家庭教育中有针对性地改进。

第三，帮助家长明确自己对儿童的期望和目标，并根据儿童的个性和需求制订适合的教养方式。

第四，提示家长与儿童保持积极的沟通和互动，了解儿童的需求、感受和想法，以便及时调整教养方式。

第五，引导家长在儿童遇到困难时给予支持和鼓励，帮助他们战胜挫折，树立信心。同时，要善于发现儿童的优点，给予积极的肯定和赞扬，提供情绪价值。

第六，示意家庭成员在实施教养方式时要保持一致性和稳定性，以便儿童形成稳定的行为模式和价值观。尽量避免在儿童面前出现前后矛盾的行为。

第七，提示家长关注儿童的成长变化，适度调整和改进自己的教养方式，当面临新问题与新挑战时，要不断学习，提高自身教育能力。

第八，帮助家长培养儿童的独立性和自主性，让他们学会对自己的行为和决定负责，在实际生活中学会解决问题。

第九，指引家长关注儿童的心理健康，关注儿童的情绪情感需求，帮助他们构建健康的心理状态。

拓展阅读

教养方式的类型

美国心理学家戴安娜·鲍姆林德（Diana Baumrind）认为可以把父母教养方式归纳为两个维度：其一是父母对待孩子的情感态度，即接受—拒绝维度；其二是父母对孩子的要求和控制程度，即控制—容许维度。根据这两个维度的不同组合，可以形成四种教养方式：权威型（接受+控制）、专断型（拒绝+控制）、放纵型（接受+容许）和忽视型（拒绝+容许）。

1. 权威型（authoritative）

这是一种理性且民主的教养方式。权威型的父母认为自己在孩子心目中应该有权威。但这种权威来自父母对孩子的理解与尊重，来自他们与孩子的经常交流及对其的帮助。父母以积极肯定的态度对待孩子，及时热情地对孩子的需要、行为做出反应，尊重并鼓励孩子表达自己的意见和观点。同时他们对孩子有较高的要求，对孩子不同的行为表现奖惩分明。

这种高控制且在情感上偏于接纳和温暖的教育方式，对孩子的心理发展有许多积极的影响。在这种教养方式下成长的孩子独立性强，善于自我控制和解决问题，自尊感和自信心较强，喜欢与人交往，对人友好。

2. 专断型（authoritarian）

专断型父母则要求孩子绝对地服从自己，希望孩子按照他们为其设计的发展蓝图去成长，希望对孩子的所有行为都加以保护监督。这也属于高控制型教养方式，但在情感方面与权威型父母有显著的差异。这类父母常以冷漠、忽视的态度对待孩子，他们很少考虑孩子自身的要求与意愿。对孩子违反规则的行为表示愤怒，甚至采用严厉的惩罚措施。

这种教养方式下成长的孩子常常表现出焦虑、退缩和不快乐。他们在与同伴交往中遇到挫折时，易产生敌对反应。在青少年时期，在专断型教养方式下成长的孩子与权威型相比，自我调节能力和适应性都比较差。但有时他们在校的学习表现比放纵型和忽视型教养方式下成长的孩子好，而且在校期间的反社会行为也较少。

3. 放纵型（permissive）

这类父母和权威型父母一样对孩子抱以积极肯定的情感，但缺乏控制。父母放任孩子自己做决定，即使他们还不具有这种能力，如任由孩子自己安排饮食起居，纵容孩子贪玩、看电视。父母很少向孩子提出要求，如不要求他们做家务，也不要求他们学习良好的行为举止；对孩子违反规则的行为采取忽视或接受的态度，很少发怒或者训斥孩子。

在这种教养方式下成长的孩子大多很不成熟，他们任意妄为，往往具有较强的冲动性和攻击性，而且缺乏责任感，合作性差，很少为别人考虑，自信心不足。

4. 忽视型（neglectful）

这类父母对孩子既缺乏爱的情感和积极反应，又缺少行为方面的要求和控制，因此亲子间的互动很少。他们对孩子缺乏最基本的关注，对孩子的行为缺乏反馈，且容易流露厌烦、不愿搭理的态度。如果孩子提出诸如物质等方面易于满足的要求，父母可能会给予回应；然而对于那些耗费时间和精力的长期目标，如培养孩子良好的学习习惯、恰当的社会性行为等，这类父母很少去完成。

在这种教养方式下成长的孩子与在放纵型教养方式下成长的孩子一样，具有较强攻击性，很少替别人考虑，对人缺乏热情与关心，在青少年时期更有可能出现不良行为问题。

（六）提供科学的家庭教养途径

科学的家庭教养途径能够促进亲子之间的互动和交流，增强亲子之间的感情联系，建立起良好的家庭教育环境。下面主要阐述亲子阅读、亲子沟通和亲子游戏三种家庭教养途径。

1. 家庭亲子阅读

家庭亲子阅读是家长与孩子共同享受阅读的过程，是一种亲子互动方式，对学前儿童的心理健康和发展具有重要意义。在亲子阅读过程中，家长可以和孩子一起分享阅读的乐趣，形成共同的兴趣爱好，加强彼此之间的沟通和理解，建立良好的亲子关系；亲子阅读还可以帮助孩子获取新的知识和体验，拓宽视野，了解世界、探索未知，促进孩子想象力和创造力的发展，提高孩子的阅读能力和理解能力；亲子阅读也可以帮助家长学习新的教育理念和技巧，更好地引导孩子的阅读和学习，提高家长的教育水平。以下是指导家庭亲子阅读的具体建议。

（1）帮助家长选择适合儿童年龄阶段的书籍

根据儿童的年龄和阅读水平选择适合的书籍。不同年龄段的儿童阅读能力和兴趣不同，选择适合的书籍可以激发儿童的阅读兴趣，提高阅读效果。

（2）指导家长营造良好的阅读环境

为儿童营造一个舒适、安静的阅读环境，可以让儿童更加专注地阅读。家长也可以在家中设置专门的阅读区，布置舒适的坐垫和小桌子，让孩子自由地选择感兴趣的书籍。

（3）指导家长与儿童共同阅读

在家长的陪伴和引导下，儿童更容易理解书中的复杂词汇和句子，从而提高阅读能力和理解能力。在共同阅读时，家长也可以向孩子分享书中的故事和情节，引导孩子思考和分析书中的情节和细节。

（4）帮助家长培养儿童的阅读习惯

培养儿童的阅读习惯是家庭亲子阅读的关键。家长可以每天安排固定时间，与孩子共同阅读。

2. 家庭亲子沟通

家庭亲子沟通是指亲子之间的交流和互动，是家庭教育的重要环节。良好的家庭亲子沟通能够帮助家长了解孩子的内心世界，及时发现和解决孩子的问题和困难，促进孩子的身心健康和情感发展，增强家庭凝聚力和亲子关系。同时，家庭亲子沟通还可以帮助孩子积极表达自己的想法和感受，促进孩子的语言发展和提升表达能力。以下是指导家庭亲子沟通的具体建议。

（1）指导家长创造良好的沟通氛围

家长应该创造一个轻松、愉悦的沟通氛围，让孩子感到舒适自由。沟通时，家长应该保持平和心态，避免出现负面的语言和消极的情绪。同时，家长要选择适当的时间和地点进行交流，避免在孩子紧张、害怕或者情绪不稳定时进行沟通。

（2）帮助家长学会倾听儿童的想法和感受

家长应该倾听孩子的想法和感受，尊重孩子的意见和选择。在沟通过程中，家长需要表现出对孩子的理解和支持，让孩子感受到自己的话语被尊重和重视，感受到家长的关爱。同时，要给予孩子适当的自主权，有机会表达自己的意见和想法。当孩子做出决策时，家长需要给予支持和鼓励；当孩子表达自己的感受时，家长可以重复孩子的话，以确保理解孩子的意思；当孩子遇到问题和困难时，在尊重孩子的前提下，家长可以给予孩子适当的建议和指导，帮助孩子解决遇到的问题和困难。

（3）指导家长给予儿童积极的回应

家长在与孩子沟通时，应该给予孩子积极的回应，鼓励孩子表达自己的想法和感受。积极回应时，家长可以用简洁的语言、肢体动作或眼神等来表达情感。但是，要避免使用复杂或者难懂的词汇，以免孩子产生困惑或者抵触情绪。

（4）引导家长制订家庭沟通规则

家长与孩子共同制订家庭沟通规则，能够建立良好的家庭沟通习惯，让孩子了解沟通的重要性，并且让孩子知晓作为家庭成员有参与制订家庭规则的权利。

3. 家庭亲子游戏

家庭亲子游戏是指家长和孩子在家庭生活中进行的互动性活动，旨在增进亲子之间的情感、沟通和理解，促进孩子身心健康、全面发展。家庭亲子游戏的形式既包括简单的游戏、手工制作、运动、探险等，也包括创造性的活动、解决问题的过程、社交交流等。在亲子游戏中，家长和孩子之间的互动和交流具有重要意义，有助于建立亲密的亲子关系，提高孩子的自信心和社交技能，也有助于缓解家长的工作压力和生活压力。以下是指导家庭亲子游戏的具体建议。

（1）帮助家长选择适合儿童的游戏

指导者需要根据家庭的情况和需求，儿童的年龄阶段特征、能力水平和兴趣爱好，帮助家长选择适当的游戏。年龄较小的儿童选择简单的游戏，如拼图、积木等；年龄稍大的儿童选择更复杂的游戏，如桌游、拼图、角色扮演等。进行家庭亲子游戏时，引导家长尊重儿童的选择，让儿童自主选择游戏内容和方式。如果儿童选择的游戏过于危险或不适合其年龄阶段，需要辅助家长及时干预和引导，但是不能强制儿童进行其他游戏。

（2）引导家长注意游戏的安全性

进行家庭亲子游戏前，家长需要确保游戏环境安全，排除安全隐患。例如：检查游戏道具和玩具的质量，避免出现危险物品；注意天气状况，避免受到阳光直射或雨淋。

（3）协助家长提供优质的亲子游戏环境

指导者可以协助家长在家庭中设置专门的亲子游戏区，引导家长与儿童共同制作亲子游戏玩具材料。在安全卫生的前提下，帮助家长最大限度地利用废旧材料，与儿童共同自制亲子游戏玩具，锻炼儿童的手眼协调能力及小肌肉运动能力，养成与他人团结合作的习惯。例如：用碎布料缝制沙包和娃娃，用废旧纸盒制作电话、棋盘，用易拉罐制作小车。

（4）指导家长与儿童共同游戏

进行亲子游戏时，首先，指导者要向家长说明游戏互动的重要性，鼓励家庭成员积极参与游戏，增加游戏的趣味性和互动性，并帮助家长与儿童保持互动和沟通，让孩子感受到父母的关爱和陪伴。其次，要教授家庭成员游戏规则，帮助儿童理解游戏的规则及玩法。如果儿童违反规则，家长需要及时指出和纠正，让儿童认识规则的重要性，培养儿童的规则意识。同时，指导者要关注游戏过程中可能出现的问题，如帮助家长观察儿童的情绪状态，了解儿童的需求和喜好；当儿童情绪波动或出现冲突时，指导家长及时了解原因，并进行适当的安慰和引导。最后，要帮助家长引导儿童思考和探索，解决实际问题、创造游戏规则，培养儿童的想象力和创造力。

（5）引导家长给予儿童适当的评价和奖励

亲子游戏结束后，家长可以给予孩子适当的评价和鼓励，让孩子感受到自己的进步和成就感。家长还可以适当给予孩子奖励，激励孩子参与游戏的积极性和兴趣，如口头表扬、小礼品或是孩子喜欢的活动。但是奖励不能过于物质化或形式化，要根据孩子的需要和兴趣来选择。

（七）协助家长培养学前儿童社会交往能力

学前儿童社会交往能力主要包括与他人建立关系、表达情感和意见、理解他人的想法和情感、解决冲突和协调不同意见等。这些能力和技巧在儿童的社会化过程中扮演着重要的角色，影响着儿童的社交关系、自尊心、自信心，以及其他方面的发展。因此，协助家长培养儿童的社会交往能力是家庭教育指导的重要内容之一。

1. 引导家长创造多元化的社交环境

指导者需要帮助家庭营造温馨和谐的环境，让儿童建立积极健康的性别认同和性别角色观念，提高社交技能，树立正确的价值观。第一，家庭成员与孩子要亲密互动，培养孩子人际交往的意识和合作互助的观念，让孩子学会合理表达自己的需求和情感。第二，家长需要为孩子提供多元化的社交环境，如去公园、游乐场、图书馆等场所，让孩子与不同年龄、性别及背景的社会角色互动。第三，家长应该鼓励孩子参加社交活动，如幼儿园活动、邻居聚会、同伴游戏等，让孩子在活动中学会沟通和合作，增强社会交往能力。

2. 帮助家长明确儿童社交礼仪

第一，指导家长通过阅读绘本或观看动画片等方式教授儿童社交礼仪，如如何与他人打招呼、如何表达感谢等，时刻提醒儿童要礼貌待人，尊重他人，关心、照顾并理解周围的人的感受和需要。第二，向家长说明基本的社交技能，如倾听能力、表达想法和情感的能力、分享与合作的能力等，帮助儿童更好地融入社交环境，提高社交能力。第三，帮助家长学会引导儿童解决冲突，用合适的方式处理与他人的分歧和矛盾。第四，辅助家长通过角色游戏启发儿童探索作为社会成员的角色，引导儿童正确处理人际关系，发泄消极情绪情感，增强儿童的道德感，获得亲社会行为。

（八）宣传关于学前儿童的法律法规

家长作为学前儿童的法定监护人，有责任和义务保障儿童的权益。向家长宣传儿童法律法规是非常必要和重要的，只有家长真正知法、懂法和尊重法律，才能够利用法律武器正确行使权利，保卫学前儿童的合法权利。

首先，宣传关于学前儿童的法律法规可以帮助家长保障儿童的权益。儿童是社会的未来，他们的权益应该得到保护。我国相关法律法规规定了儿童的基本权利和义务，如受教育权、生命权、自由权等。向家长宣传法律法规，可以使家长了解儿童的权益，当幼儿园和社会损害儿童权益时，能够利用法律武器维护儿童的权益。

其次，宣传关于学前儿童的法律法规能够推进家庭教育。学前儿童的法律法规规定了家庭教育的基本要求，如保障儿童健康成长、尊重儿童的人格、不得虐待儿童等。通过向家长宣传法律法规，家长能更好地理解家庭教育的重要性，从而履行家长责任。

再次，宣传关于学前儿童的法律法规可以预防儿童违法犯罪。儿童的法治意识是预防儿童违法犯罪的重要因素之一。儿童法律法规中规定了一些违法犯罪行为的后果，如刑事责任年龄、刑事责任能力等。通过向家长宣传法律法规，家长可以更好地教育儿童遵守法律，预防违法犯罪行为的发生。

最后，宣传关于学前儿童的法律法规可以促进社会稳定。儿童是社会的重要组成部分，他们的成长和发展对社会的稳定和发展具有重要影响。向家长宣传法律法规，可以让家长更好地履行监护责任，从而促进社会的稳定和发展。

 知识链接

学前儿童相关法律法规

学前儿童的法律法规主要涉及儿童的保护、教育和抚养等方面。以下是一些常见的学前儿童法律法规。

1.《中华人民共和国未成年人保护法》

规定保障未成年人的合法权益，保护未成年人的人身、财产、教育和其他合法权益，包括对儿童的人身安全、人格尊严、受教育权等方面的保护，预防未成年人的犯罪。

2.《中华人民共和国教育法》

规定国家加强对幼儿园的管理，保障幼儿园的质量和安全，促进幼儿身心健康发展；规定了学前教育的基本原则和相关政策，包括对学前教育的投资、管理、师资培训等方面。

3.《中华人民共和国家庭教育促进法》

规定了家庭教育的重要性和相关政策，包括家庭教育的内容、方法、家庭教育的指导等方面。

4.《中华人民共和国学前教育法》

规定了学前教育的性质、原则、组织形式、管理体制等方面的内容，要求学前教育机构必须符合相关标准和资质要求，保障儿童的安全和健康，为学前教育的发展和管理提供了法律保障。

5.《托儿所幼儿园卫生保健管理办法》

明确规定了托儿所和幼儿园的卫生保健管理要求，包括环境卫生、食品卫生、传染病防控等方面的要求，保障儿童的身体健康。

6.《中华人民共和国妇女权益保障法》

规定了妇女和儿童的基本权利和利益，包括对妇女和儿童的人身安全、婚姻家庭权益、受教育权等方面的保护；预防和惩治虐待、遗弃、拐卖、贩卖妇女儿童等侵害妇女儿童权益的犯罪行为。

7.《中华人民共和国民法典》

强调家庭是儿童成长发展的重要环境，规定父母有抚养、教育、保护子女的义务。

8.《中华人民共和国预防未成年人犯罪法》

规定未成年人的父母、监护人和有关单位应当采取措施，防止未成年人犯罪。

9.《中华人民共和国保障农民工工资支付条例》

规定农民工应该按时足额领取工资，不得拖欠，保障农民工子女的正常生活和教育。

第三课　学前儿童家庭教育指导的原则与策略

案例导入

在区人大、区纪委、区妇联指导下，跃进社区挂牌成立的"西河街道跃进社区家庭教育指导服务站"的具体工作内容如下。

（1）通过党建引领＋"红色朋友圈"、妇联参与，紧紧扭住立德树人这条主线，帮助孩子厚植家国情怀，推行党员服务在身边亮身份，增活力的社区形象。

（2）储备教育资源力量，吸纳优秀指导教师5人，将在每周六上午为家长开展2个小时的家庭教育辅导。

（3）开办社区"母亲课堂"，结合辖区教育资源，常态化开展家教讲座，引导辖区父母树立正确家庭教育思想和育儿观念，掌握科学育儿方法，提升辖区整体家庭教育水平。

（4）探索开展"小手拉大手 共创文明城"公益活动，积极组织社区家庭参与社区公益活动，提升儿童社会实践能力，增进亲子感情，促进家庭和谐文明。

（5）定期开展家风建设、家长讲坛、各类健康教育、法律知识讲座、妇女儿童维权活动，帮助辖区妇女儿童更好地依法保护自身合法权益和进行家风教育传承。

（6）依托学校平台，定期评选"最美家风""最美家训""最美家规""最美家庭"等家风建设奖项，积极传承好家风，营造正家风、转作风、倡新风的良好氛围。

（资料来源：微信公众号"锦绣西河商贸新城"，https://mp.weixin.qq.com/s/h04-hCHRkot0zeCir3VYyvA。）

【分析】跃进社区成立的家庭教育指导服务站，不仅为家长提供了教育资源和家庭教育指导，还促进了家校合作和社会参与，有助于提升家庭教育的质量，促进孩子的全面发展。通过这些服务，家庭教育指导服务站构建了一个能够支持孩子健康成长的社区环境。

基础知识

一、学前儿童家庭教育指导的原则

学前儿童家庭教育的原则是指学前儿童家长在实施家庭教育时必须遵循的基本要求和基本准则，是根据我国社会主义教育目的、要求和我国学前儿童身心发展特点和个性、品德形成的规律，以及儿童家庭教育的任务、家庭教育过程的规律制定的，是学前儿童家庭教育经验的总结和概括。依据《全国家庭教育指导大纲（修订）》的指导原则，家庭教育指导应注重科学性、针对性和适用性，具体原则如下。

（一）思想性原则

家庭教育指导应遵循党的教育方针，以促进儿童全面健康成长为目标，以立德树人为根本任务，通过实施科学的家庭教育指导，推进家庭教育在培养德智体美劳全面发展的社会主义建设者和接班人中发挥重要基础作用。

（二）科学性原则

家庭教育指导应遵循家庭教育规律，为家长提供科学化、专业化、规范化的指导服务，家庭教育指导机构和指导者应具备相应的专业资质和能力。

（三）儿童为本原则

家庭教育指导应尊重儿童身心发展规律和个体差异，创设适合儿童成长的必要条件，保护儿童各项权利，促进儿童自然、全面、充分、个性发展。

（四）家长主体原则

确立为家长服务、提供支持的观念，尊重家长意愿，坚持需求导向，调动家长参与的积极性；引导家长注重提升自身素质，注重家庭建设和良好家风传承，促进亲子互动，共同提高。

（五）多向互动原则

家庭教育指导应建立指导者与家长、儿童，家长与家长，家庭与家庭、家庭与学校之间的互动，努力形成相互研究、相互尊重、相互促进的环境与条件。

二、学前儿童家庭教育指导的策略

（一）建立完善的学前儿童家庭教育指导工作服务体系

国外的家庭教育指导服务工作开展较早，关于家庭教育的研究也比较丰富，对家庭教育指导各方面要素都有深入实践和研究。我国的家庭教育指导机构目前以妇女联合会和一些专业学会为主，尚未实现各类资源的有效整合。政府需要组织学术资源、资金资源和行政力量有机协同，建设中国家庭教育指导的权威机构，负责全国亲职教育的方案研发、推行、评估与指导，引领各地亲职教育实践。

（二）引导和规范电视和图书等传媒资源

电视、图书、报纸仍然是家长获得家庭教育知识的主要渠道。因此，政府可以提高传统媒体在亲职教育内容方面的科学性和系统性，并充分利用网络等现代化媒体，扩大亲职教育的受众覆盖面。

（三）鼓励幼儿园开发园本亲职教育课程

幼儿园是开展家长培训活动的主渠道。但目前幼儿园由于自身资源的局限，所开展的家庭教育讲座对外部资源（校外专家）的依赖性过强。幼儿园往往重视邀请专家教授，所讲主题自然由专家教授任意指定，导致教育内容过于随意，缺乏系统性、计划性和自主性。为提高幼儿园家教指导的系统性和针对性，需要以本园有经验的教师为教育主体，以外部专家为顾问指导，由外部专家帮助园内主讲教师不断完善教育形式和内容，建设园本亲职教育体系。

  知识链接

《中华人民共和国家庭教育促进法》
第三章　国家支持

第二十四条　国务院应当组织有关部门制定、修订并及时颁布全国家庭教育指导大纲。

省级人民政府或者有条件的设区的市级人民政府应当组织有关部门编写或者采用适合当地实际的家庭教育指导读本，制定相应的家庭教育指导服务工作规范和评估规范。

第二十五条 省级以上人民政府应当组织有关部门统筹建设家庭教育信息化共享服务平台，开设公益性网上家长学校和网络课程，开通服务热线，提供线上家庭教育指导服务。

第二十六条 县级以上地方人民政府应当加强监督管理，减轻义务教育阶段学生作业负担和校外培训负担，畅通学校家庭沟通渠道，推进学校教育和家庭教育相互配合。

第二十七条 县级以上地方人民政府及有关部门组织建立家庭教育指导服务专业队伍，加强对专业人员的培养，鼓励社会工作者、志愿者参与家庭教育指导服务工作。

第二十八条 县级以上地方人民政府可以结合当地实际情况和需要，通过多种途径和方式确定家庭教育指导机构。

家庭教育指导机构对辖区内社区家长学校、学校家长学校及其他家庭教育指导服务站点进行指导，同时开展家庭教育研究、服务人员队伍建设和培训、公共服务产品研发。

第二十九条 家庭教育指导机构应当及时向有需求的家庭提供服务。

对于父母或者其他监护人履行家庭教育责任存在一定困难的家庭，家庭教育指导机构应当根据具体情况，与相关部门协作配合，提供有针对性的服务。

第三十条 设区的市、县、乡级人民政府应当结合当地实际采取措施，对留守未成年人和困境未成年人家庭建档立卡，提供生活帮扶、创业就业支持等关爱服务，为留守未成年人和困境未成年人的父母或者其他监护人实施家庭教育创造条件。

教育行政部门、妇女联合会应当采取有针对性的措施，为留守未成年人和困境未成年人的父母或者其他监护人实施家庭教育提供服务，引导其积极关注未成年人身心健康状况、加强亲情关爱。

第三十一条 家庭教育指导机构开展家庭教育指导服务活动，不得组织或者变相组织营利性教育培训。

第三十二条 婚姻登记机构和收养登记机构应当通过现场咨询辅导、播放宣传教育片等形式，向办理婚姻登记、收养登记的当事人宣传家庭教育知识，提供家庭教育指导。

第三十三条 儿童福利机构、未成年人救助保护机构应当对本机构安排的寄养家庭、接受救助保护的未成年人的父母或者其他监护人提供家庭教育指导。

第三十四条 人民法院在审理离婚案件时，应当对有未成年子女的夫妻双方提供家庭教育指导。

第三十五条 妇女联合会发挥妇女在弘扬中华民族家庭美德、树立良好家风等方面的独特作用，宣传普及家庭教育知识，通过家庭教育指导机构、社区家长

单元七　学前儿童家庭教育的指导

学校、文明家庭建设等多种渠道组织开展家庭教育实践活动，提供家庭教育指导服务。

第三十六条　自然人、法人和非法人组织可以依法设立非营利性家庭教育服务机构。

县级以上地方人民政府及有关部门可以采取政府补贴、奖励激励、购买服务等扶持措施，培育家庭教育服务机构。

教育、民政、卫生健康、市场监督管理等有关部门应当在各自职责范围内，依法对家庭教育服务机构及从业人员进行指导和监督。

第三十七条　国家机关、企业事业单位、群团组织、社会组织应当将家风建设纳入单位文化建设，支持职工参加相关的家庭教育服务活动。

文明城市、文明村镇、文明单位、文明社区、文明校园和文明家庭等创建活动，应当将家庭教育情况作为重要内容。

练习题

一、单项选择题

1.（　　）是指由家庭以外的社会组织和机构组织，以儿童家长为主要对象，以提高家长的教育素质、改善教育行为为直接目标，以促进儿童身心健康成长为目的的一种教育过程。

　　A.儿童家庭教育指导　　　　　　B.家长的道德素质
　　C.家长的儿童观　　　　　　　　D.家长的人才观

2.《中华人民共和国家庭教育促进法》自（　　）起施行。

　　A.2022年1月1日　　　　　　　　B.2022年3月1日
　　C.2022年5月1日　　　　　　　　D.2022年10月1日

3.各级（　　）指导家庭教育工作，建立健全家庭学校社会协同育人机制。

　　A.人民政府　　　　　　　　　　B.团组织
　　C.党组织　　　　　　　　　　　D.学校

4.家庭教育指导机构开展家庭教育指导服务活动，（　　）营利性教育培训。

　　A.可以变相组织　　　　　　　　B.不得组织或变相组织
　　C.在家长的同意下从事　　　　　D.在安全的前提下从事

5.具备条件的中小学校、幼儿园应当在教育行政部门的指导下，为家庭教育指导服务站点开展（　　）家庭教育指导服务活动提供支持。

　　A.长期性　　　　　　　　　　　B.短时性
　　C.商业性　　　　　　　　　　　D.公益性

6.图书馆、博物馆、文化馆、纪念馆、美术馆、科技馆、体育场馆、青少年宫、

165

儿童活动中心等公共文化服务机构和爱国主义教育基地每年应当（　　）开展公益性家庭教育宣传、家庭教育指导服务和实践活动，开发家庭教育类公共文化服务产品。

  A. 不定期   B. 定期
  C. 随时   D. 按节点

7. 违反《中华人民共和国家庭教育促进法》规定，构成违反治安管理行为的，由（　　）依法予以治安管理处罚；构成犯罪的，依法追究刑事责任。

  A. 所在单位   B. 人民法院
  C. 公安机关   D. 监察机关

8. 中小学校、幼儿园应当将（　　）纳入工作计划，作为教师业务培训的内容。

  A. 家庭教育指导服务   B. 家庭服务
  C. 课后服务   D. 素质教育

二、多项选择题

1. （　　）可以依托城乡社区公共服务设施，设立社区家长学校等家庭教育指导服务站点，配合家庭教育指导机构组织面向居民、村民的家庭教育知识宣传，为未成年人的父母或者其他监护人提供家庭教育指导服务。

  A. 社区居委会   B. 社会团体
  C. 居民委员会   D. 村民委员会

2. 小班儿童的家庭教育指导中，属于帮助儿童了解幼儿园新环境的内容有（　　）。

  A. 父母应正确认识孩子的入园准备
  B. 明确孩子在入园准备过程中自己的责任与作用
  C. 反复强调父母对孩子的爱，让孩子内心不要担心父母不要他
  D. 刚开始幼儿园接送，遵循"晚送早接"，让孩子理解家长只是短暂离开，帮助孩子缓解焦虑的情绪

3. （　　）违反《中华人民共和国家庭教育促进法》规定，不履行或者不正确履行家庭教育指导服务职责的，由主管部门责令限期改正；情节严重的，对直接负责的主管人员和其他直接责任人员依法予以处分。

  A. 家庭教育指导机构   B. 中小学校、幼儿园
  C. 婴幼儿照护服务机构   D. 早期教育服务机构

4. 妇女联合会发挥妇女在弘扬中华民族家庭美德、树立良好家风等方面的独特作用，应当做到（　　）。

  A. 资助困难家庭
  B. 提供家庭教育指导服务
  C. 宣传普及家庭教育知识
  D. 通过家庭教育指导机构、社区家长学校、文明家庭建设等多种渠道组织开

展家庭教育实践活动

5. 婚姻登记机构和收养登记机构应当通过（　　）等形式，向办理婚姻登记、收养登记的当事人宣传家庭教育知识，提供家庭教育指导。

  A. 网络开课   B. 现场咨询辅导
  C. 做好网络推文   D. 播放宣传教育片

6. 家庭教育服务机构应当（　　）。

  A. 加强自律管理   B. 制订家庭教育服务规范
  C. 组织从业人员培训   D. 提高从业人员的业务素质和能力

单元八
幼儿园、家庭与社区的合作共育

内容导读

家庭、幼儿园与社区是儿童成长的重要生态系统，三者合作共育是当今世界教育改革的主要趋势，在学前儿童教育中发挥着重要作用。家庭是儿童生活的第一场所，家长是儿童的第一任老师，家长与儿童的血缘关系给其对儿童的教育投资、教养方式等带来重要影响；幼儿园是专门的教育机构，拥有专业的教师队伍，能够运用科学的教育方式、方法对儿童进行科学指导；社区拥有各种各类的物质环境资源和人力资源，能够有效弥补幼儿园和家庭教育资源的缺失，拓宽儿童的视野。本单元结合家庭、幼儿园与社区的教育优势，阐述了家庭与幼儿园、家庭与社区、幼儿园与社区合作共育的相关理论、政策、途径与意义。

学习目标

1. 了解家庭与幼儿园、社区合作共育的理论基础。
2. 掌握家庭与幼儿园、社区合作共育的途径。
3. 领会家庭与幼儿园、社区合作共育的意义。

思政点拨

党的二十大首次将"加强家庭家教家风建设"写入党代会报告，为家庭教育发展领航掌舵、把脉定向；中共中央办公厅、国务院办公厅发布的《关于加强新时代关心下一代工作委员会工作的意见》描述了家庭教育的核心实施意见；《中国关工委"十四五"发展规划和二〇三五年远景目标》为家庭家教家风建设工程描绘了宏伟蓝图。家庭教育是一项庞大的系统工程，需要全社会共同参与，不能单打独斗。学校教师是家庭教育必须依靠的力量，同时要争取政府部门和社会各界的大力支持。教育行政部门、学校要协同

单元八　幼儿园、家庭与社区的合作共育

做好家庭教育事业，妇联、民政部、关工委、文明办、共青团、社会组织，以及镇（街道、乡）、村（社区）基层组织等要参与进来，相互支持、密切配合，心往一处想、智往一处谋、劲往一处使，使弘扬家教好家风工作产生"1+1＞2"的效果，共同推进和做好家庭教育服务指导工作。

学习导图

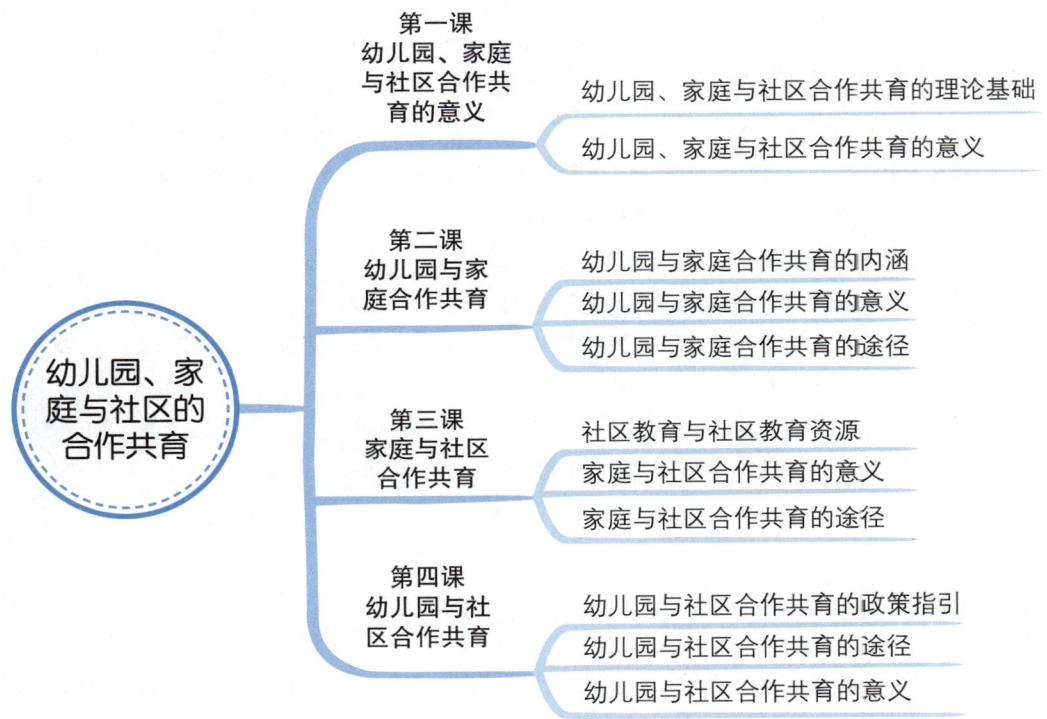

第一课　幼儿园、家庭与社区合作共育的意义

案例导入

2023年2月23日下午，当湖街道启元社区联合百花幼儿园稚川园区、当湖派出所启元警务站共同开展"走进社区，'育'见美好"启元共育体家庭教育实践活动。首先，来自平湖市百花幼儿园稚川园区的陈校医向现场的家长和学生介绍春季多种呼吸道传染病的种类以及预防措施，特别提醒家长们幼儿园小朋友抵抗力较弱，需要做好相关的预防措施，筑牢传染病防控屏障，守护孩子。其次，为

了让孩子和祖辈提高交通安全意识，规范安全出行行为，来自百花幼儿园稚川园区的李老师通过播放视频等方式，讲解了交通安全知识，教育孩子们从小养成遵守交通法规的良好习惯，提醒祖辈们一定要让孩子时刻在自己视线内，共同为上下学铺一条安全之路。同时，启元警务室胡警长通过分享近期社区警情，宣传了反诈知识，在引导孩子增强自我保护意识的同时，老师和家长也要学习防诈骗知识。警民共同携手，助力儿童平安成长。最后，启元社区副主任洪涛通过播放视频《垃圾分拣员的一天》，讲解了垃圾如何分类，让大家沉浸式体验了垃圾分类站的运行，直观感受垃圾分拣员的工作，让孩子们在日常生活中也能学会垃圾分类，并形成垃圾分类定时定点的良好习惯，共同守护美好的社区。

资料来源：（微信公众号"当湖街道启元社区"，https://mp.weixin.qq.com/s?__biz=Mzg5Njk3OTIwMw==&mid=2247508845&idx=2&sn=601923c3ba9510376c2e8fbb345dd09e&source=41#wechat_redirect。）

【分析】当湖街道启元社区组织的共育体家庭教育实践活动充分发挥了家校社共育体优势，在多方共同努力下，让儿童学会在各个方面保护自己，让家长帮助儿童增强安全防护意识，助力儿童健康平安成长。这一活动推动了社区、家庭、学校与企事业单位、机关团体、社会组织、慈善资源的合作共建，对形成学校、社区、家庭三方结合、多元参与、共同育人的全覆盖网络机制，营造有利于儿童身心健康成长的社区氛围具有重要意义。

基础知识

幼儿园、家庭与社区合作共育是新时代学前教育的大势所趋，指幼儿园和家庭、社区都是促进儿童个体发展的主体，三方积极主动地相互了解、相互配合、相互支持，通过幼儿园、家庭、社区的三向互动共同促进儿童个体的身心健康发展。主要涵盖幼儿园及幼儿教师、儿童家长、社区及社区服务人员、儿童在内的人际合作共育系统，是以儿童为纽带，与周围环境相互作用，将幼儿园教育、家庭教育和社区教育有机结合的结果。

一、幼儿园、家庭与社区合作共育的理论基础

（一）生态系统理论

儿童的行为和发展首先受到微观系统的影响。微观系统主要指儿童的生活环境，包括儿童所处的小家庭、大家庭以及直接环境中的游戏伙伴。在美国，儿童保育服务可能被归于影响儿童发展的微观系统中，这是因为许多母亲进入劳动力市场，白天她们不得不把尚且年幼的孩子送入保育机构。

随着与外部生态系统互动范围的扩展，儿童不断成长发展，且发展环境也超越了家庭，走向更广阔的空间。在下一个更为广阔的影响范围——中间系统里，儿童的互动对

象扩展到社区、学校，其中最直接的互动环境是儿童所在的社区。

更大的社会共同体和地区构成了影响儿童发展的外层系统，即间接影响儿童发展的环境。如儿童父母的工作环境、经济收入和教育水平等因素会间接地影响儿童的发展。儿童父母的工作场所、社区里的休闲设施、社会服务机构都属于此层级的影响环境。

最后，在宏观系统中，儿童发展受更大范围社会的影响，包括国家社会的价值观念、政治、文化和经济等。

将生态系统理论应用于不同国家和不同文化时，多样性便产生了。幼儿园、家庭、社区作为儿童生活的重要场所，属于微观系统，对儿童发展有直接影响。因此，我们要充分考虑幼儿园教育、家庭教育和社区教育的优劣势，将三者紧密联系，形成全方位的教育网络，发挥幼儿园教育、家庭教育和社区教育对儿童发展的交互作用，优化儿童的生活学习环境。同时，我国幼儿园要结合当前的社会文化背景和时代特征，选择弘扬中华优秀传统文化和反映中华民族精神的教育活动内容，培养儿童爱祖国、爱家乡的民族情感；幼教工作者、家长和社区服务人员也要顺应时代的变迁，与时俱进不断更新观念，加强自身学习，为儿童提供符合时代潮流的知识和价值观念。

（二）需求层次理论

美国心理学家亚伯拉罕·马斯洛（Abraham H. Maslow）将人类需求像金字塔一样由较低层次到较高层次依次排列，主要包括生理需求（physiological needs）、安全需求（safety needs）、归属和爱的需求（belongingness and love needs）、尊重需求（esteem needs）和自我实现需求（self-actualization needs）五类。在自我实现需求之后，还有超越需求（transcendence needs）、认知需求（cognitive needs）和审美需求（aestheic needs）。

1. 生理需求

生理需求是人类维持自身生存的最基本要求，包括食物、温度、水、空气、阳光、休息等需求，是推动人行动的最强大动力。对于儿童来说，生理需求的满足包括幼儿园对室内外环境的创设，医疗卫生、照明、睡眠、饮水和盥洗等相关设施的配备。

2. 安全需求

安全需求是人对安全、秩序、稳定及免除恐惧、威胁与痛苦的需求。对于儿童来说，不同年龄阶段的安全需求是不同的，人身和情感上都需要获得安全感。

3. 归属和爱的需求

归属和爱的需求意味着个体渴望得到社会与团体的认同、接受，并与周围的人建立良好和谐的人际关系，包括两个方面：一是友爱的需要，即人人都需要伙伴之间、同事之间的关系融洽或保持忠诚的友谊；人人都希望得到爱情，希望爱别人，也渴望接受别人的爱。二是归属的需要，即人都有归属于一个群体的感情，希望成为群体中的一员，并相互关心和照顾。这种需求属于较高层次的需求。

对于儿童来说，归属与爱的需求意味着他们对周围环境有强烈的熟悉感和主动的融入感，并能感受到爱的存在。如果环境不能让这一需求得到满足，儿童会产生孤独感、异化感、疏离感，获得极其痛苦的体验。

4. 尊重需求

尊重需求既包括对成就或自我价值的个人体验，也包括他人对自己的认可与尊重，属

于较高层次的需求。儿童的行为能否被看见，发出的声音能否被听到，提出的想法能否被重视，进行的活动能否被关注，完成的作品能否被展示都是尊重需求能否满足的关键。

5.自我实现需求

自我实现需求是一种生长性需求，是最高层次的需求，指个体最大限度地发挥自身潜能，不断努力完善自己，让完满的人性和个人潜能充分实现，逐渐让自身趋于最完美的状态。儿童如果有充分的自由选择权和充足的自我能力展现的机会，则能使其自我认同、自我期待和自我价值的实现达到峰值，从而满足他们最高层次的需要。

马斯洛的需求层次理论虽然并未直接研究幼儿园、家庭和社区合作共育问题，但是对幼儿发展和学习产生了间接影响。在某种程度上，三者合作缺乏默契可能是某种需求没有得到充分满足而引起的。因此，幼儿园既要了解和满足家庭的不同需求，依据每个家庭的不同情况开展共育活动，满足不同层次、不同年龄、不同发展水平儿童的不同需求；又要在与社区合作共育时，根据社区的实际需要，开展合作共育活动，并与社区保持密切联系，在社区需要时积极给予支持和帮助，建立良好的伙伴关系。

二、幼儿园、家庭与社区合作共育的意义

幼儿园、家庭与社区合作共育，最大程度地利用了教育资源，形成全方位的教育网络，对儿童全面发展和学前教育改革国际化进程的推进具有重要意义。

（一）有利于教育资源整合，形成全方位的教育网络

幼儿期是人生发展的奠基时期，是国民人生发展的基础。儿童是祖国的未来和希望，党和国家历来坚持"儿童优先"的原则，关心儿童的健康成长，重视儿童事业的发展。《幼儿园工作规程》第五十二条明确规定："幼儿园应当主动与幼儿家庭沟通合作，为家长提供科学育儿宣传指导，帮助家长创设良好的家庭教育环境，共同担负教育幼儿的任务。"第五十五条指出："幼儿园应当加强与社区的联系与合作，面向社区宣传科学育儿知识，开展灵活多样的公益性早期教育服务，争取社区对幼儿园的多方面支持。"《纲要》在第一部分总则指出："幼儿园应与家庭、社区密切合作，与小学相互衔接，综合利用各种教育资源，共同为幼儿的发展创造良好的条件。"这些均为我国幼儿园、家庭与社区合作共育提供了政策支持。

幼儿园、家庭和社区在教育内容、教育方法和教育效果上的特点存在差异，各有优劣。在新时代背景下，教育更加追求多元化培养合格的社会主义现代化建设者。因此，综合利用学校（幼儿园）教育、家庭教育和社会（社区）教育的优势，互相支持、协同合作，有利于形成全方位的教育网络，实现教育系列化、持续化的发展。

（二）有利于优化儿童的生活学习环境，促进儿童身心全面发展

随着时代的高速发展和社会多元价值观念的强烈碰撞，儿童在学习、生活、社会交往等方面往往会产生"成长恐慌"。优化儿童的生活学习环境，促进儿童的全面发展，成为幼儿园、家庭和社会义不容辞的责任。布朗芬布伦纳在人类发展生态学理论中指出，发展是人与环境的复合函数，即 $D=I（PE）$，其中，D（Development）指的是发展，P（People）指的是人，E（Environment）指的是环境。不同层次与性质的环境对不同年龄阶段个体的影响程度是不同的。就现代的儿童教育而言，环境对儿童的学习和发展具

有重要影响，儿童年龄越小，受环境的影响就越深刻。

儿童身心发展的特点和环境所具有的教育价值决定了家庭环境、学校环境、社会环境是儿童重要的生存条件。在丰富、开放的学习生活环境里，儿童可以根据自己的兴趣、能力主动寻找他们需要的东西和想做的事情，有足够的时间和空间去探索，并有机会展现自己的想法。这有利于培养儿童的自信心、进取心、同情心；培养儿童基本的社会道德观念和社会责任感；培养儿童坚忍、谦让、谨慎、情绪稳定、环境适应能力强、抗挫折能力强等健康的品质，使儿童成为人格健全的社会主义现代化建设者。

（三）有利于推进我国学前教育改革的国际化进程

在新时代国际教育环境下，幼儿园、家庭和社区合作共育已经成为我国新的发展趋势。2020年新冠疫情在全球蔓延，许多国家的学校关闭，无法正常上课，学生借助云平台开启了大规模的网络教育。网络教育对幼儿园、家庭和社区合作共育的教育形态构成了新挑战，学校教育、家庭教育和社会教育通过网络融合而产生的教育效果也陷入舆论风波，充分反映出完善幼儿园、家庭与社区合作共育的重要价值。

日本在第三个《幼稚园教育振兴计划》（1991—2000年）中、美国在《0～8岁儿童发展适宜性教育方案》（1997年）中，都强调幼儿园要充分利用家庭和社区资源对儿童进行教育，促进儿童在体力、认知、情感、社会、语言、审美等方面的最佳发展。1999年，世界学前教育组织（OMEP）和国际儿童教育协会（ACEI）在瑞士召开21世纪国际幼儿教育研讨会，会上通过的《全球幼儿教育大纲》指出，"幼儿的成长和教育是家庭、教师、保育人员和社区共同的责任。在家庭和社区里，所有成员应共同为儿童的利益创造良好的条件""教师要和家长就儿童的成长以及和儿童家庭有关的问题，经常进行讨论、交流""教师要和心理学工作者、社会工作者、健康卫生人员、工商人员、公共服务机构、学校、宗教组织、休闲娱乐机构及家庭联合会等建立合作关系"。可见，幼儿园积极帮助家长提高教育水平，组织家长参与儿童教育过程，能够充分发挥家长的作用，形成幼儿园与家庭、社区紧密合作，共同教育儿童的格局。

在新时代，坚持教育开放性，推进国际教育本土化进程，建设具有中国特色的学前教育理论体系和实践模式仍然是我国学前教育事业发展的重要方向。因此，关注幼儿园、家庭和社区合作共育是我国学前教育改革国际化进程的需要。

第二课　幼儿园与家庭合作共育

案例导入

2021年4月25日，东北师范大学附属幼儿园开展了家园合作系列活动——快乐"童"行|放飞梦想（朵朵组家长助教活动），邀请到朵朵五班的飞行员爸爸，带领朵朵组的孩子们一起了解飞机，探索无垠天空，使小小的幼儿心中萌发出大

大的梦想……在孩子们的期待和欢呼声中，臧机长身穿笔挺帅气的机长制服，头戴机长帽子走进了孩子们的视野。活动中，臧机长向孩子们讲述了飞机的由来和不同类型飞机的区别，用飞机模型演示了飞机起飞的过程。同时，介绍了乘坐飞机的流程，通过视频再现了飞行员的日常工作场景。在臧机长精彩的讲解中，孩子们熟悉了乘坐飞机的流程，了解了飞机的机身组成，以及救生衣的使用方法。最后，孩子们还提出了很多问题向飞行员爸爸请教。

（资料来源：微信公众号"东北师范大学附属幼儿园"，https://mp.weixin.qq.com/s/oRUMT2VOSwlgmTX_siSKFw。）

【分析】陈鹤琴先生曾经说，"幼儿教育不是家庭或幼儿园哪一单方面可以单独胜任的"，东北师范大学附属幼儿园的家长助教活动以其特有的模式为家长、教师搭起了一座沟通、互助的桥梁，依托东北师范大学有利的家长资源，使孩子们收获了很多的知识。

基础知识

一、幼儿园与家庭合作共育的内涵

幼儿园与家庭合作共育简称家园合作，即家庭和幼儿园共同遵循儿童的身心发展规律，为儿童创造适合其成长的教育环境。这一概念源于18世纪的美国，为促进儿童的道德发展，培养儿童的宗教信仰，家长组成家长会，在一起学习《圣经》。20世纪60年代之后，一些发达国家开始用政策法规来保障家园共育工作的顺利开展。例如：美国联邦政府颁布的"开端计划"、《提前开端法案》、《儿童保育与发展固定拨款法》、《早期学习机会法》均明确规定家长参与学前教育的重要性，帮助家长参与幼儿园教育，并为此提供服务。英国政府在《1988年教育改革法》中明确规定，学前教育机构的组织管理中要有家长代表，地方教育机构要为家长提供培训课程，以提高家长的教育水平，从而在法律上保障了家长参与学前教育管理和儿童学习的权利和义务。20世纪90年代以来，家园共育已经成为世界学前教育发展的焦点。1996年，全美幼教协会（NAEYC）在《发展适宜的学前教育方案》中明确提出，提高学前教育机构质量的一个重要条件就是幼儿园与家长建立合作互惠的关系。1999年，世界学前教育组织（OMEP）和国际儿童教育协会（ACEI）在21世纪国际幼儿教育研讨会上通过的《全球幼儿教育大纲》指出，幼儿的成长和教育是家庭、教师、保育人员和社区共同的责任；幼儿教育工作者应就儿童成长以及有关儿童家庭的问题和家长经常进行讨论、交流。可见，幼儿园与家庭合作共育早已成为世界学前教育界的共识，是学前教育工作的重要组成部分。

二、幼儿园与家庭合作共育的意义

探讨幼儿园与家庭合作共育的意义，首先需要明确幼儿园与家庭的角色定位，厘清各自的职能。家庭是儿童扬帆起航的第一站，是儿童认知、情感、意志与个性等发展的养成环境；幼儿园作为专门的教育机构，是儿童成长发育的第二站，是儿童专业知识和技能习得的成长环境。二者承担的角色差异明显，对于儿童成长过程中环境的塑造和教育职责迥异，合作共育将形成教育合力，促进儿童全面成长。

（一）有助于提高家庭教育质量

家庭教育是家长以亲情为基础形成的一种教育方式，重在"养育"。"养"即给儿童提供身心发展所需的养分，包括食物、居住环境和陪伴；"育"即言传身教，榜样示范，包括科学文化知识、道德行为规范、日常生活行为习惯、性格形成和社会交往。幼儿园教育是专业的教育工作者以儿童身心发展规律和特点为基础，与家庭教育相辅相成，有目的、有计划地对儿童进行教育。可见，家园之间形成的共育关系，是基于满足儿童发展和学习需求而达成的教育合作关系。

家庭育人，幼儿园育才。家园合作有助于深化家长对学前教育的认识，掌握教育的知识和技巧，强化、矫正家长的教育行为，形成科学的教育观念，更好地履行家长角色，使家长能够采取积极有效的措施，与幼儿园共同做好儿童的教育工作，提高家庭教育质量，实现共赢。

（二）有助于促进儿童身心健康和谐发展

高质量的幼儿园与家庭合作共育对儿童施加的教育影响在方向上保持一致，一定程度上可以促进儿童的成长与发展，形成良性的成长系统。在此系统中，幼儿园教育可以促进儿童身体生长、智力和个性发展，如果儿童所获得的经验知识在家庭中得到延续和发展，将会事半功倍，促进儿童的身心发展。同时，教师对儿童成长情况的认识可以辅助家庭及时调整养育策略，促进儿童身心健康和谐发展。

此外，家庭的日常养育理念与幼儿园的常规教育目标，家庭的教育经历与幼儿园的体制相互磨合、相互适应，将有助于儿童建立积极的社会关系，适应幼儿园生活，养成良好的日常生活习惯。

（三）有助于对家长资源的灵活运用

幼儿园与家庭合作共育，能够调动家长参与幼儿园教育的积极性，充分利用家长资源。第一，利用人力资源。让家长担任志愿者、成立家委会，为班级、园所的建设出谋划策。第二，利用物质资源。请家长收集物质材料，提供废旧材料，为幼儿园的环境创设、区角布置添砖加瓦。第三，利用信息资源。对于某些难以获得的专业性信息，请家长帮忙收集。可以利用家长的职业帮助儿童认识社会角色，例如由从事警察、消防员、医生等职业的家长为幼儿科普相关知识。

（四）有助于教师专业能力的提升

高质量的儿童教育在于"教"，教师的专业能力决定了儿童教育教学的质量。新时代背景下，教育的现代化与儿童发展的需求对儿童教育理念提出了新的要求，家长对幼儿园和幼儿园教师的要求也越来越高，提升教师专业能力势在必行。

专业的技能和知识是教师与家长建立良好沟通的基础。因此，幼儿教师在幼儿园与家庭合作共育的过程中，通过与家长沟通交流，可以结合实际情况不断改进和创新教育方法，学习新知识，真正做到理论结合实践。家长对教师的评价也会影响教师的职业幸福感和成就感，以此激励教师不断提升自身的保教能力。

三、幼儿园与家庭合作共育的途径

幼儿园开展家长工作有多种形式，可以分为日常性家长工作和阶段性家长工作两大类。在实践中，应该根据具体情况采取不同的途径，相互配合，实现家园共育。

（一）日常性家长工作

1. 入园离园交谈

早晚接送儿童的时间是家长和教师相互沟通的良好契机。早晨入园时，教师抓住这个短暂的时间与家长简短交谈，可以快速了解当日儿童的基本状况；傍晚离园时，教师可以及时向家长反馈儿童在园一日生活的情况，为家庭教育适当提出一些建议，增强家园同步教育的有效性。

2. 家园联系卡

家园联系卡是幼儿园与家长沟通最常用、最实用的渠道。教师可以定期或不定期与家长联系，分享科学的保教知识，互通儿童情况信息，个别交换意见、建议，共同探讨个别教育的计划与措施等。

3. 家长网络园地

幼儿园可以以班级为单位开辟网络家长园地，用于通知消息、宣传科教知识。如通过钉钉、微信群、微信公众号等平台与家长互动，及时沟通协商，进行更深入、更全面的交流。

（二）阶段性家长工作

1. 家庭访问

家庭访问是幼儿园开展家长工作的常用方式，教师可以深入地了解儿童在家中的真实情况，包括儿童的性格特征、身体状况、成长环境、家庭传统、家庭结构、家庭关系和家庭的行为特征与价值观，父母的儿童观、父母的期望和教养行为等。家访可分为以下五类：

一是对新入园的儿童进行家访，了解儿童在家中的生活、卫生习惯；

二是对偶发疾病、意外事故或发现有严重行为问题的儿童进行家访，向家长详细介绍事情的经过，稳定家长的情绪，讨论和寻求解决办法；

三是对家庭教育较好或有明显进步的儿童进行家访，帮助家长总结经验，并加以推广；

四是对家庭发生重大变故的儿童进行家访，给予安慰和协助；

五是对长期缺课的儿童进行家访，了解原因。

2. 家长会

家长会是为家长群体解决普遍性教育问题的一种方式。学期初，园长或教师需要向家长介绍具体的教学计划，报告幼儿园或班级工作目标，宣传保教精神，提出一般性教育要求，听取家长们对保教工作的意见和建议，解答家长提出的问题；学期中，教师可以根据需要不定期地召开部分家长会，如自理能力较差儿童家长会、进餐速度慢儿童家长会、口语表达能力较弱儿童家长会等；学期末，教师向家长汇报儿童在此学期的变化和进步,同时提出班级面临的实际问题与困难,以取得家长的理解、协助和支持。

3. 家长开放日

家长开放日是指幼儿园定期或不定期地向家长开放,邀请家长来园进行参观的活动。开放期间,家长可以看到儿童的在园表现,了解教师的工作情况,直观地了解幼儿园的教育内容、方法;增进与教师的相互理解,有利于相互配合;从不同侧面认识自己的子女,更客观地分析和改进家庭教育。此外,家长开放日活动也为扩大儿童的社会接触面提供了机会和条件。

4. 家庭教育讲座

幼儿园定期举办各种科学育儿的讲座和报告会,是普及家庭教育知识的有效途径。既可以邀请儿童保健专家、心理专家、教育专家来园讲座,也可由幼儿园园长、教师或家长通过理论联系实际的方式集中介绍育儿经验,帮助家长解决实际育儿过程中遇到的问题,促进家长的教育素质和能力提升。

第三课　家庭与社区合作共育

案例导入

西仓社区是"社区全域、父母全程、家庭全类型"的"三全"家庭教育的试点社区,为营造"推门可见、社区可感、家家参与"的社区生活化家庭教育氛围,在城西街道妇联的组织领导下开展了社区家庭教育支持行动。一方面,社区网格员通过入户调查、电话访问等方式收集调查问卷、"童言童语",全面了解了辖区内0~18岁儿童或青少年的家庭组成情况、教育需求等,为社区各项家庭教育活动的开展夯实了基础。另一方面,社区进行了"三全"家庭教育的环境打造,以十二生肖为主题背景,将收集的"童言童语"以小展板的形式展示在辖区的各个角落,让孩子们在娱乐的同时更加了解中华优秀传统文化。

社区结合家庭教育需求,建立了"小蝌蚪妈妈服务队",每天下午四点半由"蝌蚪妈妈"为孩子们讲绘本故事,开展亲子互动游戏,使孩子们和家长关系更加亲密,了解更加深入。同时,社区常态化开展"小小法治宣传员""七岁入学礼"等特色活动,打造了可触可摸可感的"身边家教"。

(资料来源:微信公众号"印象城西",https://mp.weixin.qq.com/s/pKkKGHB3tOzxfbpgwGKJpQ。)

【分析】西仓社区为辖区内的家庭提供全方位的亲子活动平台,构建起社区、家庭、学校共同参与的教育新格局,也为社区营造了健康和谐的文化氛围。

基础知识

家庭教育与幼儿园教育各有优势和特点，仅仅二者的合作共育无法完成对儿童全面教育的任务，还需要将社区教育作为家庭教育与幼儿园教育的延续和补充，才能实现对幼儿的教育目标。

一、社区教育与社区教育资源

社区教育是社会发展和时代变革的产物，源于美国教育家约翰·杜威（John Dewey）"学校即社会"的实用主义思想，后经不断的教育实践，逐步形成社区教育形态。关于社区教育的内涵，国内外有多种界定，主要归纳为教育、组织管理和社区发展三种范畴。无论是何种定义，社区教育都是以社区为依托，以社区全体成员为教育对象，以提高社区成员的素质和生活质量为目标的教育形式。社区教育具备社区和教育双重特性，涵盖多元化资源，主要涉及人力资源、物质资源和文化资源。

（一）人力资源

人力资源是指生活在社区里具有专业领域知识和技能的全体居民成员，包含社会各领域的工作者，如教师、医生、司机、餐饮服务员、警察、社区志愿者、退离休干部等社会角色，他们的年龄和经历各不相同，为家庭和幼儿园开展活动提供了人际背景和生命载体。

（二）物质资源

物质资源是指一定时期内以实物形态或价值形态反映的物质来源，是可以对儿童施加影响的可利用资源，分为自然物质资源和社会物质资源两大类。

1. 自然物质资源

自然物质资源自然存在于家庭的生活环境中，包括社区周围的山川河流、花草树木、飞禽走兽等社区居民所拥有的优美环境，对儿童教育具有潜移默化的作用。如儿童可以到户外观察蚂蚁搬家、动植物的生长变化。

2. 社会物质资源

社会物质资源包括博物馆、敬老院、医院、体育馆、公园、银行、超市、健身广场和公交站牌等社区完善的配套设施设备和服务机构，这些构成了儿童成长的社会物质背景。如向社区居民开放办学，教育的设施、场地为社区居民共享；带儿童参观敬老院，帮助做些力所能及的事情，从小培养敬老爱老的优良品质；带儿童去公园和健身广场滑滑梯、荡秋千。

（三）文化资源

文化资源是一种无形的精神资源，由社区的大众传播媒介信息、道德价值观、舆论风气、文化习俗、交往行为和生活方式等相互交融而成，泛指人们从事一切与文化活动有关的生产和生活内容。如社区成人教育机构举办各类文化活动；社区工作者传播育儿知识和科学技术，帮助社区提高精神文化建设的水平。

综上所述，社区教育是各种教育因素的集合体，具有促进社区居民形成积极的价值观、生活态度和道德规范，提高社区居民的身体素质和文化水平，建设良好的社区文化，培养社区角色等功能。

二、家庭与社区合作共育的意义

（一）有助于保障家庭教育质量

在家庭与社区合作共育的过程中，社区作为推进家庭教育的重要主体，有助于建设完善的家庭教育指导服务体系，普及家庭教育知识、提高家庭教育质量。首先，社区通过家庭教育指导服务站、家长学校、大众传播媒介等途径在更大范围和程度共享资源，向居民提供科学的育儿知识和方法，有助于提高社区居民素质。其次，社区建设良好的文化氛围和社区角色，有助于培养社区居民积极的价值观、生活态度和道德规范。最后，社区教育向社区居民开放办学，共享教育设施和场地，是保障家庭教育的支撑力量，有助于实现幼儿园、家庭和社区的教育一体化。

（二）有助于提高儿童的社会适应能力

儿童来自家庭，而家庭又存在于一定的社区中。儿童由自然人向社会人转变的过程中，需要社会关系网作为支持基础，为儿童提供与人交往和沟通的机会，使其获得更多的教育资源，从而提升社会适应能力。在社区中，邻里关系是家庭社会交往网络的重要组成部分，能够给儿童提供与玩伴接触的机会，让儿童学会分享、等待、合作等必需的社会交往能力，推动同伴互动，为儿童建立多维同伴关系，促进儿童的社会能力发展。家长也可以将儿童带到社会中，让儿童感受社会，体验生活，与不同的社会角色相处，如参加社区养老、助老活动，社区文化节活动；参观社区公园、体育活动中心、菜市场等公共场所。

（三）有助于促进儿童身心发展

儿童身心发展包括儿童身体的发展和心理的发展。身体发展主要指儿童身体的结构形态和生理机能的发展变化，如身高、体重等身体外部形态的变化和身体各组织、器官的发育，体质的不断增强。心理发展主要指儿童心理过程各种机能及个性心理特征的发展，如感觉、知觉、记忆、思维、想象等认知过程，情感、意志、兴趣、需要、气质、性格、能力等个性品质方面的发展与完善。

1.提高儿童的身体素质

幼儿期是儿童大小肌肉发育、身体协调性发展的重要时期，需要充分的活动空间和活动设施来进行体育运动，而目前我国家庭、部分社区配套幼儿园的活动场地都非常有限，因此可以寻求社会体育资源的支持。如家长可以充分利用公园免费的儿童游戏场地和丰富的运动器械，为儿童提供成长发育必需的运动场地和机会，让儿童养成体育锻炼的好习惯。

2.提高儿童的心理素质

儿童的发展不仅包括身体上的发展，还包括心理上的发展。家长可以利用社区的自然环境、艺术活动、春游活动等，引导儿童发现和感受自然美和艺术美，帮助儿童树立正确的审美观。

（四）有助于构建终身教育体系

社区教育涵盖了整个社区，无论男女老幼、贫富差别、种族性别，所有人都能参与其中。社区教育突破了学校教育的框架，把教育看成是个人一生中连续不断的学习过程，是人们在一生中受到的各种培养的总和，实现了从学前期到老年期的整个教育过程的统一。社区教育在教育连续性、社会适应性、教育手段多样性，以及教育与社会各部门的合作方面，都较好地适应了终身教育的原则要求，在构建终身教育体系中具有不可低估的重要作用。从儿童教育到老年教育，从文化教育到职业教育，社区教育在其中的作用是不可替代的。

（五）有助于培养儿童的民族精神

在信息化浪潮将全球经济融为一体的全球化背景下，文化的交流、文化的碰撞、传统文化的传承、民族精神的传递，显得比过去任何时候都引人注目。家长可以在传统节日里利用社区资源抓住教育的契机，如元宵节可以带儿童赏花灯、猜灯谜，春节利用社区浓厚的节日气氛让儿童体验中华优秀传统文化，从小培养儿童的民族精神。

拓展阅读

社区亲子活动方案

亲子活动以亲缘关系为主要维系基础，以孩子跟家长的互动游戏为核心内容，增加家长与孩子的沟通，为社区创造一个与社区居民沟通互动的渠道。××社区特举办亲子运动会，为孩子们一年一度的六一儿童节带来一份美好的回忆。欢迎社区广大居民踊跃参加。

一、活动主题

跟孩子用"心"交流

二、活动对象、时间、地点及报名方式

活动时间：20××年5月28日（星期六）上午9：00～10：00

对象：社区内儿童及家长（每名儿童至少有一名家长陪同参加比赛）

活动场地：××东区12号楼前

报名方式：社区居民请做好准备，于5月19日开始报名，截止日期5月25日。居民可直接到社区报名，联系电话为……

报名者需提供姓名、性别、个人电话，以及说明参加的比赛项目。

裁判：热心的家长及居民均可报名。报名方式同上。

三、活动目标

1. 通过孩子和家长的游戏，增进孩子与家人之间的情感。

2. 让孩子们体验活动带来的快乐。

四、活动流程安排

1. 参赛家庭请于9：00前，到达××社区广场比赛现场。全员拍照留念。

2. 社区领导讲话并宣布运动会开始。

3. 社区领导宣布比赛结果并颁奖。

五、奖项设置

1. 每项比赛产生冠、亚、季军各一名。

2. 每名参赛选手都有参与奖。

六、活动项目

（一）两人三足

比赛规则：家长和孩子并排站立，将相邻的两条腿捆绑在一起，然后各参赛队站到同一起跑线前，待发令便向前奔跑，先到者为胜。两人同步行进，不允许孩子双脚或者单脚离开路面。

（二）亲子袋鼠跳

比赛规则：孩子抱紧家长的脖子，双腿夹紧家长的腰，像小袋鼠一样紧紧地挂在家长的胸前，家长双腿并拢向前跳，先到终点者获胜。家长在跳跃时不能把孩子放下。

（三）踩气球

比赛规则：家长一只脚上绑6个气球。游戏开始后，家长背孩子去踩对方家长脚上的气球。在规定时间内以脚上留下气球数量多为胜。家长在踩气球时不能把孩子放下。

（四）螃蟹夹球

比赛规则：哨声响起，家长与孩子手拉手，将一个球放在上面，身体侧向迅速前进，如果在运球的过程中，这个球掉落了，那么该小组成员就需要回到起点，重新开始。

七、活动注意事项

1. 运动会秉承友谊第一、比赛第二的运动精神，请参赛居民一定注意安全。为保证活动安全，请参加人员穿平底鞋。

2. 如有遗漏、变更问题会及时在社区微信公众号上通知，请社区居民及时查看。

本次活动如有任何不周全的地方，希望社区居民们能谅解。下一次会更好！

三、家庭与社区合作共育的途径

（一）设立家庭教育指导服务站

家庭教育指导服务站是集家庭教育指导、儿童心理疏导、普法宣传等功能于一体的专门场所，也是实施《中华人民共和国家庭教育促进法》，落实"双减"政策，响应国家政策号召，推进家庭教育工作的积极探索和重要实践，是整合教育部、妇联、司法部等各部门资源协作配合，为家长们提供的"一站式"家庭教育指导和服务的平台，切实保障了未成年人健康成长和合法权益。

（二）设立社区家长学校

社区家长学校是以社区内0～18岁未成年人家长为主要工作对象，为提高家长素质和家庭教育水平而组织的成人教育机构，一般设立在社区居委会。家长学校会定期或不定期地组织社区家长开展家庭教育活动，每次活动前在社区宣传栏或网络媒体上公告活动内容、时间和形式，社区内的家长可以根据自己的安排自愿参加家长学校的学习与活动。

1. 开展社区家庭教育公益讲座

公益讲座是社区开展家庭教育指导最常用的渠道，能够有效地提升家长素质，使家长了解最新的家庭教育理念和方法，弥补家庭科学育儿的不足。社区工作人员可以利用社区的人力资源优势，组织教育工作者、卫生保健人员、营养师、医务人员，或者邀请学前教育专家在休息日面向家长开设公益讲座或报告会，系统介绍有关儿童保健、心理发展及教育方面的知识和方法。

2. 举办家长经验交流会

家长经验交流会是社区创设的分享教育经验的平台。家长立足于自身的教育实践，从育儿心得、习惯培养、教育策略和父母分工等方面与其他家长相互分享交流，可以提高部分家长对家庭教育的正确认知。

3. 开展社区亲子活动

社区亲子活动是社区文化的重要组成部分，以亲缘关系为维系基础，以儿童与家长的互动游戏为核心内容，帮助儿童初步完成由自然人向社会人过渡的活动。常见的社区亲子活动有"社区跳蚤市场""亲子运动会""乐高拼拼玩"等主题活动。

（三）合理利用社区大众传播媒介宣传

现代社会使用的大众传播媒介主要有电视、广播、书籍、录像、报纸、互联网，以及基于计算机技术的其他媒介。社区可以设置网络信息化平台、社区宣传栏、家庭教育报刊等作为传播家庭教育信息和知识的渠道。

（四）免费开放社区的公园、图书馆等公共设施

家长可以利用休息日带领儿童参观各种场所，了解各行各业的工作情况，拓宽儿童的视野。家长还可以带儿童参与各种社区教育和公益活动，培养儿童的社会交往能力，促进儿童的社会化发展。

第四课 幼儿园与社区合作共育

案例导入

2023年3月11日，山西现代双语幼儿园中班组开展了探访社区主题活动。首先，在活动前，家长们带领孩子利用周末的时间开启了"我家在哪里？"初次探访活动并进行了调查问卷。其次，教师通过集体谈话，了解幼儿对社区的认知程度。

在探讨中，幼儿相互分享了自己对社区的认识："我们的社区周围有公安局，里面有警察叔叔和警车。""我们的社区周围有大大的超市，超市里有很多的日用品和美食。""我们小区里还有健身器材、净水机、理发店、超市。""我们小区有高高的楼房、地下停车场、停车位……"结束后，教师带幼儿走出幼儿园，探访了社区的各行各业工作者，体验了社区给自己生活带来的便捷，用自己的方式关注和了解社区周边各种各样的生活、休闲和工作场所，亲身感受这些场所与自己生活的关系。最后，幼儿回到幼儿园，通过画画、搭建积木、手工制作等方式表达了自己对社区生活的理解。

（资料来源：微信公众号"双语南幼"，https://mp.weixin.qq.com/s/mZtXk3SAtpWiNuUE-DZ4Iw。）

【分析】本案例中社区向幼儿园提供了多种教育资源。对儿童而言，随着生活认知范围逐渐扩大，社区生活既熟悉又充满了许多未知的秘密。社区属于布朗芬布伦纳生态系统中的外层系统，儿童能在社区中感受到社区与自身互动时带来的影响，他们是生活在社区中的，受到社区历史文化、社区环境等因素的影响。因此，本案例中的教师通过调查、实践、体验、游戏、创作等形式，充分利用了社区的自然环境和教育资源，扩展了儿童生活和学习的空间。

基础知识

一、幼儿园与社区合作共育的政策指引

社区教育所形成的寓教育于管理、服务、文化活动的一体化大教育格局，是对单一幼儿园教育的突破、拓展和延伸，更是促进人的全面发展的"无年龄大学"。我国不同时期的学前教育相关文件，都对幼儿园与社区合作提出了指导性意见。

（一）《幼儿园工作规程》的相关内容

国家教育部于2016年施行的《幼儿园工作规程》是为加强幼儿园的科学管理，规范办园行为，提高保育和教育质量，促进儿童身心健康，依据《中华人民共和国教育法》等法律法规制定的工作制度。其中，第五章"幼儿园的教育"第三十条明确提出"幼儿园应当充分利用家庭和社区的有利条件，丰富和拓展幼儿园的教育资源"；第七章"幼儿园的教职工"将"负责与社区的联系和合作"作为幼儿园园长的主要职责之一；第九章"幼儿园、家庭和社区"第五十五条指出"幼儿园应当加强与社区的联系与合作，面向社区宣传科学育儿知识，开展灵活多样的公益性早期教育服务，争取社区对幼儿园的多方面支持"。可见，《幼儿园工作规程》从政策上肯定了幼儿园的社会职能，对社区发展和社区教育具有辐射功能，能够更好地实现教育服务社会的职能。

（二）《幼儿园教育指导纲要（试行）》的相关内容

2001年9月起试行的《幼儿园教育指导纲要》是指导广大幼儿教师将《幼儿园工作

规程》的教育思想和观念转化为教育行为的指导性文件。第一部分"总则"指出"幼儿园应与家庭、社区密切合作,与小学相互衔接,综合利用各种教育资源,共同为幼儿的发展创造良好的条件"。第二部分"教育内容与要求"在关于社会领域的部分提出:"与家庭、社区合作,引导幼儿了解自己的亲人以及与自己生活有关的各行各业人们的劳动,培养其对劳动者的热爱和对劳动成果的尊重。""充分利用社会资源,引导幼儿实际感受祖国文化的丰富与优秀,感受家乡的变化和发展,激发幼儿爱家乡、爱祖国的情感。"同时,还提到"社会学习是一个漫长的积累过程,需要幼儿园、家庭和社会密切合作,协调一致,共同促进幼儿良好社会性品质的形成"。第三部分"组织与实施"强调"充分利用自然环境和社区的教育资源,扩展幼儿生活和学习的空间。幼儿园同时应为社区的早期教育提供服务"。因此,幼儿园与社区合作共育可以放大资源效应,加强幼儿园与社区的沟通,实现资源共享,促进幼儿社会性发展。

(三)《3~6岁儿童学习与发展指南》的相关内容

2012年国家教育部颁布的《3~6岁儿童学习与发展指南》是指导幼儿园和家庭实施科学的保育和教育、促进儿童身心全面和谐发展的重要文件。文件在社会领域的第二部分"社会适应",提出应该"经常和幼儿一起参加一些群体性的活动,让幼儿体会群体活动的乐趣。如:参加亲戚、朋友和同事间的聚会以及适合幼儿参加的社区活动等,支持幼儿和不同群体的同伴一起游戏,丰富其群体活动的经验"。该指南从幼儿社会领域的教育内容、目标和方法上明确体现出幼儿园和社区共育的政策指引。

二、幼儿园与社区合作共育的途径

(一)利用社区资源,丰富幼儿园保教活动

幼儿园在社区支持下,可以充分利用所在社区的物质资源和人文资源开展儿童教育活动,让儿童走出幼儿园和家庭,在社区的社会实践中获得直接经验。

第一,幼儿园可以充分利用社区的自然环境资源,组织儿童游玩。在亲近自然的过程中,帮助儿童通过观察、提问、探究和讨论,初步理解动植物生存的权利以及与其他生物的平等共生关系,学会尊重自然、保护自然。

第二,幼儿园可以组织儿童参观社区的图书馆、博物馆、展览馆等文化机构,使儿童初步感受民族文化,拓宽视野。

第三,幼儿园可以组织儿童参观社区的菜市场、医院、邮局、超市等公共场所,访问保安、清洁工、邮递员等社区工作人员,让儿童了解不同社会角色,丰富社会经验。幼儿园也可以采用"请进来"的形式,把社区不同职业的人适当适时地请到幼儿园参与教育。例如:请警察同志为儿童演示指挥交通手势,增强儿童的交通规则意识;请医务人员为儿童讲解如何预防传染病等知识。

第四,幼儿园可以组织儿童开展社会实践活动,引导儿童做出亲社会行为,培养儿童的道德情感。有条件的幼儿园还可以组织社区安全和卫生的相关劳动实践,培养儿童的劳动意识。

(二)提供优质学前教育资源,服务社区教育

幼儿园与社区合作共育是互利共赢的伙伴关系。幼儿园承担着为社区提供优质学前

教育资源、宣传科学育儿知识和支持社区开展文化教育活动的责任；社区承担着践行社会主义核心价值观，帮助儿童树立社区服务意识和主人翁精神的责任。二者合作，有利于儿童参与社区治理和理解新时代文明实践的新内涵。

第一，向社区共享幼儿园教育资源。幼儿园利用周末、节假日向社区开放幼儿园，提供园区的游戏设施和玩教具、图书，让有需要的社区居民及儿童享受优质的教育环境，提前了解学前教育，满足社区适龄儿童家长的择园需求。

第二，承担社区教育职责。幼儿园可以主动承担社区里的家长教育、教育宣传和婴幼儿家庭教养指导的部分责任，利用非工作日为社区家庭提供育儿指导，如亲子活动、家长沙龙等。

第三，推动社区精神文明阵地建设。幼儿园教师可以利用自身文化优势"走出去"，承担社区教育任务，支持社区教育活动开展，营造良好的社会环境，推动社区精神文明建设。

三、幼儿园与社区合作共育的意义

（一）有助于发展幼儿社会性，促进幼儿全面发展

学前教育阶段是儿童社会化发展的奠基阶段，也是儿童健康人格特征形成的关键时期。社区作为多元化、复杂化的小型社会，为儿童提供了真实的社交环境。在幼儿园与社区合作共育的过程中，儿童有机会与不同年龄、不同文化背景的社区成员互动，学习如何与人交往、合作、分享和解决冲突，逐渐形成团结协作、相互尊重和公平正义等重要的社会性品质，锻炼社会适应能力和人际交往技巧。这不仅对儿童的社会性发展至关重要，更有助于促进儿童在认知能力、身体健康、情感发展等方面的全面发展。幼儿园可以拓宽实践活动的类型和范围，例如：通过社区的体育活动，儿童能够锻炼身体，提高身体素质；通过社区的文化活动，儿童能够接触到更丰富的知识和信息，提高认知能力；通过社区的志愿服务，儿童能够学会感恩和奉献，培养情感素质。

（二）有助于丰富幼儿园园所文化，提升学前教育质量

社区集生存、生活、文化、娱乐功能于一体，社区中的公共场所、自然资源和蕴含本土特色的文化内容，都可以成为儿童学习和探索的宝贵资源，也是幼儿园社会教育活动的重要补充。此外，社区中的人力资源，如消防员、警察、医生等不同的职业角色，也可以成为儿童主题教育活动的协助者，融入幼儿园园所文化建设，向儿童展示更为生动直观的职业形象。这不仅有利于幼儿园角色游戏开发，还能提高社会领域教育活动的趣味性和实用性，从而提升学前教育质量。

（三）有助于增强社区文明建设与凝聚力

幼儿园作为专门的幼儿教育机构，拥有丰富的教育资源。通过与社区的合作，幼儿园可以发挥自身优势，带动社区教育和文化的传承发展，传递和弘扬社会主义核心价值观。例如：幼儿园可以组织儿童参与社区的文化活动，如民族舞蹈表演、文艺演出等，不仅能展示幼儿园的教育成果，也能推动社区文化事业的发展，促进社区的文明建设。同时，通过共同开展教育活动，幼儿园与社区之间可以建立密切的联系和互动，使社区成员之间的联系更加紧密。社区居民在参与幼儿园活动的过程中，不仅可以了解幼儿园

的教育理念和教学方式，还能与教师、家长建立更深入的交流和合作。这种互动和交流有助于增强社区居民的归属感和凝聚力，使大家更加珍惜和爱护自己的社区。

（四）有助于推动社区资源的合理利用与共享

首先，幼儿园与社区合作共育能够促进教育资源的整合和优化。幼儿园与社区合作，可以有效整合社区内的教育资源，实现资源共享。如社区图书馆、文化站、体育设施等都可以成为幼儿园教学活动的场所和资源。这种整合不仅能够提升教育资源的使用效率，还能为幼儿园教育提供更广阔的空间和更多样化的资源，从而丰富教学内容和形式。

其次，幼儿园与社区合作共育有助于推动社区资源的公平分配。在合作共育的过程中，幼儿园和社区都会尽力为所有儿童提供平等的教育机会和资源。这意味着即使是在经济条件较差或地理位置较偏远的社区，儿童也能享受到高质量的教育资源。这不仅有利于缩小教育差距，还能促进社区的和谐稳定。

最后，幼儿园与社区合作共育能够为社区资源的可持续发展提供动力。通过与幼儿园的合作，社区可以更加深入地了解居民的需求和期望，从而更加有针对性地开发和利用资源。这种以需求为导向的资源利用方式能够提高资源的利用效率。同时，幼儿园作为社区的重要组成部分，其教育理念和实践活动也会对社区产生积极的影响，推动社区生活向着更加文明、和谐的方向发展。

拓展阅读

社会化托育服务成为新趋势

2021年，国家发展和改革委员会与国家卫生健康委员会联合举办了人口发展战略和托育体系建设现场经验交流会。

全国政协委员刘文贤曾表示，《中共中央关于制定国民经济和社会发展第十四个五年规划和二〇三五远景目标的建议》明确指出要"发展普惠托育服务体系"，这是完善生育支持政策，降低生育、养育、教育负担，提升市民生育意愿的重要举措之一。一方面要加大规划引导力度，明确政府职责；另一方面，也要多元化增加托育服务供给。依托公办机构兴办一批具有普惠性和公益性的托育机构，满足普通收入家庭需求；试点推进早教机构向托育机构转化，积极探索托幼一体化建设，利用现有幼儿园的管理资源、场地资源、师资资源延伸开办托育班；整合社区服务体系，引导并培育有条件的社区开展托育服务；鼓励企事业单位采取公建民营、民办公助等形式设立托育点，满足职工托育需求；不断创新服务形态，形成全日、半日、计时和临时等多元化的托育服务方式。

随着我国人口发展进程以及家庭养育观念变化，社会化的育幼服务机构成为了新趋势。我们可以探析婴幼儿托幼服务机构与家庭合作共育的契合点，思考二者的关系。

练习题

一、选择题

1. 幼儿教育需要学校、（　　）、社会三方面的通力合作，才能达到最佳的效果。
   A. 教师　　　　　　　　　　B. 家庭
   C. 学生　　　　　　　　　　D. 政府

2. 从管理学角度分析，（　　）能够加强家长在学校管理中的主人翁意识，激发家长教育的责任感和使命感。
   A. 家长参与学校的管理和决策　　B. 父母对子女具有绝对的教育支配权
   C. 家长在教育行为上与学校步调一致　　D. 学校加强对家庭教育的指导

3. 现代家校合作是指利用学校资源和家庭资源，家校共同开发（　　），形成三位一体的教育机制。
   A. 企业资源　　　　　　　　B. 市场资源
   C. 政府资源　　　　　　　　D. 社会资源

4. 美国家校合作组织的主要使命不包括（　　）。
   A. 在学校、社区及任何政府机构和其他组织作出影响儿童的决定前，支持并为儿童代言
   B. 帮助家长掌握养育和保护儿童的技能
   C. 鼓励家长参与学校教育
   D. 组织学校召开教师、家长、学生共同参与的会议

二、判断题

1. 大教育体系是以建立学习化社会为背景，以全民终身教育为基础，以社会、家庭和学校三位一体为模式的教育。（　　）

2. 家校合作的内涵就是学校对家长进行家庭教育的理论和方法指导。（　　）

3. 2007年，英国设立了儿童、学校与家庭部，确保了学校、社会、家庭的紧密联系，使其从国家层面形成真正意义上的整体合力。（　　）

4. 家长委员会是由家长代表、学校领导、教师代表和社区工作人员组成的。（　　）

5. 家长委员会的职责就是帮助学校做好家长的家庭教育工作。（　　）

6. 完善家长委员会工作机制包括：学校科学民主决策机制；科学的评价机制；开放教育教学活动制度；建立联席会议制度；等等。（　　）

参考文献

[1] 赵刚. 家庭教育学：建设家庭的科学与艺术[M]. 长春：东北师范大学出版社，2022.

[2] 王孟楠，邹霞. 学前儿童家庭与社区教育[M]. 2版. 长春：东北师范大学出版社，2019.

[3] 李生兰. 学前儿童家庭教育与活动指导[M]. 上海：华东师范大学出版社，2014.

[4] 卢敏秋，龚婵娟. 学前儿童家庭教育[M]. 武汉：华中师范大学出版社，2018.

[5] 孙立双. 学前儿童家庭与社区教育[M]. 2版. 北京：北京出版社，2020.

[6] 陈戍国. 四书五经[M]. 长沙：岳麓书社，2014.

[7] 洛克. 教育漫画[M]. 杨汉麟，译. 北京：人民教育出版社，2005.

[8] 王利器. 颜氏家训集解[M]. 北京：中华书局，2016.

[9] 曾繁仁. 中国美育思想通史：魏晋南北朝卷[M]. 济南：山东人民出版社，2017.

[10] 林崇德. 天才儿童的教育[M]. 哈尔滨：黑龙江教育出版社，1991.

[11] 帕帕拉，奥尔茨，费尔德曼. 发展心理学[M]. 李西营，译. 10版. 北京：人民邮电出版社，2013.

[12] 关颖. 家庭教育社会学[M]. 北京：教育科学出版社，2014.

[13] 马斯洛. 科学心理学[M]. 马良诚，编译. 西安：陕西师范大学出版社，2010.

[14] 谷沛. 家园共育[M]. 北京：清华大学出版社，2020.

[15] 叶忠海. 社区教育学研究[M]. 上海：同济大学出版社，2011.

[16] 张广济. 生活方式与社会融入关系的社会学解读[J]. 长春工业大学学报（社会科学版），2010，22（3）：42-44.

[17] 麻国庆. 当代中国家庭变迁：特征、趋势与展望[J]. 人口研究，2023，47（1）：43-57.

[18] 刘秀丽，刘航. 幼儿家长家庭教育观念：现状及问题[J]. 东北师大学报（哲学社会科学版），2009（5）：192-195.

[19] 刘源，张志勇. 我国幼小衔接政策的历史演进与展望[J]. 教育科学，2021，37（1）：83-89.

[20] 盖笑松，杨世君，孙蕾. 中国儿童的入学准备：问题分析与促进途径[J]. 东北师大学报（哲学社会科学版），2008（6）：15-19.

[21] 赵师敏. 社区教育参与对家庭功能的影响研究——以上海市普陀区为例[D]. 上海：华东师范大学，2018.